AF278888

LE CONSVLAT,

CONTENANT LES LOIX,

Statuts, & Couſtumes touchant les Contracts, marchandiſes, & negociation Maritime.

Enſemble de la Nauigation, tant entre Marchands, que Patrons de Nauires, & autres Mariniers.

Le tout traduict de langage Eſpagnol,
& Italien, en François.

A AIX,
Par ESTIENNE DAVID, Imprimeur du Roy, du Clergé,
& de ladicte Ville, Heritier de I. Tholoſan.

M. DC. XXXV.

L'IMPRIMEVR
AV LECTEVR.

MY LECTEVR,

La Coppie de ce present Liure du Consulat, Loix, & Ordonnances Maritimes, m'estant tombée ces années passées entre les mains, & voyant que ledit Liure a esté souuent recherché, & que l'ancienne impression qui en a esté faicte est finie puis long temps, m'a donné sujet de le reimprimer, & luy faire reuoir le jour. Et d'autant que la traduction ancienne qui en a esté faicte, ne se trouuera (peut-estre) à ton goust, pour n'estre couchée en si bon & beau langage que tu pourrois desirer, ie te supplie (Amy Lecteur) ne m'imputer entierement ce defaut, car il n'a pas tenu à moy qu'il ne soit plus intelligible : Mais n'ayant trouué aucun qui ayt voulu entreprendre de le retraduire ny corriger de nouueau (pour n'estre assez experimenté aux affaires Maritimes,) ie n'ay laissé de passer outre à l'impression, & ay corrigé au langage ce qui m'a esté possible, sans toutesfois rien oster, ny toucher à l'ordre ny au sens de chaque Chapitre. Et pour n'estre assçauanté de plusieurs mots & noms qui ne sont cognus ny entendus que par les Patrons & Mariniers, ou par ceux qui voyagent ordinairement sur Mer, i'ay esté contraint de les laisser ainsi qu'ils sont à mon original, craignant d'interrompre leur sens & signification : c'est pourquoy ie te supplie de suppleer aux defauts qui s'y pourroient trouuer.   A Dieu.

 VR la Requeſte preſentée à la Cour par Eſtienne Dauid Imprimeur du Roy, & de cette ville d'Aix, tendante aux fins pour les cauſes y contenuës, le bon plaiſir de la Cour ſoit luy permettre d'imprimer le *Liure du Conſulat, Loix, & Ordonnances Maritimes*, & ce durant dix ans, auec deffences à tous Imprimeurs, Libraires & autres que beſoin ſera, d'imprimer ou faire imprimer, vendre, ou debiter ledit Liure à peine de deux mil liures, confiſcation des exemplaires qui ſeront trouuez d'autre impreſſion que de celle dudit Dauid. VEV ledit Liure, la Requeſte dont eſt queſtion reſponduë par le Procureur general du Roy n'empeſchant, & la recharge du jourd'huy. Tout conſideré.

DICT A ESTE' Que la Cour ayant égard à ladicte Requeſte. A permis & permet audit Dauid d'imprimer ledit Liure appellé *Conſulat, Loix, & Ordonnances Maritimes*, durant dix ans, faict inhibiſions & deffences à tous Imprimeurs, Libraires & autres, d'imprimer ou faire imprimer ledit Liure durant ledit temps, à peine de confiſcation des exemplaires, deux mil liures d'amande, & autre arbitraire. Publié à la Barre du Parlement de Prouence ſeant à Aix, le treiziéme Ianuier mil ſix cens trente-cinq.

Collation eſt faicte.

Signé, ESTIENNE.

TABLE
DES CHAPITRES
DESCRIPTS DANS LE LIVRE
DV CONSVLAT.

Traduit d'Eſpagnol & Italien en François.

DV moyen d'eſlire les Conſuls, & Iuges des appellations, par chacune année, chapitre 1. f. 1.

Du iurement que font leſdits Conſuls, chap. 2. fol.　1.

Comme le Iuge des appellations eſt preſenté, iure & preſte le ſerment, ch. 3. fol.　2.

Comme les Conſuls reçoiüent, tant pour eux que pour le Iuge d'appellation, vn Eſcriuain, chap. 4. fol.　2.

De la forme du Seau des Conſuls, ch. 5. fol. 2.

Quels doiuent eſtre Conſuls, & quels Iuges. chap. 6. fol.　3

Peuuent leſdits Conſuls ſubſtituer en leur lieu & place ce que bon leur ſemble, ch. 7. fol.　3

Comment procedent leſdits Conſuls en leurs Offices, & premierement de la demande par eſcrit, chap. 8. fol.　3

D'objecter les teſmoins, ch. 9. fol.　4

Comment ſe donne ſur vne demande produite par eſcrit, ſentence, ch. 10. fol.　4

Des appellations, ch. 11. fol.　5

Comment eſt procedé pardeuant le Iuge des appellations, ch. 12. fol.　5

En appel ne ſe peut rien dire, ny de nouueau propoſer, ch. 13. fol.　5

La façon de pourſuiure l'appellation, & en cóbien de temps doit eſtre pourſuiui, c. 14. f. 6

Comment ſe donne ſentence, & Arreſt d'appel, chap. 15. fol.　6

D'exceptió declinatoire de juriſdictió, c. 16. f. 6

Des demandes verballes, & de leurs ſentences, chap. 17. fol.　6

De l'appel de ſentence verballe, ch. 18. fol.　7

Des deſpéces faites au premier procés, c. 19. f. 7

Deſpences faictes en appel, ch. 20. fol.　7

Demandes qui peuuent eſtre faictes deuant vn ſeul Conſul, chap. 21. fol.　7

Qu'elles cauſes ſont de la Iuriſdiction des Cóſuls, & deſquelles ils peuuent iuger, c. 22. f. 8

Des executions de ſentence, ch. 23. fol.　8

De l'execution faicte ſur les biens meubles du condamné, chap. 24. fol.　8

Creancier ne pouuant cautionner, ch. 25. f.　8

Execution ſur les biens immeubles, ch. 26. f.　9

D'vn Patron qui demande les nollis à vn marchand, lequel contredit pour luy defaillir marchandiſe, ou pour eſtre meſlée, c. 27. f.　9

Salaires de Marinier, ch. 28. fol.　9

De l'execution faicte contre vn Patron, pour argent à luy preſté, ch. 29. fol.　10

D'aſſurer le Iudicat, ch. 30. fol.　10

Du pouuoir des Conſuls, ch. 31. fol.　10

Priuilege ſur l'execution d'vn Nauire neuf, chap. 32. fol.　10

Comment doit eſtre pourueu, ſi le prix n'eſt ſuffiſant à payer les creanciers, ch. 33. f.　11

De la preferance ſur les deniers prouenans de la vente du Nauire, ou apres le retour du voyage, ch. 34. fol.　11

Femme du Patron premiere en hypoteque, chap. 35. fol.　11

Comment doiuent eſtre definies les cauſes par les Conſuls, ch. 36. fol. 12

Salaires pris par les Côſuls, des parties, c. 37. f. 12

Salaire du Iuge, des appellations, ch. 38. fol. 12

Conſuls recuſez, ch. 39. fol. 12

Iuge d'appel ſuſpect, ch. 40. fol. 12

Comment par les couſtumes ou par conſeil, les Conſuls & le Iuge donnent leurs ſentences, chap. 41. fol. 12

Robes ſequeſtrées ſont deliurées à caution, chap. 42. fol. 13

Teneur d'vne Ordonnance du Roy Iacques, ſur le ſermêt que preſtét les Aduocats, c. 43. f. 13

Poix & portées d'Alexandrie, ch 45. fol. 13

Cy cômencét les Couſtumes de Mer, c. 46. f. 14

Patron voulant conſtruire Nef, doit le notifier à ſes perſonniers, ch. 47. fol. 14

Perſonnier ne pouuant ſatisfaire à ſon promis chap. 48. fol. 15

Perſonnier mort apres le commancement, ou ayant promis entrer pour particip, c. 49. f. 15

Patron voulant faire le Nauire plus grand qu'il n'aura fait entédre aux perſonniers, c. 50. f. 16

A quoy ſont tenus les perſonniers, quand le patron veut croiſtre la Nef, ch. 51. fol. 16

Maiſtre d'Ache croiſſant les meſures & Nauires, chap. 52. fol. 17

Maiſtre d'Ache & Callefats ſont tenus enuers le patron, & le patron enuers eux, c. 53. f. 17

Maiſtre d'Ache & Callefat, trauaillant à temps & prix ſceu, ch. 54. fol. 18

Perſonnier voulant vendre la part qu'il a en la Nef, chap. 55. fol. 20

Comme doit eſtre inquantée la Nef, entre le patron & les perſonniers, ch. 56 fol. 20

Comme doit l'Eſcriuain eſtre mis, du iurement & loyauté d'iceluy, & de la peine du defaillant, chap. 57. fol. 21

Du pouuoir & charge de l'Eſcriuain, c. 58. f. 22

Garder le manifeſte, ch. 59. fol. 22

Prerogatiue du Patron & Eſcriuain, & de la foy & creance qu'eſt baillée audit manifeſte chap. 60. fol. 22

En quoy eſt tenu le patron enuers les marchãds & paſſagers, ch. 61. fol. 23

Du ſerment que preſte le Nauchier, c. 62. f. 23

Robbe prenant dommage à faute d'auoir bien eſté eſtiuée, ch. 63. fol. 24

Robbe moüillée, chap. 64. fol. 24

Declaration du Chapitre precedent, c. 65. f. 25

Autre Chapitre des robbes gaſtées ou moüillées, chap. 66. fol. 25

Robe gaſtée par ſouris, ou autrement perduë, chap. 67. fol. 26

Robes gaſtées par les Souris, à faute d'auoir vn chat, chap. 68. fol. 26

Robe qui prend dommage pour eſtre miſe en l'Eſtiue, chap. 69. fol. 26

Comme doiuent eſtre faits les ſoliers, c. 70. f. 26

Declaration du precedent Chapitre, c. 71. f. 26

Robbe qui ſe baignera au chargement ou deſchargement de Nef ou Nauire, ch. 72. f. 27

Du chargement ou deſchargement de robbes, chap. 73. fol. 27

En quoy ſont tenus les mariniers au chargement, chap. 74. fol. 28

Viures mis en Nef par marchands, & des commis en l'Eſtiue, ch 75. fol. 28

Comme doit auoir place en Nef vn marchand, chap. 76. fol. 28

Du lieu & ſeruice des marchands, ch. 77. f. 28

Declaration du precedent Chapitre, c. 78. f. 29

De viures deſtrobez, ch. 79. fol. 29

Empeſchement de marchand, ch. 80. fol. 29

Marchand ayant peur, ch. 81. fol. 29

Comme doit eſtre renduë la marchandiſe d'vn marchand craintif laiſſant la Nef, c. 82. f. 29

Dequoy eſt tenu le patron enuers les marchãds nauliſant à quintaux, ch. 83. fol. 29

Marchand delaiſſant le voyage apres qu'il aura nolliſé, chap. 84. fol. 30

Marchand lequel a nolliſé pour certaine quantité de nollis, & puis les vend, ch. 85. fol. 31

Portée de quintaux, chap. 86. fol. 32

De robe chargée ſãs le ſceu du Patrõ, c. 87. f. 32

Des nollis montans peu ou prou, ch. 88. f. 32

Patron laiſſant robes nolliſées, ch. 89. fol. 32

Patron laiſſant robbes nolliſées, ch. 90. fol. 36

Des robbes nolliſées pour certain lieu, & prennent dommage, chap. 91. fol. 37

De Sartie, Mariniers, Nauchiers, & faire charger la robe, chap. 92. fol. 37

De Conſerue, chap. 93. fol. 37

Bailler Cap à autre Nef, chap. 94. fol. 37

Du faict de Iet, chap. 95. fol. 39

Des robbes jettées, chap. 96. fol. 39

Comme se doiuent compter robbes gastées, chap. 97. fol. 39
Comme doit estre payée robbe jettée en Mer, chap. 98. fol. 39
Des ceremonies gardées quand se faict jet, chap. 99. fol. 40
De manifester & declarer robbes à l'Escriuain, chap. 100. fol. 41
D'entrée en Port, chap. 101. fol. 41
De promesse faicte par marchand à patron, chap. 102. fol. 42
D'vn marchand qui voudra descharger ses marchandises, chap. 103. fol. 42
Des marchands voyans descharger partie de leurs marchandises, ch. 104. fol. 42
Du patró ayant attédu les marchãs, c. 105. f. 42
Comme doit prester le marchand au patron en cas de necessité, ch. 106. fol. 43
Comme par l'expedition de la Nef, doit prester le marchand au patron, ch. 107. fol. 43
Comme doit le marchand prester viures à la Nef, chap. 108, fol. 43
D'ancre ou Sartie delaissée, & renoncie aux marchands, chap. 109, fol. 43
De Barque laissée, chap. 110. fol. 44
Du jet fait en absence des marchãds. c. 111. f. 44
Comme sont payées les auaries, ch. 112. fol. 45
Qui est dit estranger, ch. 113. fol. 45
De robbe chargée, sans le sçeu du Patron, ou Escriuain, ch. 114 fol. 46
De robbe non declarée, ch. 115. fol. 46
En quoy est tenu le patron enuers l'estranger, chap. 116. fol. 47
De donner place à vn passager, & s'il meurt dans la Nef, chap. 117. fol. 47
Du droict que prend le patron de celuy qui decede en la Nef, ch. 118. fol. 47
Exception du precedent, ch. 119. fol. 48
Droict appartenant au Barquier, siue gardien du Pelerin qui meurt, ch. 120. fol. 48
Des viures du Pelerí qui meurt en nef, c. 121. f. 48
Des nollis payez par passager delaissé, & des nollis des robbes, ch. 122. fol. 48
Dequoy est tenu le Pelerin, ch. 123. fol. 49
Dequoy est tenu le patró à marinier, c. 124. f. 49
De chasser marinier de Nef, ch. 125. fol. 49
Marinier ne peut estre dechassé par autre venant à meilleur marché, ch. 126. fol. 50
Patron ne peut dechasser mariniers pour siens parens, chap. 127. fol. 50
Du marinier qui meurt en la Nef, c. 128. fol. 50
Du marinier qui meurt deuant ou apres auoir faict voile, chap. 129. fol. 50
Du marinier accordé à mois, ch. 130. fol. 51
Du patró à marinier sur les portées, c. 131. f. 51
Declaration du Chapitre precedent, c. 132. f. 51
Des portées des mariniers, ch. 133. fol. 52
Portées chargées, chap. 134. fol. 52
De marquer robbes en Nef, ch. 135. fol. 52
De compartiment de marinier, ch. 136. fol. 52
Du chargement des robbes des mariniers, chap. 137. fol. 53
Du payemét des salaires des Mariniers, c. 138 f. 53
En quel lieu & comme, & de quelle espece de monnoye doiuent estre payez les mariniers, chap. 139. fol. 53
De payer salaires de mariniers, en cas que la Nef se vendit en cachettes, ch. 140. fol. 54
Patró doit assurer pour les mariniers, c. 141. f. 55
Comme se doit remettre le salaire d'vn marinier, chap. 142. fol. 55
Mariniers plaidans auec le patron, c. 143. f. 55
Declaration du Chapitre precedent, c. 144. f. 55
Des viures que le patron doit fournir aux mariniers, chap. 145. fol. 57
Patron n'est tenu donner à manger au marinier qui ne dort en Nef, ch. 146. fol. 57
Marinier n'est tenu aller en lieu dangereux, chap. 147. fol. 57
De prester marinier à autre Nef, c. 148. fol. 57.
Qu'est-ce que doit auoir le patron des marchands, pour descharger, ch. 149. fol. 57
Le voyage finy, le marinier est quitte & libre, chap. 150. fol. 57
Nef se vendãt en terre des Chrestiés, c. 151. f. 58
Nef venduë és parties Barbares & infidelles, siue Sarrazins, chap. 152. fol. 58
Mariniers ayant peur, ch. 153. fol. 58
Marinier qu'est accordé, en quoy est obligé, chap. 154. fol. 58
Quel secours est tenu le marinier bailler, chap. 155 fol. 59
Raisons pourquoy peuuent jetter le marinier, apres qu'il sera accordé, ch. 156. fol. 59
De marinier qui s'enfuit, ch. 157. fol. 59
Amande du precedent, ch. 158. fol. 59
De remocquer autre Nef, ch. 159. fol. 60

De marchandifes trouuées en Mer,& marinier qui va à tant pour milles,ch. 160. fol. 60

Conditions de patron à mariniers,c. 161.f. 60

Marinier eft tenu faire le commandement du maiftre de la Nef & du Nauchier,c.162.f.61

Du marinier qui fera debat contre le maiftre de la Nef,chap. 163.fol. 61

Du marinier qui touche malicieufement , & iniurie le maiftre de la Nef, ch. 164.fol. 61

Le marinier doit fuporter le maiftre,c.165.f.61

Le marinier qui fort en terre, ch. 166. fol. 61

Marinier qui defrobera ou emportera de la Nef, chap. 167.fol. 62

Marinier qui jettera viande de volontairement, chap. 168. fol. 62

Peine de marinier qui fort de Nef fans licence, chap. 169. fol. 62

Le marinier qui fe defpoüille,ch. 170. fol. 63

Le Marinier ne doit laiffer le Nauire,puis qu'il a commancé à le charger,ch. 171. fol. 63

Du marinier qui vend fes armes, ch. 172. f. 63

Le marinier ne doit rien jetter de la Nef fans licence,chap. 173. fol. 63

Marinier ne doit coucher en terre,c. 174. f. 63

Marinier doit donner exarcie deuant la Nef,or-meyar,chap. 175. fol. 63

Le Barquier, chap. 176. fol. 63

Marinier doit aller au moulin , ch. 177. fol. 63

Des armes du Marinier,ch. 178. fol. 64

Mariniers ne doiuët delaiffer la Nef,c.179.f.64

Mariniers doiuent defforar,& forar,charger & defcharger,chap. 180. fol. 64

Mariniers doiuent tirer Nauire,ch. 181. fol. 64

Si le Marinier eft enuoyé par le maiftre de la Nef,& eft prins,ch. 182. fol. 64

La Nef loüée à certain prix. à quoy font tenus les mariniers,chap. 183. fol. 65

Le patron qui promet porter ce qu'il ne peut, chap 184.fol. 65

De celuy mefmes,chap. 185. fol. 65

De la marchandife qui fe gafte fur la couuerte. chap. 186. fol. 66

De la marchandife mife fraudeleufement, & ce qui en doit eftre fait en cas de jet,c.187.f.66

Comme fe doit requiper la Nef nollifée à efcar, chap. 188. fol. 67

Du temps que demeure la Nef nollifée à prix certain,chap. 189. fol. 68

De Nef nollifée à quintaux, s'il y faut exercie, chap. 190. fol. 68

De la Nef qui ne pourra faire le voyage qu'elle a entreprins par empefchement de Iuftice, chap. 191. fol. 68

Si la Nef par empefchement de Seigneur ou de Iuftice ne chargera, & s'en ira en autre lieu, chap. 192. fol. 69

Patron qui nollifera à efcar,comment eft tenu aux mariniers,ch. 193. fol. 70

Comment patron ne doit demeurer d'aller en voyage,finó pour certaines chofes,c. 194.f.70

De Nef par fortune ou autre accident, côtraint mettre en terre,chap. 195. fol. 71

De Nef chargée qui va en terre, ch. 196.f. 72

Du defcharger par bonnace , & auec fortune, chap. 197.fol. 73

De marchandife moüillée par faute des Bar-quiers,chap. 198.fol. 74

De Barquier qui prendroit charge de charger ou defcharger Nauire ou Nef, ch. 199.f. 75

De Nef ormegée premiere ou derniere, chap. 200. fol. 75

De cela mefmes, chap. 201. fol. 76

D'ormeger, chap. 202. fol. 76

De l'Eftiue des Boutes,ch. 203. fol. 77

De charger du vin, ch. 204. fol. 77

D'excercie loüée, ch. 205. fol. 78

D'excercie empruntée,ch. 206. fol. 78

Comment l'excercie trouuée en riuiere par ne-ceffité peut eftre prinfe, ch. 207.fol. 79

D'excercie empruntée ou prinfe,ch. 208. f.79

De commander voyage certain, ch. 209. f. 80

D'empefchement commandé,ch. 210. fol. 80

Declaration du precedent Chapitre,c. 211. f. 81

De commande prinfe comme fa caufe propre, chap. 212. fol. 83

Item de commande,ch. 213. fol. 83

De commande promife,ch. 214. fol. 83

Item de commande,ch. 215. fol. 83

Commande en deniers,ch. 216. fol. 84

De commande de Nauire,ch. 217. fol. 84

De commander Nef fans le fceu des perfóniers chap. 218. fol. 85

De commande qu'aucun prendra en commun ou feparément, ch. 219. fol. 86

De commande qui fe perdra, & le commanda-taire s'esbatra, ch. 220. fol. 87

Du patron qui laiſſe la Nef pour faire ſes affaires propres, ch. 221. fol. 87

Du teſmoignage des mariniers en cas de diſcorde entre patron & marchands, c. 222. f. 87

Du teſmoignage de marchand en diſcord de patron auec les mariniers, ch. 223. fol. 88

Teſmoignage de marinier, ch. 224. fol. 88

Du ſalaire des Mariniers & Nauchiers qui iront à diſcretion, ch. 225. fol. 89

Du dommage prins par faute d'ormeger, chap. 226. fol. 89

De Nef qui ſe perd en terre des infidelles, chap. 227. fol. 90

Cas pour leſquels le patron doit demander les perſonniers pour nollifer, ch. 228. fol. 90

De reſcat ou accord auec Nauire armée, chap. 229. fol. 91

Du rachept ou accord auec Nauires armées d'ennemis, ch. 230. fol. 92

De marchandiſe oſtée, ch. 231. fol. 93

De palengues & vaſes ou prinſes ou loüées, chap. 232. fol. 95

De patron qui promettra d'attendre les marchands à certain iour, ch. 233. fol. 95

D'expedition de Nef, promis à iour certain, chap. 234. fol. 95

De Nef qui eſtiuera à degertam, ch. 235. fol. 96

Si ce que deſſus ſe rompt dedans la Nef, chap. 236. fol. 97

Si les Mariniers emmenent la Nef ſans conſentement du patron, ch. 237. fol. 98

Comme il faut acheter vituailles & autres neceſſitez de la Nef, ch. 238. fol. 98

Comme tel patron eſt tenu rendre compte chacun voyage aux perſonniers, ch. 239. fol. 100

Comme patron deura rendre compte, & s'il meurt ſans compter, ch. 240. fol. 101

Declaration du precedent Chapitre, c. 241. f. 102

Du patron quand il voudra croiſtre la Nef, chap. 242. fol. 103

De cela meſme, chap. 243. fol. 104

D'accouſtrer la Nef, ch. 244. fol. 105

D'arborer les Ancres, ch. 245. fol. 107

De Nef qui ira à part, ch. 246. fol. 108

D'excercie oſtée par Nauires armées, chap. 247. fol. 110

De marchandiſe qui ſe moüillera en Nauire & deſcouuert, ch. 248. fol. 111

De Pilote, chap. 249. fol. 112

Du guet de la Nauire, ch. 250. fol. 113

De marchandiſes trouuées, ch. 251. fol. 114

D'accord fait en Golf, où en Mer libre, chap. 252. fol. 116

Des accords faits entre le patron, mariniers & marchands, ch. 253. fol. 117

De commande faicte à vſage de Mer, chap. 254. fol. 117

De patron qui vendra la Nef ſans la licence des perſonniers, ch. 255. fol. 118

De marchandiſe miſe ſecrettement en la Nef, chap. 256. fol. 119

Si le patron donne ſon lieu à autre pour nollifer, ch. 257. fol. 120

Du patron qui tirera raig trouué ſans volonté des marchands, ch. 258. fol. 121

De Nef nollifée pour aller charger en aucun lieu, ch. 259. fol. 122

Si quelque marchand nollife Nef en aucun pays eſtranger, & meurt, ch. 260. fol. 223

Si le marchand qui aura nollifé deuient malade, chap. 161. f. 125

Du marchand qui nollifera Nef, & mourra auāt qu'elle ſoit chargée, ch. 262. f. 126

De Nef nollifée, & le patron meurt auant que elle ſoit chargée, ch. 263. f. 128

De Nef nollifée, ſās téps determiné, c. 264. f. 130

De Nef nollifée qui pour empeſchement ne pourra faire le voyage, ch. 265. f. 131

Comment Marinier ne doit ſortir de la Nef par parole du maiſtre, ch. 266. f. 132

De Marinier qui s'enfuyra, ch. 267. f. 133

De charger grains ſans meſure, ch. 268. f. 133

De condition de nollis, ch. 269. f. 134

De Nef ou Nauire qui demeurera à charger pendant le mauuais temps, ch. 270. f. 135

Des maiſtres d'Ache, & Callafats, ch. 271. f. 136

De ſeruiteur de patron, ch. 272. f. 137

De l'Eſtiue de Gerre ou Boutes, ch. 273. f. 138

Comment marchandiſe peut eſtre ou retenuë ou laiſſée pour le nollis, ch. 274. f. 138

De Nef, & de marchandiſe prinſe par Nauires armées, ch. 275. f. 140

De Nef qui ſera contrainte d'aller deſcharger par cas fortuit, ch. 276. f. 141

De patron qui fera empeſchement à la partie pour debtes, ch. 277. f. 142

De commandé que le commandataire doit partir auec foy,ch. 278. f. 143
Comme le Facteur doit estre creu auec son serment,ch. 279. f. 145
De conuenance entre patron & marchand de marchandise nollisée, ch 280. f. 145
D'empeschement de Seigneurie suruenu à la Nef,quand elle sera nollisée , ch. 281. f. 147
Dequoy sont tenus les personniers à patron qui veut faire barque ch. 282. f. 149
De Nef qui jettera,ch. 283. f. 150
De Nef ou Nauire qui par cas fortuit sera contraincte de partir,ch. 284. f. 153
De conserue & garde,ch. 285. f. 154
De Nef commandée par deux personniers à quelque autre,chap. 286. f. 154
Si Nef chargée de marchandise se rencontre auec Nef d'ennemis, ch. 287. f. 156
De pacte & conuenance faicte par commandataire de Nef, ch. 288. f. 158
De Nauire prins & recouuert, ch. 289. f. 158
De charge de ligneame, ch. 290. f. 164
De promesse & accord, ch. 291. f. 164
De marchandise encamerade ou fausse, ch. 292. f. 165
De mesconte alleguée par personniers, contre les heritiers du patron,ch. 293. f. 166
De Nef qui manquera ou laissera excercie apres qu'il aura chargé, ch. 294. f. 167
Comment se doit payer nollis en fait de jet, chap. 295. f. 168
De Patrons & Mariniers qui voudront demeurer de n'aller en voyage,ch. 296. f. 169
Ordonnances en fait des armes de Mer , chap. 297. f. 171
Comment se doit compter les frais mis , & le profit de Nef armée,ch. 298. f. 172
De Comite ou maistre de Gallere, ou de Fuste non armée,ch. 299. f. 172
De Comite,ch. 300. f. 173
De pactes & accords,ch. 301. f. 173
Des parties que doiuent faire de la Nef armée, chap. 302. f. 173
Des Nauchiers & autres Officiers du partage, chap. 303. f. 174
D'Admiral, ch. 304 f. 175
Ordonnances du corps ou des vaisseaux qui n'ont point de rames, ch. 305 f. 175

De Nauchier,ch. 306 f. 177
De Proyers, ch. 306 f. 178
Balestiers,ch. 307 f, 178
Hommes d'armes, ch. 308 f. 178
Gabiers, ch. 309 f. 179
De poix & mesure,ch. 310 f. 179
Sous-gardiens,ch. 311 f. 179
Thimoniers,ch. 312 f. 179
Barbiers,ch. 313 f. 179
Gaffaniers,ch. 314 f. 179
Barquiers, ch. 315 f. 179
Esuedeurs,ch. 316 f. 179
Affaradeurs, ch. 317 f. 179
De la garde de l'Admiral, c. 318 f. 180
Escorcalhiadors, c. 319 f. 180
Seruiteurs, c. 320 f. 180
Maistre d'Ache, c. 321 f. 180
Balestier, c. 322 f. 180
Calafat, c. 323 f. 180
Roy de seruiteurs,c. 324 f. 180
Consuls, c. 325 f. 181
D'accords, c. 326 f. 181
Que doit le Capitaine,c. 327 f. 183
Chapitre où se traicte de l'Escriuain,c. 328 f. 185
De Clauaires,c. 329 f. 187
Nauchier majeur,c. 330 f. 188
De Consuls,c. 331 f. 190
Comment se prennent & leuent les quintes, c. 332 f. 191
En quel temps & où furent concedez les presents Chapitres,& Ordonnances du faict de la Mer,& des marchandises,f. 192
Chapitres du Roy,& de l'Empereur,c.331 f. 193
Ordonnances des Conseillers de Barcelone par le Consul de Cicile,f. 200
Ordonnances des Conseillers de Barcelone sur les faits maritimes,du 21. de Nouembre 1435 lesquelles furent publiées,c. 332 f. 203
In recognouerunt proceres,c. 334 f. 207
Autre du Roy Iean,de cela mesme,c. 335 f. 207
Ordonnances des Conseillers de Barcelonne, pour le faict des changes,c. 336 f. 208
Priuilege du Roy Alfonse, donné à Barcelonne le 15. de May 1432. c. 337 f. 208
Chapitre de la Cour de Barcelonne,le 8. d'Octobre 1481. que chose ne soit tirée du Consulat par donnation faicte au pupil,vefue,ou miserable,c. 338 f. 208

Gage de ceux qui voudront aller de là la Mer, & de là venir par deça, c. 339 f. 209

Ordonnances des Conseillers de Barcelonne, dernierement faictes sur les assurances maritimes, c. 340 f. 210

Chapitre que toutes fustes, change, robes, marchandises, aussi bien vaisseaux du Roy peuent estre assurées de huit parts les sept, & les estrangers des quatre parts les trois, ch. 341 f. 211

Chapitre que Nauires de marchandises des Genois, ou des ennemis du Roy de Damis qui soient participants auec luy ne puissent estre assurez, c. 342 f. 212

Chapitre pour estimer les Fustes & autres Nauires, c. 343 f. 212

Pour les marchandises & robbes qui se chargeront du destroit de Gilbatar pour porter en Flandres, en Angleterre, & en Barbarie, les mariniers ne se peuuent assurer, s'ils ne sont Citoyens de Barcelonne, c. 344 f. 212

Que toutes les marchandises & Nauires qui viendront en Barcelonne, & ceux qui en sortiront encores qu'ils soient d'ennemis de Genois, puissent estre assurez, c. 345 f. 213

Que les marchandises qui chargeront en Alexandrie puissent estre assurez de ce que coustent en Alexandrie, & que s'en puissent accorder les assurez & assurans, c. 346 f. 213

Que les assurez n'ayent à gaigner sinon pource qu'ils auront conuenu de risc, c. 347 f. 213

Que aucun ne puisse assurer en autres parts plus auant que les vaisseaux du Roy, courant le risc de la huictiéme part, & les estrangers de trois quarts, c. 348 f. 214

Que tous les assurez soient faits auec instru-ments prins & enregistrez par Notaires publics, c. 349 f. 214

Que les assureurs iureront que l'assurance qu'ils font est vraye, c. 350 f. 215

Que les assurances ayent à causer par pactes suiuant les presentes Ordonnances, ch. 351. f. 215

Comment ne peuuent decliner dehors des Consuls, c. 352 f. 216

Comment n'oseront mettre paroles derogatoires aux presentes Ordonnances, c. 353 f. 216

De la peine du Notaire, c. 354 f. 217

Comment les assureurs qui ne soient payez, ny voudront, c. 355 f. 217

Comment les formes des assurez & assureurs ayent force d'vn mesme compte, c. 356 f. 217

Que s'il estoit nouuelle de la marchandise perduë qui ne vaille, c. 357. f. 217

Comme vituailles peuuent estre assurées en toute maniere, c. 358. f. 218

De la paye des assureurs, c. 359. f. 218

Si les assurez pour non auoir fait declarer, auront à restituer les quantitez, c. 360. f. 220

Si les assurez laissent posseder aux assureurs les quantitez iusques à ce que soit declaré, ch. 361. f. 220

Comme court le temps de la paye des assureurs, en peuuent entrer en merites, si mettre en voudroient, c. 362. f. 221

Du temps de la paye qu'ont à faire les assureurs chap. 363. f. 221

Que les assurances faictes deuant les presentes Ordonnances ne soient encloses dans lesdictes presentes Ordonnances, ch. 364. f. 221

Du iurement que les Consuls doiuent prendre des assurez & assureurs, chap. 365. f. 222

[illegible] ... barely [illegible]
[illegible] Copying Press [illegible]
[illegible]

CY COMMENCE LE LIVRE

DE CONSVLAT, NOVVELLEMENT
TRADVIT DE LANGVE ITALIENNE, ET ESPAGNOLE
en François : aufquels font contenuës les Loix & Ordonnances des Contracts, & Marchandifes Maritimalles.

DV MOYEN D'ESLIRE LES CONSVLS,
& Iuges des appellations, par chafcune année.

CHAPITRE PREMIER.

POVR chafcune année, & le iour de la Natiuité de noftre Seigneur, à l'heure de Vefpres les gens de bien nauigants, Patrons, & Mariniers (tous ou la majeure partie) s'affemblent en confeil en leur lieu, à ces fins deputé, comme eft de couftume en la Cité de Valence. Et là, tous enfemble (ou la majeur partie) par elleuction (& non par fort), eflifent entr'eux deux hommes de bien, de l'Art Maritimal pour leurs Confuls, & vn autre dudit Eftat pour leur Iuge, & eft ledit Iuge efleu comme Iuge d'appellations, lefquelles font interjeétées fur les Sentences par lefdits Confuls baillées, font lefdiétes elleuctions faiétes en vertu du priuilege par eux obtenu du Roy, & fes Anteceffeurs, defquels priuileges eft feulement permis aufdits gens de bien de Mer d'en vfer:

Sont les Iuges des Marchans efleus par le Confeil chafcune année en la ville de Marfeille le iour S. Simon en la maifon commune, & mis en poffeffion la fefte de S. Simon, auquel iour sôt creés les Confuls, defquels n'y a appel, fi ce n'eft par deuant la Cour de Parlement & de 500. liu. en fus.

Du iurement que font lefdiéts Confuls.
CHAP. II.
Ledit iour de Noel, en prefence de Meffieurs de la Iuftice Ciuile, & dans l'Eglife Cathedralle comme eft de couftume en Valence. Les fufdiéts Confuls iurent, que bien & deuëment ils exerceront lediét Office de Conful, & que fera faiét droiét tant

Quia indicandi munus eft publicum & neceffarium l. quippe ff. de iud. l. numerû

A

au grand qu'au petit, gardée la foy à son Prince, ou vrayement Roy.

Comme le Iuge des appellations est presenté, iure & preste le serment.
CHAP. III.

Passé le iour de la feste de Noel, les Consuls appellent aucuns dudit Art de Mer gens de bien, presentent ledit Iuge qu'ils ont esleu deuant le Gouuerneur & Procureur du Royaume de Valence, ou bien à son Lieutenant, & iure és mains d'iceluy, que deuëment & fidellemét il s'acquittera de sa charge. Et iceluy desdits Consuls presenté audit Gouuerneur pour iuge desdictes appellations, que tel ainsi presenté, ledit Gouuerneur ou bien Procureur, le reçoiue pour Iuge desdictes appellations : Et ainsi est de coustume faire. Nonobstant que par le priuilege octroyé, par le Roy, aux gens de Mer, sur l'election du Iuge soit porté qu'annuellement sera esleu par le Roy, ou son Procureur, commettant ledict Roy son Procureur dés l'octroy du priuilege, n'ont iamais vsé, sinon ainsi que dessus a esté tousiours obserué.

Comme les Consuls reçoiuent tant pour eux que pour le Iuge
d'appellation vn escriuain.
CHAP. IV.

Reçoiuent les Consuls pour eux l'Escriuain ou Secretaire : lequel est passé par le Conseil, au lieu où s'assemblent, & si tel Escriuain en l'année passée, est approuué & trouué suffisant, doit estre confirmé en son estat, pour l'année suiuante, & si depuis les Consuls nouuellement esleus trouuent iceluy estre capable l'acceptent, & doit le Iuge se seruir en son office de iudicature dudit Secretaire, par les Consuls esleu : en maniere que les Ordonnances du Iuge sont dependantes de celle des Consuls. C'est que les Consuls peuuent dans l'an, & en tout heure que bon leur semble au consistoire oster l'escriuain de l'estat, & bailler à tel que le consistoire approuuera & trouuera bon : à laquelle priuation il ne peut ny doit contredire.

De la forme du Seau des Consuls.
CHAP. V.

Les susdits Consuls ont leur Seau qu'est rond, auquel y est graué vn Escusson, lequel és deux parties y est le Seau Royal, & en la troisiéme partie en la fin d'iceluy certaines ondes de Mer, & autour dudit Escusson est escrit, *Sigillum Consulatus Maris Valentiæ pro domino Rege.* Et auec le mesme Seau scelle ledit Iuge ce qu'est necessaire, & vient à sceller, demeurant chez ledict Secretaire de sa cour & iurisdiction.

CONSVLAT.

Quels doiuent eftre Confuls, & quels Iuges.
CHAP. VI.

Ne peuuent eftre efleus Confuls ceux que l'année auparauant ont eftez audit Office de Confulat, mais en doiuent eftre mis d'autres, & ainfi eft du Iuge : mais bien peuuent eftre efleus à la troifiéme année fuiuante, & en apres celuy qui aura efté Conful puiffe eftre efleu Iuge l'année fuiuante : & par ainfi le Iuge puiffe eftre efleu Conful pour l'année fuiuante de fa iudicature.

Peuuent lefdits Confuls fubftituer en leur lieu & place ce que bon leur femble. CHAP. VII.

Les deux Confuls enfemble, ou vn deux, pour caufe de maladie, ou detenus pour quelques fiens ou autres affaires, ou bien pour s'en vouloir aller pour raifon d'iceux, hors de la Cité de Valence, peuuent fubftituer & mettre en leur lieu & place tel que bon leur femblera, mais que ce foit toutesfois dudit Art de Marine, ce qu'auffi peut faire ledit Iuge.

Comment procedent lefdits Confuls en leurs Offices, & premierement de la demande par efcrit. CHAP. VIII.

Quand aucun demande & propofe deuant les Confuls en efcript aucun affaire, duquel la cognoiffance appartient au Confulat, doiuent (fuiuant la couftume de Mer) enuoyer le double, ou coppie de la demande, par leur meffager (qu'ils nomment Sergent) à la partie aduerfe, & à ladicte partie aduerfe à contefter à la demande dans le temps à luy prefix par ledict Sergent, lequel luy eft baillé, du mandement defdicts Confuls : Et doit ledit deffendeur en fa refponce mettre les raifons qui font pour fa deffenfe. Et par ainfi, s'il y a aucun moyen de reconuention, la peut mettre en fadicte refponce : à laquelle deffenfe & raifon de reconuention, (fi mifes ont efté en auant) : le demandeur conuentionnel eft tenu refpondre, & mettre fes deffences auec ladicte refponce (fi aucunes y en a) refpondant par ainfi à telle reconuention pertinemment. Et à ces fins font affignez par lefdits Confuls delays de trois en trois iours, ou plus ou moins, fuiuant la cognoiffance du Iuge. Cette refponce ainfi faicte, fi en autre maniere y eft procedé, le procés eft nul, & doit faire iurer ledit Iuge de fraude & dol, & enquerir le vray de ladicte caufe des parties, lefquels ont à refpondre, *hinc indè*, fur les demandes propofées, & s'il efcheoit aucune negation, doit ledit Iuge admettre le demandeur à prouuer (s'il le demande) & ce dans dix iours, pour le premier delay, & luy en font octroyé par lefdicts Iuges quatre, auec ce toutesfois qu'il jure d'iceluy obtenir fans

S. Valier des Confuls, & aliis offic.

In quacunque partes intelligitur. l. more maiorum. ff. de iu. onn. iud.

Edita act. fpem futuræ litis demonftrat. l. edita. C. de ed. autem offeratur. C. deli. cont. Qu'eft le iour du deffaut auquel le libelle s'offre, c. 1. de lib. ob. iur. cöm. tenetur tamen inf. xx. dies d. autem offera tamen coartatur à iud. l. ix. ff. de re iud. Aut. & confequenter C. do fent. & inte. on. iud. l. 1. C. de dila. l. fi. in prin. ff. de fer. & dil. c. 1. c. cum caufam in fi. ex de iu. cal. l, 11. C. de iur. iur. Actor tenetur probare l. fruftra l. actor, & de prob. c. accafator vi. q. v. d. l. 1. C. de dilat.

fraude ny calomnie, moins pour plus faire long ſon procés. Et ſi par cas fortuit eſcheoit que les teſmoins qui ſont à produire fuſſent hors dudit lieu, luy eſt baillé vn delay conuenable à la diſtance du lieu, d'où eſt-ce que diront eſtre ces teſmoins, ſignifiant toutesfois tels dilaiz à la partie de ſe preſenter continuellement pour voir iurer leſdits teſmoins, leſquels dans tel temps, celuy qui a de preuuer veut produire. Autrement, à faute de s'y trouuer, & en ſon abſence, ſeront leſdicts teſmoins receus pour iurer, & leur ſera baillé ſerment, les dilations paſſées, les teſmoins preſentez & ouys à la requiſition des parties, incontinent les Conſuls aſſignent iour aux parties, pour ouÿr & voir publier la ſentence: ſans qu'il faille ny ſoit neceſſaire, que les parties renoncent à plus pouuoir dire & mettre en auant. Ny pour ceſte raiſon le procés ne peut eſtre dit nul: moins l'eſt. Par ainſi auant la publication deſdits teſmoins, ou apres chaſcune deſdictes parties plaidantes, produiront pour preuue eſcritures, & autres eſcritures publiques, qui ſeront pour leur ayde audit procez.

D'objecter les teſmoins.   CHAP. IX.

Ouys & produicts leſdits teſmoins, n'eſt permis à aucunes des parties, qui baillent objects par eſcrit contre leſdits teſmoins, ſi ce n'eſt en ce que concerne le faict de leur depoſition, & en autre maniere & façon à tels objects ny à aucun eſgard, ſoit que ſoient baillez par eſcrit ou de parolle. Et ſi par aucune deſdictes parties de parolle eſt mis en auant, qu'aucuns d'iceux teſmoins ſoient parens, de celuy qui les produict, ou ennemis de celuy contre duquel ſont produits, ou ſont perſonnes de mauuaiſe verſation, tels objects ſont à la cognoiſſance deſdits Sieurs Conſuls, & de ceux que ſont appellez au conſeil, pour juger tel procés, ayant eſgard aux perſonnes, qualité, bruit, & renommée deſdicts teſmoins.

Comment ſe donne ſur vne demande produicte par eſcrit, ſentence.

CHAP. X.

Donnée par leſdits Conſuls aſſignation aux parties pour publier leur ſentence, leſdits Conſuls auec leur Greffier, ſe retirent aux principaux marchands de ladicte ville, & font lire pardeuant iceux ledict procés au long, & le faict qu'ont ſur ce, à leur conſeil. En apres, prennent conſeil des plus apparents hommes de Mer, & leur font ſemblablement lire ledict procés, & eſcriuent leur conſeil: & bien ſouuent prennent premierement leur conſeil deſdits apparents de Mer, & ce ſuiuant qu'ils en donnent leurs aduis, iugent. Et ſi les opinions des deſſuſdits ſont vnies, donnent sentence en ladicte cause. Si par cas fortuit lesdictes opinions n'estoient vnies, sçauoir des esleus & apparens des Marchands auec celle des esleus & apparens de Mer, doiuét estre assemblées, deduictes, & remonstrer les opinions, en cas que les opinions des susdits preud'hommes de Mer ne s'accordassent auec les jugements des Marchands esleus, ou qu'ils ne se voulussent assembler : alors lesdits Consuls donnent sentence, & la prononçent suiuant l'aduis desdits apparens & experts de Mer, pource que du conseil d'iceux, les contracts sont faits & prononcez, non selon l'opinion des susdits apparents Marchands, s'il ne le veulent auoir, & à ce ne sont contraincts, soit par priuilege du Roy, ny par autre maniere & façon, ou seroit parce que on en eust autrement de coustume, ou vsé depuis quelque temps en ça.

Des appellations. CHAP. XI.

De laquelle sentence, celuy qui se trouuera lezé pourra appeller dans dix iours, comptables du iour de la publication d'icelle, laquelle appellation est receuë & remise au Iuge des appellations de Consulat, auec le procez pardeuant les Consuls des susdicts, narré & euangelizé, & seront en ladicte appellation mis les griefs, nullitez & torts, pour raison desquels de ladicte sentence a esté appellé, & se trouue greuée la partie appellante.

Comment est procedé pardeuant le Iuge des appellations. CHAP. XII.

Ledit appellant est tenu produire pardeuers ledict Iuge ou Greffier du Consulat, le procés & procedures, auec son appellation, luy demandant qu'il casse, annulle & reuoque, corrige & emende la sentence par lesdits Consuls donnée, lequel Iuge, receuë ladicte appellation & presentation du procés, leur doit assigner iour pour ouyr prononcer la sentence & dire droict sur iceluy appel, auquel iour est intimée l'autre partie pour icelle sentence ouyr, laquelle sentence publiée, le condamné a dix iours pour appeller, soit presentement ou par escrit, autrement est mise en execution, & passé en force de cause jugée.

En appel ne se peut rien dire, ny de nouueau proposer. CHAP. XIII.

En tels procés d'appellations, aucune chose de nouueau proposée n'est receuë, par laquelle les parties puissent preuuer, ou à ce estre receus : mais le Iuge d'appellation doit voir le procés deduit pardeuãt lesdits Consuls, & tel appel, & pour le regard des griefs y juger auec conseil, lequel prins donne sentence, en ce que con-

A 3

de consue. Ar. c. suspitionis ext. de off. iud. del.
l. 1. & fi. C. de relat. c. in timasti ex. de ap. Iudices debent habere præ oculis æquitatem l. quod si ephes. in fi. ff. de eo quod Ei locor.

Sententia difin. non mutatur l. quod iussit ff. de re iud. sed de ea appel. & grauato remedium dat. per app. 10. tit. de ap. & l. si adu. rem. in d. an quis possit. restitui vide Guil. an net. in vol. de for. iud. c. de sint.

l. in peremptorio ff. de iud. & pronuntiatur in iudicio c. si. de sen. & re iud.

Autem hodie C. de app.

Sed tum recituntur grauamina c. biduum vers. si quis 11. q. l. edicta C. de edend. Non enim est standũ iniquæ sen. c. inter cætera ext. de sen. re iu.

cerne ledict appel, comme par le priuilege qu'ont tels experts obtenu du Roy.

La façon de pourſuiure l'appellation, & en combien de temps doit eſtre
pourſuiuy.   CHAP. XIV.

Doit l'appellant pourſuiure ſans rien retarder la cauſe d'appel
par luy interjettée : ſçauoir, doit releuer iceluy dans trente iours
apres la publication de la ſentence au jour qu'il aura appellé, auquel s'il ne le faict, l'appellation eſt deſerte, & la ſentence deſdits
Conſuls paſſe en force de cauſe iugée.

Comment ſe donne ſentence, & Arreſt d'appel.
CHAP. XV.

Le Iuge auec le Greffier prennent conſeil d'autres gens experts de Mer, que ceux qu'ont aſſiſté à la premiere ſentence &
conſulté, & ainſi tirée leur opinion & los, procedent à la publication de la ſentence comme cy-deuant a eſté dit. Si la ſentence
baillée par leſdits Conſuls eſt trouuée bonne, ne faict que la con-
firmer, & au contraire la reuoquer, ou bien corriger ſelon leurdit
aduis, & de ladicte ſentence, nul ne ſe peut en apres pardeuant
aucun autre porter pour appellant, ſuiuant le priuilege qu'ils ont
du Roy.

D'exception declinatoire de Iuriſdiction.
CHAP. XVI.

Peut la partie tirée en cauſe pardeuers leſdits Sieurs Iuges, demander declinatoire, & eſtre renuoyé pardeuers autres Iuges,
comme Iuges competans, laquelle exception doiuent leſdits Iuges voir ſi elle eſt iuſte & raiſonnable, & telle la trouuant, le doiuent renuoyer au Iuge qui eſt competant, & au contraire la retenir ſuiuant qu'eſt par eux & leur conſeil cogneu.

Des demandes verballes, & de leurs ſentences.
CHAP. XVII.

Toutesfois & quantes qu'il y a demande verballe propoſée deuant les Conſuls, oyent les raiſons de chaſcune des parties, auec
la depoſition des teſmoins verballe, ou bien veuës autres inſtru-
ctions, iceux Conſuls accompagnez des parties, ſe retirent pardeuant les conſeillers & experts pour auoir leur aduis, & ainſi la de-
ciſion du faict & cauſe, eſt par eux deduicte. Ce qui eſt faict à bõne & iuſte cauſe : ſçauoir aux fins qu'ils ne diſent leur droict, par
les ſuſdits Conſuls auoir eſté demonſtré & declaré, comme leur
auoit eſté par leſdictes parties propoſé, & meſmes à tels conſeillers. Remonſtrent auſſi les ſuſdits Conſuls ce qu'a eſté dit par les
teſmoins, afin qu'il ſoit pourueu par l'aduerſe partie, & ce ſuiuant

qu'en a esté produit : tout ce que dessus faict, & ayant esté deduit
en conseil leur droict. Les parties sortent hors, aux fins que les
Conseillers puissent donner leurs aduis aux Consuls, lequel receu
verballement, ils prononcent leur los & sentence. Doiuent aussi
les Iuges auoir esgard (que si l'vne des parties demande vn ex-
traict de la sentence verballe pour luy seruir) enjoindre au Greffier de l'expedier. Et pour vn peremptoire, faut noter que lors &
quant est faicte vne demande verballe comme la precedente, y
est sommairement procedé sans y auoir delays, & autres choses
requises à vn procés par escrit, & que de droict.

De l'appel de sentence verballe.
CHAP. XVIII.

Et tout ainsi comme le procés est instruict verballement, si aucun se trouue lezé par la sentence qu'a esté donnée, il peut verballement appeller pardeuant le Iuge, pardeuers lequel compa-
roissent les Cösuls, pour sçauoir les causes qui les ont meuz d'ainsi
juger : icelles entenduës, prend ledit Iuge conseil de gens experts
de Marine, autres que ceux qui ont assisté à la sentence des Consuls, ainsi qu'a esté dict cy-dessus. Ayant donc prins aduis, il donne sentence par escrit, comme est porté par le priuilege du Roy.
Et sera poursuiuie ladicte appellation dans trente iours, autrement la sentence passée en force de cause iugée, comme dessus
est amplement dit.

Des despences faictes au premier procés.
CHAP. XIX.

Les Consuls au premier procés, *siue* au principal, ne condam-
nent aucun aux despens.

Despences faictes en appel.   ## CHAP. XX.

Confirmant la sentence des Consuls, le Iuge en appel, doit
condamner l'appellant aux despens faits pendant l'appel. Et au
contraire, s'il la reuoque, corrige, ou émende, pour auoir iuste
cause, dict les despens compensez, & par ainsi ny l'appellant, ny
l'appellé, payent aucuns despens.

Demandes qui peuuent estre faictes deuant vn seul Consul.
CHAP. XXI.

Pardeuant les deux Consuls, ou vn d'eux seul (pour estre l'autre absent, malade, occupé, ou autrement detenu, pour siens par-
ticuliers affaires) peuuent les parties proposer leurs demandes, &
poursuiure iusques à sentence, soit interlocutoire ou connexe,
qui ne peuuent estre données que par les susdits Consuls ensemblement.

Quelles causes sont de la Iurisdiction des Consuls, & desquelles ils peuuent iuger. CHAP. XXII.

En la ville de Marseille, les Iuges des Marchands cognoissent de la marchádise par Ordonnance du Roy Louys 1481. & le 20. Ianuier estant Gouuerneur Palamides Forbin Sieur de Soliers. Et par les Arrests de la Cour de Parlement 1574. entre les Iuges & le Lieutenant, est mieux expresse.

Toutes questions, diuorses, & controuerses, peuuent estre determinées & cogneuës par les susdits Consuls, comme quand il s'agist de nollis, de dommage baillé aux robes qui sont esté chargées en Nef, de salaire des Mariniers, de faire inquanter la part de Nef, de geét, de commandes baillées au Patron, ou à Mariniers, de debte par Patrons deubs & prins pour l'expedition du Nauire, des promesses faictes par Patrons, & Marchands au Patron, des robbes trouuées en Mer libre, ou en plaige, d'armer lesdictes Nefs, Galleres ou vaisseaux. Et generalement de tous autres contracts, declairés aux coustumes de Mer.

Des executions de sentence. CHAP. XXIII.

L'execution de la sentence des Consuls est donnée sur les biens meubles & Nauires, tout ainsi que sur les autres biens, & de mesme façon est executée la sentence du Iuge d'appellations. Sçauoir, est faict commandement à la partie condamnée (& à la requeste de celuy qui a rapporté gain de cause) de payer les sommes adiugées, ou bien de declarer biens meubles, non sujets à opposition, sur lesquels l'execution puisse estre faicte. Autrement à faute de ce faire, sera procedé contre les biens qui seront indiquez par le poursuiuant.

De l'execution faicte sur les biens meubles du condamné. CHAP. XXIV.

l. à dino pio §. in venditione ff. de re iud.

prior tempore potior iure tit. tit. ff. qui po. in pi.

Ayant obey le condamné, & offert biens exploictables, vaisseaux ou autres és mains de l'executeur, tels biens sont inquantez & preconisez par la Trompette & Massier executeur, à faute de les auoir redimez dans dix iours, & à ces fins sont faictes les cries & subhastations requises, lesquels escheus sont vendus & deliurez au plus offrant & dernier encherissant. En apres, l'argent en prouenant est deliuré à la partie, tant pour le principal, que pour les despens de l'execution : baillant toutesfois caution de la restituer en cas qu'aucun se trouuast premier de temps & priuilegié sur le pris, ou autre pour luy.

Creancier ne pouuant cautionner. CHAP. XXV.

Si par cas fortuit escheoit que le creancier fust estranger, ou bien qu'il ne peust cautionner de restituer, sont faictes cries & proclamations par les carrefours de la ville, donnant entendre qui auroit poursuiuy d'obtenir sentence contre N. l'auroit faict pignorer, & poursuiuy d'estre mis en prison & colloque, ou les deniers luy estre distribuez, ne pouuant donner aucune caution,

parce

par ce que deſſus. Que ſi aucun a oppoſitió pour former au contraire, ay t icelles propoſer pardeuant les Conſuls dans trente iours autrement à faute de ce faire, le prix deſdits biens ſera deliuré au pourſuiuant, ſans caution, ceſſant donc & ne ſe trouuant aucun qui diſe au contraire, les Conſuls luy deliurent ſans plege le prix de la gagerie.

Execution ſur les biens immeubles. CHAP. XXVI.

Aduenant le cas que tel condamné n'euſt aucuns biens meubles, vaiſſeaux de Mer ny autres, fors que d'immeubles. Alors les Conſuls eſcriuent à la juſtice de la ville où les biens ſont aſſis, leur faiſant entendre qu'ils ont condamné N. enuers N. en telle ſomme, laquelle ſentence ſeroit eſté confirmée par le Iuge d'appellations (ſi y eſt eſcheuë) & que le condamné n'a aucuns biens meubles, ſur leſquels la ſentence puiſſe eſtre executée, les requerant par ainſi qu'il leur plaiſe icelle faire executer ſur les biens immeubles, pour n'auoir de couſtume les ſuſdits Conſuls ſe meſler de la vente d'iceux. Alors les gens de juſtice comme meres executeurs, executent ladiĉte ſentence ſuiuant la forme de juſtice, ou bien couſtume du lieu ou les biens ſont ſeants.

D'vn Patron qui demande les Nollis à vn marchand, lequel contredit pour luy defaillir marchandiſe, ou pour eſtre meſlée.

CHAP. XXVII.

Si aucun Patron de Nef ou autres Nauires ſe rencure de ſon Marchand, pour raiſon des Nollis des robes qu'il aura portées. Et le Marchand au contraire die n'eſtre tenu de payer, qu'au prealable les marchandiſes ne luy ſoient eſtez entierement conſignées ſuiuant la commiſſion de la police de chargement faiĉte par ſon faĉteur, ou autrement par record, ou bien que ſoient eſtez endommagées, aſſeurant que ç'a eſté par la coulpe du Patron ou par iceluy. Ce nonobſtant eſt ledit marchand condamné à payer les Nollis audit Patron à caution, laquelle faut qu'il baille auparauant, & ce tant des marchandiſes qui ſont bien conditionnées qu'autres. Eſt ladiĉte caution prinſe par les Conſuls, iuſques à ce qu'ils auront fait droit ſur le defaillemẽt, moüillure, gaſt deſdiĉtes robes, que le marchand preſuppoſe luy auoir eſté faiĉt par lediĉt Patron, ou par ſa faute & coulpe. Telles demandes ſont propoſées verballement, & non par eſcrit, moyennant qu'il apparoiſſe clairement par police de chargement, lettre ou confeſſion du marchand, ou par autre apparente preuue.

Salaires de Marinier.   CHAP. XXVIII.

Le Marinier qui demande ſes ſalaires au Patron n'a icelle à

Marginal notes:

d. l. à diŭ pio. §. 1. l. epiſc. in ſi. C. de epand.

Le Iudicat. des Marchans eſt realemẽt executé comme meres, iuges par priuilege du Roy iuſques à empriſonnemẽt.

Nollis & ſalaires ſont priuilegiez.

Culpa cui que noxoſa l. 3. ff. de tranſ. l. ſi, ad ſilia.

l. 1. & tot. tit. ff. camp. ſtab. Quia tunc deliĉtum eſt l. 1. §. plane ff. de tut. & rat. diſt. Confeſſus pro indicato hab. l. 1. ff. de conſ.

propofer en efcrit, ains feulement verballement.

De l'execution faicte contre vn Patron, pour argent à luy preſté.
CHAP. XXIX.

Si le Patron ou Capitaine, emprunte quelque fomme de deniers, & qu'il faffe promeffe de les rendre, ne faut bailler demande en efcript. Mais celuy qui a preſté, vient deuant les Confuls exhibant la promeffe, demandant au Patron d'eſtre payé. Et fi le terme eſt venu, que le payement doit eſtre faict, les Confuls ordonnent qu'il fera commandé audit Patron de payer ladicte fomme dans trois ou quatre iours, & iufques à dix, ayant efgard à la quantité & fomme que fe monte le debte, ou bien qu'il exhibe biens exploictables pour pouuoir executer, autrement à faute de ce faire, fera procedé à l'execution fur les biens que le creancier indiquera, comme eſt amplement dit cy-deffus des executions des fentences des Confuls.

D'affeurer le Iudicat.　　CHAP. XXX.

Peut le crediteur demander verballement ou par efcrit, que le debteur à cautionner, & à demeurer à chofe jugée, & d'autant qu'il luy fera demandé : mefmes s'il eſt eſtranger doit incontinent bailler la fideiuffion, autrement eſtre contrainct par corps, & incarceré dans les prifons Royaux de la ville durant le procés, s'il iure toutesfois qu'il n'ayt dequoy payer ce qu'il fera condamné, il doit eſtre eflargy : excepté & fors qu'il fuſt detenu pour debte priuilegié, defquelles eſt faicte mention aux couſtumes de Mer, alors il y eſt eſtroictement detenu iufques à ce qu'il ayt fatisfait à la condamnation. Si à l'oppofite eſt de la ville, & cognoiffent les Confuls qu'il foit foluable, donnét affignation pour bailler ladite caution de demeurer à droit ; & à ce faut qu'ils fe prennent garde, car s'il aduenoit que ledit debteur s'abfentaſt, & ne fe treuuaſt furquoy executer, demeurét lefd. Côfuls obligez à payer le iugé.

Du pouuoir des Confuls.　　CHAP. XXXI.

Ont les Confuls tout pouuoir ordinaire aux contracts maritimes qui font couſtumiers, & en vfage de determiner, lefquels font defignez & declarez dans les couſtumes maritimes.

Priuilege fur l'execution d'vn Nauire neuf.
CHAP. XXXII.

Si à la requeſte des creanciers, Nefs, Nauire, ou autres vaiffeaux de nouueau conſtruicts, auant qu'il foit tiré en Mer, ou aye faict aucun voyage foient expofez en vente, du prix en prouenant font preferez les maiſtres d'ache, callefats, & autres ayant trauaillé à leurs iournées, & ceux qui ont fourny poix, fuſtaille, bois,

cloux, eſtouppes, ſarties, & autres choſes acheptées pour la fa-
brique dudit vaiſſeau. Nonobſtãt que les autres creanciers ayent
obligations & cedulles de celuy à qui appartient ledit Nauire,
declarant que leur debte eſt pour la conſtruction dudit Nauire.

Comment doit eſtre pourueu, ſi le prix n'eſt ſuffiſant à payer les creanciers.
CHAP. XXXIII.

N'eſtant le prix prouenant de la vente dudit Nauire ſuffiſant
pour payer tels debtes & ſommes deuës, pour raiſon de la fabri-
que & fournitures d'icelles, doit tel pris eſtre deliuré & partagé
à ſol & liure, pour eſtre l'vn auſſi priuilegié que l'autre : & à ce ne
ſert aduancer priorité de temps.

De la preferance ſur les deniers prouenans de la vente du Nauire, ou apres
le retour du voyage.　　CHAP. XXXIV.

Si ladicte Nef ou autre vaiſſeau, apres auoir faict voyage eſt
expoſé en vente à la requeſte d'aucuns creanciers, ſont premierement (du prix en prouenant) payez les officiers & mariniers dudict vaiſſeau, en tant que touche leurs ſalaires, ſans eſtre tenus de
cautionner, rendre leſdits deniers, pour eſtre eux priuilegiez ſur
ledict prix, tant par le temps que par le droict. En apres ſont preferez ceux qui ſont creanciers de plus loing, & chaſcun ſuiuant
leur datte & priorité d'hypoteque, en baillant caution de reſtitution en cas qu'il eſcheut. Et à ces fins ſont faictes les cries & proclamations cy-deſſus ſpecifiées dans trente iours, ou bien doit iurer ne pouuoir trouuer ladicte caution, & ne faiſant apparoir les
Mariniers & autres creanciers des fournitures (comme poix, clous
bois, ſarties, & autres choſes concernant la conſtruction du Nauire) en eſcrit : ne ſont preferez aux creanciers de preſts cy deſſus deſignez, leſquels ont leurs actes & eſcrits. Aduenant le cas
que la portion dudict Nauire au Patron appartenante, ne fuſt ſuffiſante pour payer les creanciers, deſquels il eſt faict mention, les
autres portions appartenants aux compagnies ſont tenuës, & ſur
telles peuuent eſtre faictes les executions, & non ſur autres biens
deſdictes compagnies, fors que d'eux le Patron euſt procure, record, ou autre pouuoir pour ſe faire.

Femme du Patron premiere en hypoteque.
CHAP. XXXV.

Si le Patron eſt marié, & ſa femme ayt obtenu contre luy ſentence pour ſon dot & intereſts, & apparoiſſe luy eſtre iuſtement
deuë la ſomme qu'elle demande, & ſur les biens dudict Patron
recogneuë, n'y ayant autres biens ſur leſquels elle puiſſe executer : ayant diſcuté iceux, ſe doit ou ſe peut ladicte femme oppoſer

Quoties con-
curſus eſt. &
ſunt in eod.
gradu fit diſtri-
butio.

doct. in d.l. hic
ini.

Prior tempore
potior iur. d. l.
potior.

c. 25. Auec 33.
en la fin

Act. inſtit. l.x.
& per tot. iii.
ff. de inſtit. act.

Intereſt reip.
dotes mulierib.
conſeruari l. L.
ff. ſol. mat.

sur le prix dudict Nauire. A laquelle opposition est receuë, si se
trouue premierement en datte, que les autres creanciers soient
dudit Nauire.

Comment doiuent estre definies les causes par les Consuls.

CHAP. XXXVI.

Par Ordonnance du Roy, & par Priuilege, les Consuls deffi-
nissent toutes questions & litiges pardeuant eux proposées, sommairement & plus briefuement qu'ils peuuent sans longue forme
de procés (ayants la verité du faict entenduë) suiuant qu'est de
coustume & vsage de Mer.

Salaires prins par les Consuls des parties.

CHAP. XXXVII.

Des demandes pardeuant iceux Consuls proposées, soit verballes ou en escrit, & desquelles ont donné sentence, prennent
les deux Consuls pour leurs salaires trois deniers pour liure, &
d'vne chascune partie, sçauoir que si N. demande à T. cent liu.
ou du tout rien, ils prennent trois deniers pour liure, & de tous les
cent lesquels leur sont expediez par chascune des parties, & par
ainsi suiuant que ce montent les demandes.

Salaire du Iuge des appellations.

CHAP. XXXVIII.

Le Iuge prend salaire de ce que les Consuls ont jugé, & de ce
que procede & despend l'appel, lequel salaire est trois deniers
pour partie, & pour liure, & ne sont payez lesdits trois deniers,
que l'appel ne soit poursuiuy.

Consuls recusez.   CHAP. XXXIX.

Quand vn des Consuls ou tous deux sont suspects à aucunes
des parties plaidantes pardeuant eux, & que les causes de soup-
çon sont apparantes, est mis vn autre dudit Art au lieu & place
du recusé, & deux (si tous deux recusez sont) lesquels hommes
subrogez faut que soient gens de bien & non suspects : par lesquels en apres les demandes sont ouyes, determinées & definies,
leur estant les mesmes salaires que dessus establis, par les parties
payé, & par eux partagé.

Iuge d'appel suspect.   CHAP. XL.

De mesme, si le Iuge d'appellation est suspect, doit estre mis en
son lieu & place vn autre dudit estat, par lequel les causes sont
decidées, & doit partager le salaire auec iceluy.

*Comment par les coustumes ou par conseil, les Consuls & le Iuge donnent
leurs sentences.*   CHAP. XLI.

Les sentences que par lesdits Consuls & Iuge sont données, se donnent par les Couſtumes dernieres eſcrites , & declarées en pluſieurs chapitres,& là où ne ſuffiſent les Couſtumes & Ordonnances,prennent conſeil des apparents hommes de Mer , & ſuiuant le plus equitable qu'ils trouuent,jugent.

Robes ſequeſtrées ſont deliurées à caution.
CHAP. XLII.

Aduenant le cas que les robes fuſſent ſequeſtrées, le ſequeſtre eſt tollu à caution,excepté que fuſt ſequeſtré pour les noſis,auquel cas caution n'eſt receuë.

Teneur d'vne Ordonnance du Roy Iacques, ſur le ferment que preſtent les Aduocats. ### CHAP. XLIII.

Sçachent tous, que Nous Dom Iacques , par la grace de Dieu Roy d'Aragon,de Mallorque,de Vallentia,Comte de Barcelone, d'Argers, & de Montpellier. Deſirant & voulant pouruoir à l'vtilité de la Cité & Regne de Mallorque : auons ordonné & eſtably,ordonnons & eſtabliſſons , tant par nous que pour nos ſucceſſeurs,que dors en là les Aduocats iureront en la maniere & forme ſuiuante. Ie N. jure de fidellement m'acquitter de l'office d'Aduocat,donnant aduis & conſeil ſuiuant que de droiƈt & juſtice eſt porté,& en ce que ie ſeray demandé pour Aduocat. Et en cas que ie trouue au commencement,au milieu ou en la fin,le procés contre le droiƈt intenté, de le dire à la partie pour laquelle interuiendray, n'entendant ſouſtenir aucune choſe contre ma conſcience,ny preiudicier madiƈte partie : ains ſeulement procureray le ſortir , & mettre par toutes voyes de droiƈt (la verité entenduë , laquelle diligemment enquerray d'icelle) hors de procés. *Fin de l'ordre de Iuſtice du Conſulat.*

Poix & portées d'Alexandrie. ### CHAP. XLV.

Icy eſt diƈt comme ſont multipliées les portées d'Alexandrie, c'eſt à ſçauoir quand les Marchands nauliſent aux Patrons des Nefs ou autres Nauires : quelles ſont les portées. Premierement eſt tenu lediƈt Patron porter deux quintals de Cotton pour portée,iuſques à la troiſiéme partie. Et s'il vouloit charger pour plus que de ladiƈte troiſiéme partie, eſt tenu faire tout ainſi qu'il voudra charger de cottons à 2.quintaux pour portée,& la quatriéme de Poiure. Item d'Encens. Item Dacre, & Gingembre , iuſques à 5. quintaux pour portée, plus de Breſil 4. quintaux, plus d'huyle 3. quintaux. Item de Lendidaſti,s'il eſt en caiſſe ou barril, 1. quin. qui ſeront 2. quintaux pour vn qu'eſt diƈt Forfori, plus de Canelle 3. quintaux pour portée, plus cotton filé, 3. quintaux pour portée, plus Pocellanes Corbées douze quintaux & demy pour portée, plus de Bagadell. 6. quintaux & demy pour portée, plus d'Indigo 3. quintaux & demy Forfori pour portée, plus de Sucres mis dans de coffins, ſiue cabas 3. quintaux Geneuois pour portée, ſi en caiſſe ou baril vn quintal Geneuois, plus de Dents d'Elefants 6. quintaux Forfori & demy, plus de leynes de chappeau 3. quintaux le 4. Forfori pour portée, item d'Alun au premier & au ſecond ſolier 3. quintaux pour pour portée, & à l'autre deux quintaux & demy.

CY COMMENCENT
les Couſtumes de Mer,
CHAP. XLVI.

ONT icy apres deſcriptes & deſignées les bonnes Ordonnances & Couſtumes, leſquelles les gens de bien & preud'hommes, marchands & nauigants ont inſtituées, & delaiſſées à nos anteceſſeurs, & ſont extraictes ſuiuant que par le liure des bonnes couſtumes eſt porté, & appert par le recit. Sçauoir, comment eſt-ce que doit ſe conduire & gouuerner le Patron auec les Marchands, Mariniers, paſſagers, ou autres eſtant en voyage ſur la Nef que doiuent faire les Marchands, paſſagiers & Mariniers : & comment ſe doiuent porter enuers le Patron du Nauire, paſſagier eſt dict, tout homme qui paye nollis de ſon paſſage, ſans ſes marchandiſes.

Patron voulant conſtruire Nef, doit le notifier à ſes perſonniers.
CHAP. XLVII.

Voulant conſtruire & edifier vne Nef ou Nauire, vn Patron, & accueillir vn ou pluſieurs : doit ledict Patron faire entendre à tels particips, de combien de quirats & parts ſera la grandeur, la longueur, le port, combien portera de centaine, de careine, la hauteur, l'eſpaiſſeur, & la longueur d'arbre, & autres choſes requiſes.

Perſonniers ne pouuant ſatisfaire à ſon promis.
CHAP. XLVIII.

Donné ce que deſſus entendre par le patron à tels perſonniers s'il ſe trouue qu'ils ayent promis conſigner & ſatisfaire pour leur ratte part : doiuent à telle promeſſe ſatisfaire : & à ce, peut eſtre contrainct par ledict patron, par voye de iuſtice, & le faire condamner aux intereſts & change : comme de dire, qu'vn de la compagnie deuoit fournir pour vne ſeizéme partie, & n'euſſe fourny & faict compliment contant de la moitié, ſi faire la deuoit, & ne l'a faict. Le patron de la Nef ou Nauire, peut fournir au compliment & entiere conſtruction de la partie que faire attouchera. Ce qui fut ordonné aux fins que ceux qui commenceroient à conſtruire vn Nauire ne l'entreprinſſent, qu'au prealable ne ſceuſſent que les particips fourniroient leur ratte part, ou qu'ils le puiſſent faire.

Perſonnier mort apres le commencement, ou ayant promis entrer pour particip. **CHAP. XLIX.**

Si aucun promet d'entrer pour particip à aucun vaiſſeau, & vienne à deceder, auant qu'il ſoit conſtruit & paracheué, ne ſõt tenus les hoirs ou poſſeſſeurs des biens du defunct en aucune choſe enuers celuy auquel aura eſté promis entrer en part (fors qu'en ſon teſtament en fuſt faicte mention) & ſi rien n'en a eſté dict : ains ſeulement ſe trouue qu'il ayt fourny argent pour entierement ſatisfaire à ſa part, & pource qu'il a promis entrer : telle partie doit eſtre venduë auant que le Nauire ſorte hors du lieu ou a eſté conſtruict, nonobſtant le chap. par lequel eſt dict, que Nef ou vaiſſeau ne peut eſtre vendu ou expoſé en vente iuſques à ce qu'il ait fait vn voyage : la raiſon eſt, pource que homme mort ne peut obſeruer raiſon, loy, ny couſtume, ſi ce n'eſt que payer & ſatisfaire aux debtes, & commandes ſi aucuns en y a. Et par autre raiſon. Sçauoir, que le iour que tel mort, le meſme iour pour ſon reſpect la compagnie eſt aſſoupie & finie, & en cas qu'il euſt fourny quelque ſomme, & ne ſuffiſt pour ſatisfaire à aucune partie, eſt tenu le patron, trouuer qui ſatisfaſſe au compliment, & entre au lieu du particip decedé, & fourniſſe à telle part. D'auantage eſt tenu ledit patron, rendre & reſtituer les deniers qu'il aura receus dudit particip mort, à ſes hoirs. Sauf toutesfois que s'il luy auoit rien eſté laiſſé, doit tel lais deduire & abbattre de la ſomme que receuë aura : ce qui doit eſtre obſerué ſans fraude & dol, & à ſes fins le chap. cy deſigné a eſté faict, moyennant les raiſons que deſſus. Or preſuppoſé qu'ils vouluſſent ſatisfaire à la conſtruction dudit Nauire, mais non qu'il fuſt ſi grand, ou le faire plus petit, & ſçeuſt qu'il euſt le pouuoir d'y fournir pource qui auoit eſté conuenu & accordé, doiuent entierement satisfaire.

Patron voulant faire le Nauire plus grand qu'il n'aura faict entendre aux personniers.   CHAP. L.

Faut à present parler d'vn patron qui entreprendra à faire Nef ou Nauire, le faire construire, & donnera peu de carene, de plan, & de sentine, toutesfois en apres la croistra d'vn 3. ou d'vn 4. ou de la moitié, auant qu'il l'ait donné entendre aux particips, alors ne sont en rien tenus de satisfaire au prix, s'il n'est tout ainsi qu'il aura promis, & qu'il leur sera esté faict entendre. Ce nonobstant tels particips auront leur part & portion au croys que se trouuera auoir esté faict tout ainsi que s'ils eussent fourny. Excepté & fors qu'il la fist de plus grande mesure qu'il ne luy auroit esté dict, & par le patron commandé, & entreprins. Que si le patron a deliberé croistre le Nauire, le doit faire entendre aux particips, & voir qui accordera, ou qui discordera. Comme par exemple, sont quatre & six, six sont d'opinion d'accroistre, & par ainsi leur opinion est creuë autant six à huit, & par ainsi pour deux, trois, quatre, ou cinq : ne doit demeurer, comme estant moins de nombre, & sont ainsi contraincts tels dissentans, à fournir tout ce que touche leur part, contre desquels en vne demande le patron se peut pouruoir.

A quoy sont tenus les personniers, quand le patron veut croistre la Nef.   CHAP. LI.

Cy dessus a esté dict, que lors & quant que le patron de Nef ou Nauire voudra croistre ledit Nauire, il le doit faire entendre aux particips, que si tous y consentent, lors il la peut croistre, ou bien si la maieur partie, & ne se doit arrester ny pour quatre, ny pour cinq : toutesfois ne dict en quoy lesdits personniers y sont tenus, & par ainsi y pourroit auoir quelque diuorce, qui a esté cause que par nos antecesseurs y a esté pourueu, & faicte cette ordonnance, la teneur de laquelle est. Il est vray que la Nef ou Nauire se peut croistre, moyennant que la majeur partie des personniers y consente, ce que doit estre entendu : ayant égard si les autres personniers dissentans y peuuent satisfaire, afin que (peut-estre seroit) que tels ne pouuant fournir, ne prinssent argent à l'interest, ou debatassent leurs robes, qui seroit son grand prejudice, & contre le quitte. Car peut-estre que tels particips sont entrez en compagnie pour amitié & familiarité du patron, plustost que pour esperance d'y profiter aucune chose, & par cette occasion seroit mal faict, que tel particip fust de rien interessé : qui a causé nos predecesseurs (pour auoir preueu estre contraire

au

au droiĉt (de dire & declarer , que ſi aucun perſonnier ou particip contredit de fournir pour croiſtre & agrandir le Nauire , côme ne pouuant ſatisfaire, s'il auoit promis entrer pour huit quirats, n'y entrera que pour ſept,& pour plus le patron ne le pourra
aſtraindre,& cogir : la raiſon eſt, pource qui eſt à imputer au patron,qui ne ſatisfait à ce qu'il leur a promis, croiſſant & faiſant la
Nef ou Nauire plus grande qu'il n'auoit promis , & qu'il auoit
donné à entendre, à laquelle il s'eſtoit ſoubmis.Sera donc tenu le
patron de la Nef ou Nauire , chercher autres qui fourniſſent les
quirats qui defaillent , fuſt ce faiĉt auec grand profit deſdits patrons , pour n'eſtre du tout deliurez tels perſonniers , ains pour
eſtre ſoulagez , & non du tout intereſſez. Autre raiſon eſt,qu'aucun ne peut diſpoſer ny diſpenſer des biens d'autruy , ſi ce n'eſt
qu'en tant qui leur ſera commis & mandé , & s'il ſe trouuoit
que les contrediſans fuſſent la moindre partie, ayants faculté de
pouuoir fournir à ce qu'ils auront promis (ſans leur prejudicier)
ſeront contraint ainſi,& comme par le precedent chap. a eſté declaré,que où la majeur partie conſent, la moindre ne peut rien.
Donc par les raiſons que deſſus recitées, tout patron de Nef ou
Nauire doit ſe prendre garde & ſoigneuſement aduiſer,que quâd
il veut entreprendre à faire le Nauire,ſoit donné tout à entendre
aux particips , afin que de rien ne ſoit contrediĉt par iceux, & aucun diuorſe n'y tombe , qui a eſté cauſe que la preſente Ordonnance a eſté faiĉte.

Maiſtre d'ache croiſſant les meſures & Nauire.
CHAP. LII.

Si aucun maiſtre d'ache faiĉt les meſures ou Nauires plus grâdes
que par le patron ne luy aura eſté commandé,doit payer la moitié de la deſpence qu'y ſera eſté faiĉte, enſemble perdre ſes iour-
né es qu'il aura vacqué à la conſtruction dudit Nauire,& encores
tenu faire entendre les meſures aux perſonniers, telles qu'il aura
accordé auec le patron de la Nef, & ſi l'œuure qu'il faiĉt eſt forte
ou foible.

Maiſtre d'ache & callefats ſont tenus enuers le patron, & le patron
enuers eux.　　*CHAP. LIII.*

Sont tenus les maiſtres d'aches & calefats qui trauaillent à vn
Nauire faire bonne œuure & receptable , qu'eſt diĉte ſans faute
& nette auec le profit du patron : ce que ſe trouué eſt, ſçauoir
qui ſoiĉt maiſtres,leur œuure bonne & eux ſuffiſants pour de plus
s'acquitter : Alors le patron de la Nef ne les peut chaſſer (que
doit eſtre entendu quand l'œuure eſt priſe à prix faiĉt, ſi ce n'e-
　　　　　　　　　　　　C　　　　　　　ſtoit

Contrarium iuri non eſt te-
nendum §. 1.de inſt. & iur.

æquitas tenêdŭ.

Ratio dĕcidĕdi,

Standum pro-
miſſis eſt d. l. 1.
ſſ. de paĉt.

Vnuſquiſque
arbiter rerum
ſuarum l.in re-
mandata C.
mand.

c. primo.

Vbi maior mi-
nor ceſſat

Cautius agen-
dŭm

ſtoit qu'ils la gaſtaſſent, & endommageaſſent, moins auſſi s'il trouuoit que pour meilleur marché y trauaillaſt. Ne peuuent auſſi leſdits maiſtres quitter, dés qu'ils auront commencé à trauailler, que
ne ſoit entierement paracheuée ladicte Nef, eſtant par ainſi deffendu à tous maiſtres d'ache & callefats d'entreprendre le parach-
euement de ladicte Nef ou Nauire, fors qu'à ceux que deſſus,
& auſquels a eſté commis (s'ils ſont ſuffiſants) pource qu'ils ſe doiuent garder de porter prejudice & endommager les vns les autres, ſoit des maiſtres d'ache, & auſſi du patron auec tels calefats
& autres, qui auront de ſon conſentement commencé l'œuure,
ains doit le patron le laiſſer paracheuer la Nef, ou œuure encom-
mencée, & ſe garder de diſcorde, pour de bien peu qu'en aduienne, l'homme en a aſſez pour tout faire quitter. Et par ainſi a
ledict patron, voir de les entretenir & s'entretenir en paix. Faut
auſſi noter qu'en cas que ne ſçeuſſent leſdits maiſtres paracheuer
& faire deuëment l'œuure, lors le patron peut ſans reprehenſion
en mettre d'autres, nonobſtant qu'ils euſſent commencé & entreprins la beſongne, ny pour cela leur doit eſtre par les autres maiſtres reprochée: ains c'eſt aſſez que tels calefats & maiſtres d'ache
ſoient condamnez aux deſpens, dommages & intereſts ſoufferts
par leur coulpe & faute: & de ce ſe doiuét bien prendre garde leſdits maiſtres d'ache auant que de commancer: ſçauoir qu'ils ſont
tenus tant enuers le patron que marchás, & non le patron enuers
les marchands. Si par cas fortuit eſcheoit que tels maiſtres n'euſſent dequoy pour ſatisfaire, doiuent eſtre prins & mis au pouuoir
de la Seigneurie, & là trauailler iuſques à ce qu'ils ayent ſatisfaict
entierement à tels dommages ſoufferts par leur faute, tout ainſi
comme s'ils auoient deſrobé & pris dans ſa maiſon. Eſt auſſi tenu
ledit patró, leur bailler tous les iours 3. den. à chaſcũ pour pain &
vin, auec ſalaires accordez, ou ſeroit qu'ils accordaſſent d'eſtre
payez tous les iours du Samedy, ce qu'eſt de leur plaiſir, ne pouuant eſtre aucunement contraints. Aduenant le cas qu'il n'euſt
eſté eſtably aucun prix de leurs iournées, lors doiuent eſtre payez
tout ainſi qu'auront gaigné les autres maiſtres dudit Art, & comme eſt la couſtume de donner: Et à ces fins a eſté faicte la preſente ordonnance, aux fins que les ſuſdits maiſtres d'ache & callefats fiſſent bonne œuure, & ſe gardaſſent des peines deſſuſdites
y regardaſſent de prés, & qu'ils fuſſent ſatisfaits.

Maiſtre d'Ache & Callefat, trauaillant à temps & prix ſceu.

CHAP. LIV.

Si aucun maiſtre d'ache ou callefat entreprend à faire œuure à

temps ou pour certain prix, il eſt tenu payer tous les maiſtres
qui trauailleront à ladicte œuure, ainſi à prix fait prinſe, & par
ainſi, doit le maiſtre de ladicte Nef aduertir tels maiſtres, & leur
donner à entendre qu'il faut qu'il les paye, & qu'il a donné à prix
ſceu la Nef à faire à vn N. afin qu'ils ne ſe trompaſſent ſur l'eſperance du payement, en cas que tel maiſtre fuſt quelque barateur,
ou qu'il n'euſt dequoy payer. Ce que ſi ne faict ledit maiſtre de
la Nef, & ne leur donne entendre quand ils commencent à trauailler en icelle œuure, & que puis tel maiſtre, ayant prins à le
faire à prix ſceu, ne les vouloit payer & n'euſt dequoy : alors il ſe *d. l. huius &*
retireront à l'œuure qu'ils auront trauaillé, laquelle leur ſera te- *ibi doct. ff. qui.*
nuë & leur eſt affectée iuſques à ce qu'ils ſoient payez, tant de *pot. in pi. hab.*
leur trauail, deſpés, qu'intereſts, mais s'il le leur a donné à entédre *Tanquam ac-*
au commencément qu'ils ont faict de trauailler, payé ou non, le *ceſſaria ſecu.*
maiſtre qui a pris à prix fait, alors l'œuure ne leur eſt de rié tenuë, *nat. prin. c. ac-*
fors & excepté qu'il leur euſt dict qu'ils trauaillaſſent, fiſſent leur *ceſſorium de*
deuoir & qu'il les ſatisferoit : alors (jaçoit qu'il euſt du tout payé *reg. iuris in 6.*
le prix ſceu, ou non) ſi le maiſtre qui a prins l'œuure à faire ne les *Etiam non diſ-*
paye, ou n'a le pouuoir, ledit maiſtre de l'œuure eſt tenu ſuiuant *cuſſo principali*
ſa promeſſe les payer, aye ou n'aye rien ledit maiſtre d'ache, pour *cen.ra autem*
auoir eux trauaillé ſur la parolle dudit Sieur de la Nef, car autre- *preſente C. de*
mét n'euſſent daigné d'y trauailler, mais euſſent cherché ailleurs *fidei.*
où ils euſſent (peut-eſtre) faict leur profit. Par ainſi, ſoit à prix ſceu
ou à iournées, doit le maiſtre de la Nef demeurer à ce qu'il aura
promis : ſi tels maiſtres ont entreprins icelle œuure auoir faicte
dans certain temps, auec adjection de peine en cas qu'elle ne fuſt *d. l. iuris gen-*
faicte dans le temps, & n'ayt eſté paracheuée, peut le Sieur de la *tium 6. pretor.*
Nef demander la peine laquelle ſont tenus payer ſans procés, & *ff. de paɫɫ*
n'y ayant eſté appoſée aucune peine, ſont tenus de toute perte,
dommages & intereſts, leſquels ſeront creus à ſon ſimple ſermét,
aſſeurant que ç'a eſté par la coulpe & negligence deſdits maiſtres:
car autrement ne ſont tenus en aucune choſe, ny à la peine appoſée comme ſi par le vouloir diuin ou du Roy y fuſt ſuruenu empeſchement, auſquels perſonne ne peut reſiſter. Et pourtant ſi *Mitte arcana*
ledict Sieur de la Nef n'entend faire les parts ainſi comme il aura *dei ſtereta &*
accordé auec les maiſtres, & ayent faict deſpences ou enduré *calum inquire-*
dommage, eſt tenu ledit Sieur de la Nef, & obligé tout ainſi com- *re quid ſit.*
me auons dict les maiſtres eſtre tenus enuers ledict Sieur, & c'eſt *Contractus vl-*
la raiſon que ſoit reciproque. *tro citreque ob.*

Perſonnier voulant vendre la part qu'il a en la Nef.

CHAP. LV.

C 2

Doit encores vn chafcun fçauoir, que fi aucun perfonnier veut vendre la part qu'il aura commancée de faire en la Nef: il le doit faire entendre au patron d'icelle: & de mefme eft tenu faire l'autre. Que fi le patron ne veut qu'il y entre, n'y peut entrer iufques à ce que la Nef aye faict voyage, pource qu'on peut entendre qu'il pourroit dejetter tel achepteur par malveillance, & par cette raifon ne peuuent faire inquanter les perfonniers ny patron de la Nef, iufques à ce qu'aye faict voyage. Que quant aura voyagé, il la peut inquanter, de perfonnier au patron, & du patron aux perfonniers : doiuent pourtant les perfonniers permettre & voir, fi le patron veut vendre ou achepter, que s'il la vouloit acheter ou vendre, alors n'y doit auoir aucun inquant : ce qui a efté ordonné pource que le patron ayant prins beaucoup de peine, & s'eftant deftourné de beaucoup de fiens affaires, & encommancé la Nef, il ne perde, que s'il n'euft efté, la nef ne feroit en eftre.

Comme doit eftre inquantée la Nef, entre le patron & les perfonniers.

CHAP. LVI.

Suiuant qu'eft dict & declaré au chap. cy-deffus que Nef ou Nauire ne peut eftre vendu ou inquanté iufques à ce qu'il aye fait voyage : doit eftre entendu, le Nauire eftant neuf, ou qu'il fuft efté acheté du vouloir & confentemêt de tous les perfonniers, ou leur majeur partie : & où eft dict que perfonnier doit donner auantage & voir fi le patron voudra acheter ou vendre, quand n'y a inquât public. Auffi doit eftre ainfi entendu, qu'il n'eft iufte ny raifonnable, que s'il y auoit vn perfonnier ou deux que pour faute de fôds ou de deniers qui leur furuint, ne peuuent porter aucuns patrons de Nef ou Nauire, à laquelle ils euffêt part, mis à l'inquât, n'eftoit que le patron le vouluft : la raifon eft, pource que le plus fouuent les patrons & Seigneurs de la Nef ont affaire beaucoup & font de defpences : lefquelles n'ofent mettre en compte aux perfonniers pour auoir leur bonne grace, efperant de gagner en beaucoup de façons auec eux, lefquelles n'eft befoin racompter & mettre par efcrit, auffi ont fouuentesfois beaucoup à defpendre aufdits vaiffeaux qu'ils n'y penfent pas, quand ils commencent à conftruire lefdits Nauires, font par ainfi fouuent trouuez qu'ils n'ont deniers, ny moyen d'en auoir pour fournir. Encores y a autre raifon, pource que ledit Patron de Nef y aura prins beaucoup de peine & de trauail de fa perfonne : ne feroit donc raifon que pour vn, deux, ou trois, lefquels pour mal-veuillance, difcorde ou enuie qu'ils euffent conceu contre dudit patron, ils miffent à l'inquant ladicte Nef, & le ruiner totalement, & le faire perdre, de-

Cum folo confenfu contrahantur.

fup. C. pro.

Tanquam inftitutor cui omnia commiffa fur tot. tit. de inft. act.

*Qui totum dicit nihil excludu l. iulia ff. de leg. 3.
Et ce confiderant quod cautius eft negotiandam d. l. in cuilem.*

Autre raifon.

Nemo eft locupletandus cum iactura aliena doct. in l. 11. C. de rei vend.

meurant deſtitué du ſien, & leſdites compagnies de rien enrichis.
Eſt donc fort raiſonnable parce que deſſus, que pour cinq ou pour
deux perſonniers ne ſoit mis à l'inquant. Si toſt que ledit Nauire
aura fait voyage, (comme deſſus eſt dit) ſi tous les perſonniers
ou la majeure partie veulent inquanter, & vendre le Nauire audit patron, le peuuent faire, & à ce ne peut contredire, mais qu'il
n'y ayt eu accord, pour raiſon de ce, que ſi ainſi eſt, qu'il n'y ayt accord aucun, peut ladicte Nef eſtre miſe à l'inquant. Ce qu'il faut
entendre, que les perſonniers ont pouuoir & peuuent contraindre (par le moyen de la Iuſtice) le patron de la Nef faire ledict
inquant, pource que tant de droict, que de couſtume & raiſon,
tout ce que la graigneur partie veut accorder doit eſtre mis en
execution, & doit eſtre mis entr'eux en deliberation, ſuiuant laquelle ſera miſe & expoſée en vente ladicte Nef, de meſmes ſi le
patron y conſent. Eſtant donc tous d'accord, eſt miſe au plus offrant, & à iceluy deliurée. Doit telle deliurance eſtre faicte auec
les perſonniers, que s'il y a aucuns qui contrediſent au patrõ, ledit
patron n'eſt tenu auoir eſgard à eux, ſi faire ne le veut, ſauf que ſe
trouuaſſent deux ou trois qui vouluſſent vendre, doiuent dire &
demander audict patron s'il leur veut donner à raiſon de tant de
leurs parts, ou bien s'il veut vendre à meſme prix de ce que deſſus, peut eſtre contrainct par leſdits perſonniers ledict patron, nonobſtant toute contradiction ou oppoſition qui doit eſtre entẽdu,
ſi n'auoit eſté accordé entr'eux, ce qui eſt dict des perſonniers eſt
dict du patron, & ce que du patron des perſonniers, pource qu'à
aucun inquant public ne peut perſonne ſeigneuriſer, ſi de leur
conſentement ne vient qu'vn d'eux ſoit preferé aux autres, ains
doiuent eſtre autant eſtimez l'vn que l'autre. Si donc aucun d'eux
n'eſt commis & preferé aux autres, ſçauoir que qui premier dira,
ayt aduantage, comme prix pour prix luy ſoit deliuré. Que ſi au
contraire, aucun accord entre les particips n'y a de donner aduantage, l'vn n'eſt tenu à l'autre de la donner, ſi de ſon vouloir ne
procede, & à ces fins a eſté le preſent chapitre inſtitué.

Comme doit l Eſcriuain eſtre mis, du iurement & loyauté d'iceluy,
& de la peine du defaillant.

CHAP. LVII.

Peut le patron de la Nef du conſentement des perſonniers
mettre l'Eſcriuain de la Nef, mais qu'il ne ſoit ſon parent, lequel
fera iurer que non ſeulement luy ſera loyal à luy, ains aux marchands, mariniers, & perſonniers, aux paſſagers & toutes perſonnes qui allent ſur la Nef, comme à luy meſmes, qu'il tienne Liure

de manifeste auquel n'escriue rien contraire à la verité , ains ce que de droict à vn chascun appartient. Si ledict Liure est tenu par aucun soubmis audict escriuain , foy aucune n'est adioustée au contenu d'iceluy, lequel trouué faux doit perdre le poing dextre, signé & marqué au frõt auec vn fer chaud, & perdre tout ce qu'il a , tout ainsi est si ledict Escriuain l'escriuoit , autant soit comme si vn autre l'auoit escrit.

Du pouuoir & charge de l'Escriuain.
CHAP. LVIII.

La puissance de l'Escriuain est telle que le patron de la Nef ne peut rien charger sur icelle, ny doit qu'au prealable il n'y soit pre-sent : aussi Mariniers ne peuuent charger ny descharger, mettre en terre, tirer de l'estiue aucunes marchandises , qu'au prealable ne soit ledit Escriuain aduerty, que si aucunes marchandises & robes contenuës dans le manifeste & Liures de l'Escriuain vien-nent à se perdre, doiuent par iceluy estre payées, s'il a esté presét au chargement, & s'il les a escrites , & n'ayant dequoy payer , la Nef est tenuë payer, leué au prealable (le salaire des mariniers) & ce par vente d'icelle. Peut ledit Escriuain acheter & védre toutes choses, sçauoir ferremête, vituailles, & tout appareil de Nef sans le sceu du patron, fors que fust le sartis qu'est dicte cordaille , la-quelle doit donner entendre au patron, & le patron aux person-niers, lesquels s'ils n'y veulent consentir ce nonobstant peut ache-ter, pourueu qu'il soit necessaire.

Garder le manifeste.   CHAP. LIX.

Doit d'auantage le patron de la Nef faire iurer l'Escriuain de ne dormir en terre, qu'il n'y lairra les clefs du coffre où est le Li-ure du manifeste, qu'il ne lairra sondit coffre ouuert , sur la mes-me peine que dessus.

Prerogatiue du Patron & Escriuain, & de la foy & creance qu'est baillée
audict manifeste.   CHAP. LX.

Toutes les despences, comme sont de manger & de boire, doit payer la Nef au patron, & à l'Escriuain, & encores doit estre payé audit Escriuain, soulliers, ancre, papier & parchemin, lequel patrõ de la Nef doit prendre tel loüage & salaire comme vn Nauchier, qui est au voyage sur la Nef, & autant de portées comme de sa-laires , & tels salaires & portées luy doit payer & escrire l'Escri-uain tout ainsi comme des autres Mariniers. Si aucun Marinier personnier va en voyage auec ladicte Nef, doit faire iurer le Nau-chier de dire le vray, quel trauail & fastich peut prendre ledit per-sonnier , & qu'est-ce qu'il merite. Afin que suiuant tel merite il

puiſſe eſtre remuneré & recompenſé. Si l'Eſcriuain eſt à diſcretion, luy doit bailler les meſmes ſalaires qu'il dóneroit à vn Proyer : peut auſſi le patron luy bailler aduantage, peut encores tout
le long du voyage, le patron demander compte audit Eſcriuain,
jaçoit qu'il ſoit parent ou autre, nonobſtant qu'il ayt eſté dict que
ne peut mettre parent pour Eſcriuain, ſi ce n'eſt du conſentement & accord des perſonniers & marchands. Si tel Eſcriuain
eſtoit trouué en faute de tel eſcriuanage, ou par larcin il ne peut
ſubſtituer & mettre en ſon lieu aucun ſien parent ny autres. Eſt
encores tenu ledit Eſcriuain donner compte le long du voyage
aux perſonniers, s'ils le demandent, ſoit qu'il fuſt hors d'eſcriuain, ou en l'eſtat d'eſcriuain. Encores de rendre compte à chacun perſonnier de tout ce qu'il aura receu des Nollis, deſpendu,
vendu & acheté. Peut auſſi s'aſſeurer & prendre gage de chacun
perſonnier, marchand, paſſager, marinier, & de toute perſonne
qui doiuent nollis ou auaries, iuſques à l'equipolant que ſe montent : leſquelles auaries & nollis doiuent eſtre deſignez dans ledict manifeſte, car plus de foy eſt adjouſtée audit manifeſte que
non pas à vne eſcrite, pour ne ſe pouuoir changer comme l'eſ-
cripte, & à iceluy pleniere foy & creance luy doit eſtre adiouſtée
moyennant que la nef aye ſurgi & prins port en terre, ou l'Eſcriuain euſt eſcript en terre.

En quoy eſt tenu le patron enuers les marchands & paſſagers.

CHAP. LXI.

Tot. tit. naut. camp. rec. reſt. ſſ

Si tu veux ſçauoir en quoy le patron de la Nef eſt tenu enuers
les marchands, te ſera declaré par le preſent Chapitre. Eſt donc
tenu ledict patron de ſauuer & garder aux marchands, aux paſſagers, & à toutes perſonnes allant ſur ſa Nef, tant au grand qu'au
petit, leurs marchandiſes les deffendre contre Corſaires, & contre toutes perſonnes qui les voudront en leurs marchandiſes &
perſonnes endommager, doit auſſi faire iurer le Nauchier conſeillers de poupe, pilote, perſonniers, mariniers, & tous ceux qui
iront en ladicte Nef, qu'ils ayderont à garder & ſauuer les marchandiſes, & qu'il ne leur ſera faict aucun barat, larcin, ny enleue-
ment. Encores qu'ils ne chargeront ou deſchargeront rien ſans
le ſceu de l'Eſcriuain ou du Nauchier ou gardien, ſoit de iour ou
de nuict.

A garder les marchandiſes eſt commis vn qui eſt dit gardien.

Du ſerment que preſte le Nauchier.

CHAP. LXII.

Doit encores faire iurer le Nauchier, par meſme iurement
qu'auront iuré les Mariniers, & encores qu'il dira le vray aux mar-

chands de ce qu'ils luy demanderont. Qu'il n'entrera ny sortira hors du port sans leur vouloir & consentement, ayant tout autre pouuoir ledict Nauchier de faire ce qu'aduisera auec les conseillers de poupe, comme sont de tailler arbres, leuer les voilles, les joindre, faire prendre vn tour & les tourner, & faire tout ce qu'appartient à faire dans la Nef : sauf toutesfois qu'il soit suffisant à estre Nauchier, comme sçauoir tailler voilles, estiuer à trou, donner latz, & cognoistre la volte auec laquelle il puisse gagner son contraire : ce que s'il ne sçait faire, & en la Nef y aye conseiller siue Marinier ou Proyer, siue Faderin, qui le sçache faire, doit ledict Nauchier estre chassé, & en son lieu & place estre mis vn d'iceux, qu'ils cognoistront se pouuoir acquitter. S'il se sçait acquitter de sa charge, luy doiuent tenir & garder tout ce qu'il luy aura esté promis, aduenant le cas que le patron de la Nef le voulust par mal-veuillance chasser, s'il est payé de ses salaires il s'en peut aller, lesquels salaires est tenu ledict patron luy payer, doit aussi ledict Nauchier estre payé des dommages, interests & despens, pour raison de ce que dessus. Ne doit aussi dormir despouillé, & se coucher, ains doit demeurer prest à s'ayder à ormeyer & conduire à bon port la Nef, cherchant les moyens que plus prompts verra pour pouuoir finir le voyage. Doit s'entretenir fidellement non seulement auec les personniers & marchands, comme auec ledict patron, mariniers, passagers, & autres esgallement.

Robbe prenant dommage à faute d'auoir bien esté estiuée.

CHAP. LXIII.

Ne doiuent faire l'estiue enuers aucun fais duquel y a doute, soit balle ou fardeau, duquel dommage puisse en reuenir, comme mis pres d'arbre, timon, sentene, porte, ou autre lieu auquel puisse mal prendre. Est encores tenu en plusieurs autres choses ledict patron enuers les marchands : comme s'il auoit mis marchandises en Nef, se mouillant par la couuerte, murée, arbre, sentine, timon embornau, par portes, pour l'auoir mis en lieu doubteux, & faute de postan, & par ainsi le patron est tenu. Et en cas qu'il n'eust dequoy, la Nef à laquelle ne preste, ny personnier n'y peuuent contredire & s'opposer, fors que les Mariniers pour leurs salaires.

Robbe mouillée.   ## CHAP. LXIV.

Robbe qui sera trouuée en Nef ou Nauire, mouillée par eaue prouenante, de la couuerte, murade, ou faute de calafation, doit ledict patron estre tenu à tout tel dommage, fors que l'eau vint par le plan, & non par faute d'auoir bien esté accoustrée, tant la murade,

murade, couuerte defquels ne fift eauë, le patron n'eſt de rien
tenu.

Declaration du Chapitre precedent.
CHAP. LXV.

Eſt dict & declaré par le precedent Chapitre, que Nef faiſant
eauë par la murade ou couuerte, par laquelle ſe moüillera ou ga-
ſtera la marchandiſe, le patron eſt tenu à payer tout le dommage qui s'y trouuera, les marchands pour raiſon d'icelle ſouffrir,
fors & excepté que tel dommage vint pour raiſon de mauuais
temps qu'euſt faict courir le Nauire, & euſſe contraind jetter les
eſtoupes de couuerte, alors n'eſt de rien tenu enuers leſdits marchands, fut ce chap. faict, pource que contre le vouloir de Dieu,
du temps, ou de la Seigneurie, perſonne ne peut contredire ny
repugner. Et parce, Nef qui perdra la ſartie par fortune, comme
Timon, Arbres, Enteinnes, voilles ou aucune autre ſartie, la Nef
vienne à faire eau, perdre quelque marchandiſe ou gaſter, le patron n'eſt tenu le faire bon.

Autre Chapitre des robbes gaſtées ou moüillées.
CHAP. LXVI.

Suiuant que cy-deſſus eſt dict, ſe voit clairement que la Nef
ou Nauire, qui prendra eauë par murade ou couuert, y a quelquefois cauſe que le patron eſt abſout & releué, de payer & demeurer aux dommages ſoufferts. Nos anteceſſeurs ont voulu eſclair-
cir & declarer ce qu'eſt dict : que le vaiſſeau qui fera ou prendra
eau par le plan ſiue carene, mais qu'il ſoit bien eſté accouſtré. &
comme s'appartient, n'eſt tenu le patron de rien, & de ce ne faut
qu'il y ait aucunement rumeur & diſcorde entre ledict patron &
marchand : diſent auſſi que toute nef ou nauire qui aura le croſtan plus haut que le palamejal, ou que par tout aye bonne eſpeſ-
ſeur eſgalle iuſques ſur les ſcoës. Alors par eau que faſſe, n'eſt tenu le patron de telle moüillure qu'auienne aux marchandiſes, ny
les faire bonne aux marchands à qui elles ſont : raiſon eſt, pource
que doiuent les marchands voir & bien diligemment regarder ſi
le Nauire qu'ils nolizent eſt ſujed à prendre eauë. Et par ainſi s'ils
ne le diſent au patron, qu'ils ont veu que la Nef faict eauë, & par
le plan, & qu'il le faſſe accouſtrer, alors le patron n'eſt de rien
tenu. Que ſi tels marchands le leur ont dict & remonſtré, ledict
patron leur aye promis faire accouſtrer, il doit obſeruer ce
qu'il aura promis : ſi pourtant ledict croſtan eſt plus bas que le paramejal, & la Nef faſſe eauë par le plan, alors le patron eſt tenu des
dommages baillez aux marchandiſes : la raiſon, pource que jaçoit

D

Pourquoy eſt mis le parme-ial,& ce queſt à parmeial ſont les va-rangles qui ſont le long de la Nef.

que le paramejal ſoit mis pour tenir fort,& faire forte la Nef,ainſi eſt du croſtan qu'eſt eſgal à iceluy : pour ſe faire entendre nos predeceſſeurs firent ceſte declaration,afin qu'entre les marchãds & hommes de bien qui nauiguent par la Mer , patrons des Nefs & Nauire n'euſt aucun contraſt & diuorſe.

Robbe gaſtée par ſouris ou autrement perduë.
CHAP. LXVII.

Souris eſt dit rat.
Com. iure vi-detur non enim animal. dicit iniuriam feciſ-ſe cum ſenſus careat l. 1. §.1. ff. ſi quad.pua. §.cerctum iuſt. cod.

Si robbe ſe trouue gaſtée par ſouris,à faute qu'en la Nef n'y aye aucun chat , d'icelles & du dommage le patron eſt tenu , robbes auſſi qui ſont chargées en Nef & deſcriptes dans le Liure,ſi elles ſe perdent dans ladicte Nef , ledict patron d'icelles en eſt auſſi tenu.

Robbes gaſtées par les Souris, à faute d'auoir vn chat.
CHAP. LXVIII.

c.66.

Si les marchandiſes & robbes ſont par les ſouris endommagées à faute que dans la Nef n'y aye aucun chat, le patron eſt tenu de tel dommage , mais pource qu'il n'eſt bien declaré , ſçauoir ſi ſe trouuera de chats au lieu où ſe faict le chargement,ou du lieu ou d'aupres ſont partis : fuſſent leſdits chats decedez ou decedaſſét, & vinſſent les rats & ſouris à gaſter aucunes marchandiſes, auant que d'eſtre arriuez en lieu qu'ils puiſſent recouurer chats.S'il fait diligence apres qu'il aura trouué port & abordé en iceluy d'en trouuer,d'acheter ou ſe faire donner , & iceux mettre en la Nef, alors n'eſt tenu du dommage, pour n'auoir eſté faict par ſon dol, coulpe ny fraude.

Robbe qui prend dommage pour eſtre miſe en l'Eſtiue.
CHAP. LXIX.

Eſt encores tenu le patron du dommage que prendront les marchandiſes qui ſeront eſtiuées en vert.

Comme doiuent eſtre faicts les ſoliers.
CHAP. LXX.

Patron de Nef ou de Nauire,ne doit faire ſolier d'aucune robe de marchãds,pour y mettre d'autre ſceu , ce que s'il le faict, & la robbe miſe pour ſolier prend dommage , pour raiſon de celle qui eſt miſe deſſus,alors ledict patron eſt tenu dudit dommage.

Declaration du precedent Chapitre.
CHAP. LXXI.

Suiuant qu'eſt dict au chapitre cy-deuant, patron de Nef ou Nauire ne doit faire follier de robbes des marchands. Que ſi le faict eſt tenu des dommages ſoufferts,n'eſt toutesfois dict ny de-claré comme doit eſtre entendu,& par quelle raiſon,laquelle eſt, celle que deſſus. Et aux fins qu'entre leſdicts marchãds & patrõs n'euſt aucun diſcord voulurent nos predeceſſeurs declarer tels dommages ainſi.Si les marchands qui en la Nef chargeront mar-chandiſes,ſi tous ou partie d'iceux ont robbes de poix , ſi alors le patron faict follier tant ſeulement des marchandiſes d'vn mar-chand,& prennent alors dommage , telle marchandiſe eſt tenuë reſtituer ledict dommage. Aduenant le cas qu'en la Nef n'y euſt aucune marchandiſe de poix, ſi n'eſt que d'vn marchand, & les autres marchands ayent leurs marchandiſes de ballun.Alors ſi tel-le marchãdiſe de poix eſt miſe pour folier,& ſe treuue ladite Nef deuëment accouſtrée , prenant dommage icelle marchandiſe, n'eſt le patron tenu : fors que fiſt eauë par couuerte ou murade, encores pour eſtre raiſonnable que ſuiuant qu'a eſté inuiolable-ment par couſtume obſerué, que de la robbe de poix eſt faict fol-lier,pource que baille meilleur regiment & force à la nef. Seroit auſſi choſe dangereuſe que la robbe de Ballun fuſſe miſe au plus bas de l'eſtiue, & la robbe de poix au deſſus : ſeroit alors en dan-ger ladicte Nef de ſe perdre pour ne pouuoir regir. Par ainſi , ſi tous les marchands chargent ſur ladicte Nef marchandiſes de poix,doit le patron d'vn chaſcun, mettre au folier d'abas, égalle-ment deſdictes marchandiſes,aux fins que dommage n'y aduien-ne,tout ainſi qu'a eſté par cy-deuant declaré par les raiſons deſ-ſuſdictes,qu'ont faict nos predeceſſeurs, aux fins que queſtion & debat n'entreuint entre leſdits marchands,patrons & mariniers.

Robbe qui ſe baignera au chargement ou deſchargement de Nef ou Nauire.　　CHAP. LXXII.

Doit encores ſçauoir,que ſi vn fais,balle ou autre marchandi-ſe vient à ſe bagner au chargement:le Patron de la Nef,lors n'eſt de rien tenu. Tous les dommages ſuſdicts ſont declarez au cha-pitre de Mer, qui ſont payez par la Nef, à laquelle ledict patron y met ſa part,en tant que leur touche , & parce que participent: tels particips repreſentant le corps de ladicte Nef.

Du chargement ou deſchargement de robbes.

¡CHAP. LXXIII.

Encores doit ſçauoir, que le patron eſt tenu faire charger & deſcharger de la Nef,& dans la Nef les marchandiſes & robbes,ſi ainſi auec les marchands a eſté accordé. Que ſi au contraire n'a eſté conuenu,& ne fuſt de couſtume , les marchands ſe doiuent accorder,& donner à entendre que ſoit en lieu ſterile , lequel ac-cord doit eſtre faict auec les mariniers , de charger & deſchar-ger.

D 2

En quoy sont tenus les mariniers au chargement.
CHAP. LXXIV.

Sont encore tenus les marchands porter les marchandises à l'entrée de la Nef,& non point sujets icelles mettre à l'estiue,nonobstant que le patron de ladicte Nef l'eust promis ainsi. Car s'il l'a promis, il doit s'accommoder & accorder auec lesdicts mariniers, si ledict patron est en lieu sterille, & ne trouue à suffisance d'hommes pour satisfaire à faire ladicte estiue : lors sont tenus lesdits mariniers charger & descharger , lesquels doiuent estre payez ainsi comme le Nauchier de ladicte Nef cognoistra leur appartenir,& pource qu'ils n'auront vacqué au chargement ou deschargement. Fut faict le present Chapitre aux fins que le patron de ladicte Nef ne perdist son voyage,moins les marchands : si aucun y en a qui charge ou descharge à loüage,lesdits mariniers ne sont tenus rembourser telles sommes,que pour leurs salaires leur seront esté baillez.

Standum est promisse d. l. 1. de pacl.

Viures mis en Nef par Marchands,& des Commis en l'Estiue.
CHAP. LXXV.

Est encores tenu ledict patron enuers les marchands,leur donner hommes lesquels sçachent estiuer la Nef. Si la Nef estiue à trou, & paye le marchand ceux qui trauaillent:est tenu le patron luy porter viures , & porter les marchandises iusques à suffisance pour lesdits commis,à l'estiue : si toutesfois ledict marchand vouloit charger d'auantage de viures qu'il n'est necessaire pour l'enuitaillement desdits commis à l'estiue,lors est tenu de tel surplus payer les nollis.

Estiuer la nef est conditionner & conduire dans l'st.ue.

Comme doit auoir place en Nef vn marchand.
CHAP. LXXVI.

Doit le patron donner place aux marchands,& doit le Nauchier appeller les marchands & l'Escriuain,& voir qui baillera plus de nollis,& qui plus baillera,iceluy aye la meilleure place.

Du lieu & seruice des Marchands.
CHAP. LXXVII.

Est tenu le patron porter dans la Nef la caisse & coffre, lict, & ce qui est pour le seruice dudict marchand,durant ledict voyage, luy doit aussi donner lieu pour dormir. Si les marchands donnent tant peu de nollis,sçauoir,si levoyage est en Acre,ou Alexandrie, Armenie,ou autre part : comme, s'ils donnent dix ducats de nollis , n'est le patron tenu leuer caisse, seruiteur, compagnon, sans qu'il paye les nollis, moins luy donner place de marchand.

Bailler place aux marchãds & pour se retirer & dormir , comme sa place de table.
Comme est noté au chap. precedent.

Declaration du precedent Chapitre.
CHAP. LXXVIII.

Si Nef ou Nauire va és parties de Barbarie ou Espagne, vingt besans de nollis, sont du mesmes que cy-dessus est dict.

De viures desrobez. **CHAP. LXXIX.**

Doit le patron faire bon les viandes & viures que par les mariniers sont en Nef desrobées.

Empeschement de marchand. **CHAP. LXXX.**

Patron de Nef doit attendre le marchand, quand il est occupé.
Aussi le marchand tirant & leuant hors du Nauire pour crainte &
peur qu'il aye ou occupation & empeschement de ses marchandises, n'est alors tenu luy restituer les nollis qu'il aura receu pardeuant, & pourtant ledict patron est tenu luy porter les marchandises au lieu qu'il aura promis audict marchand, ayant bonnes
nouuelles tout le long du voyage, pourueu aussi que ne le fisse
retarder plus de deux mois.

Marchand ayant peur. **CHAP. LXXXI.**

Si vn marchand a chargé sur la Nef ses marchandises, & pour
doute ou peur qu'il aye de ses ennemis les veut enleuer & mettre hors, sçauoir doutant armée, ou corsaires, il les peut tirer &
prendre, pourueu que les autres les enleuent aussi. Mais s'il est
tout seul, & que la graigneur partie des marchands dict de passer
outre y doit le patron obtemperer: que si tel marchand craintif &
ayant peur ne s'y veut accorder, doit payer les nollis qu'il doit du
voyage, ou bien faire en sorte & façon que le patron dudit Nauire
soit content de luy.

Comme doit estre renduë la marchandise d'vn marchand craintif laissant
la Nef. **CHAP. LXXXII.**

Le patron de la Nef doit donner & rendre toutes les marchãdises appartenant au marchand craintif & timide payé ou non
qu'il soit, estant asseuré qu'il est forty, pour doute de la Nef ou
pour armée : que quand n'auroit peur, peut le patron le receuoir
en la Nef s'il veut, auec les marchandises mesmes, ou autres à son
lieu & placé, & payant les nollis des que le patron a faict les despences necessaires, & accordé : les Mariniers nourris & entre-
tenus.

Dequoy est tenu le patron enuers les Marchands, naulisant à quintaux.
CHAP. LXXXIII.

Marchand naulisant Nef ou Nauire à quintaux, sçauoir qu'il
charge certaine quantité de quintaux en la Nef ou Nauire, le
patron est tenu enuers ledict marchand de leuer iusques à vn

D 3

quart d'auantage. Comme par exéple, s'il naulife pour 300. quintaux, & en aye 400. pour charger, les doit ledict patron de la Nef leuer & charger, auſſi ledict marchand doit pouruoir de charger dans le temps deu & ſuffiſant les marchandiſes nauliſées, dans lequel temps ledict marchand a à faire l'expedition & chargemét, autrement peut iceluy patron, iuſques à ſuffiſance, & ſuiuant que defaut, charger ladicte Nef. Si veut ledict nauliſateur, auant qu'il aye rien chargé, delaiſſer tel voyage qu'il a entreprins à quintaux, & apparoiſſe ou par inſtrument, par teſmoins, ou par le Liure de l'Eſcriuain, doit alors ledict marchand payer toutes les deſpenſes que le patron de la Nef aura faictes pour raiſon dudict voyage, s'il auoit chargé quelque choſes des marchandiſes : doit alors payer la moitié des nollis, ſans aucune contradiction : le patron auſſi doit payer la moitié des ſalaires des mariniers. Si la Nef ou Nauire à telle quantité que vienne à la moitié des nollis qu'il pourroit auoir, doit ledict patron appreſter la ſarti, & faire les autres appreſts neceſſaires pour la Nef. Tout ainſi qu'il aura promis aux marchands, leſquels doiuent eſtre preſts au temps conuenu & accordé, auſſi doit ledict marchand faire la depeſche dans ledict temps, & payer les nollis ſans aucune contradiction. Peut le patron retenir iuſques au quatruple de robbes, que vaillent les nollis deuë pour ſon aſſeurance.

Marchand delaiſſant le voyage apres qu'il aura noliſé.
CHAP. LXXXIV.

Marchands qui noliſeront pour quantité de robbes ou quintaux, & doiuent donner tout ſon chargement à aucune Nef ou Nauire, ſi puis ils ne veulent charger leſdites marchandiſes, ou ce pourquoy ont nauliſé, s'ils n'ont icelles faict porter en Mer. Pour charger, ne ſont tenus qu'aux deſpens qu'aura fait le patron, pour raiſon de ce voyage. Si par cas fortuit ils ont fait tirer & porter en Mer, toutes les marchandiſes (ou la majeur partie) & puis vouluſſent faire le voyage, ſont tenus payer au patron le tiers des nollis qu'ils auront promis pour ce voyage, & ſi a eſté chargé aucune marchandiſe, & puis vueillent les marchands delaiſſer ledit voyage, doiuent alors payer la moitié des nollis : autant ſi la moitié ou tout aye eſté chargé, & la Nef aye encores faict voile, que s'ils auoient faict voille, & leſdits marchands vouluſſent delaiſſer doiuent payer tous les nollis promis ſans aucune contradiction. Pource que faut entendre pour les raiſons ſuſdictes, que ſi les marchands ſe veulent leuer & laiſſer ledict voyage qu'ils ont entreprins à quintaux, ou de tout au long, faut qu'en tel noliſemẽt

aucun fraud y foit trouué. Si ledict patron peut prouuer que par
fraude ou excufes ils delaiffent ledict voyage, lefquelles ne font
trouuées iuftes & raifonnables, font alors tenus les marchands
deliurer & donner tout ce qu'ils ont nolifé, ou bien de conuenir
auec luy, & voir s'il leur voudra faire quelque party. Eftant bien
raifonnable que tout ainfi que le patrõ eft obligé enuers les marchands, tout de mefme les marchands foient tenus enuers iceluy
& mefmes quand les excufes ne font trouuées iuftes, comme a
efté dict par cy deuant.

Marchand lequel à nolisé pour certaine quantité de nollis, & puis
les vend. CHAP. LXXXV.

Si aucuns marchands du tout ou en partie nolifent Nef ou Nauire, & qu'ils luy doiuẽt donner certaine quantité de quintaux, fi
alors demeurent de faire le voyage pour auoir vendu lefdictes
marchãdifes, font tenus luy payer les nollis lefquels ils luy auoiẽt
promis payer realement, pource qu'il faut fçauoir que tels marchands qui auoient telle robbe nolifée, ont gagné à la vente d'i-
celles, à laquelle eft à prefuppofer y auoir efté inclus lefdits nollis promis audict patron de ladicte Nef ou Nauire : n'eftant raifonnable qu'alors que lefdictes marchandifes gagnent & font
leur profit, ledict patron aye dommage. Et pourtant faut entendre que fi la Nef ou Nauire nolifée doit charger au lieu où a efté
accordé des nollis, doit eftre remis le different & cognoiffance
d'iceux à deux hommes experts de l'Art de Marine, au los & fentence defquels, doiuent les marchands & tels patrons demeurer
fans aucune contradiction, & les paches accordez d'entre lefdits
patrõs & tels marchands, doit eftre accordé & tenu par les mariniers. Si la Nef nolifée deuoit aller charger en autre part, & foit
en iceluy lieu enuoyée pour charger. Les marchands ayant vendu les robbes nolifées & ne les pouuant expedier, font tenus demeurer pour payer les nollis deubs & accordez auec ledit patrõ,
fans aucune forme de procés : eftant bien raifonnable, & feroit
chofe contre le droict & auftere, que le patron fuft tenu enuers
les marchands, & les marchands ne luy fuffent tenus comme ils
font, mefmes qu'ils gagneroient, & le patron auroit dommage
contre tout deuoir : & par ainfi fi ladicte Nef nolifée doit aller
charger en autre part, qu'au lieu qu'elle fera nolifée, le doiuent
faire entendre audict patron, auant qu'il faffe voille, & doiuent
mettre en main tierce les nollis, & de gens de bien comme cy
deuant a efté dict, par lefquelles raifons le precedant chapitre a
efté faict.

Portée de quintaux.   CHAP. LXXXVI.

Est tenu le patron de la nef aux marchands de porter & charger les charges, quintaux qu'il aura naulisés, & les marchands luy
payer les nollis, suiuant leur accord faict.

De robbe chargée sans le sceu du Patron.
CHAP. LXXXVII.

Si ledict marchand charge plus de robbe qu'il n'aura accordé
sans le dire, faire entendre, & à sçauoir au patron, luy payera les
nollis que ledict patron voudra.

Des nollis montans peu ou prou.
CHAP. LXXXVIII.

Presupposé, qu'vn marchand donne pour quintal au patron
vn millarés, & asseure le payement d'iceux, & pourtant qu'il chargera: vient apres vn autre qui baille cét besans pour quintal, aussi
bien doit porter les marchandises qui ne payent qu'vn millarés,
que celles qui payent cent besans, & si bien & deuëment conditionnées, aux fins que ne soiét endómagées, car il seroit aussi bien
tenu pour les vnes que pour les autres. Ne doit aussi delaisser
d'enleuer les marchandises du marchand qui paye vn millarés,
iusques à ce qu'ait faict tout son chargement qu'il pretend faire,
ne plus ne moins que s'il bailloit 200. besans pour quintal. Est
donc tenu le patron leuer le compliment des marchandises du
premier naulisateur, que s'il n'a dequoy satisfaire & pour charger
les quintaux & quantitez qu'il aura promis, peut le patron luy
demander ce qu'il defaut, & s'il y en a d'auantage, peut demander
ce que bon luy semblera pour quintal (si autrement n'a esté conuenu) que s'il veut pour d'auantage charger, & ne se soit accordé, le doit faire à sçauoir, & entendre dans le temps conuenu
& accordé.

Patron laissant Robbes naulisées.
CHAP. LXXXIX.

Si aucun patron de nef ou nauire à naulisé ou naulise aucunes
robbes de marchands, ou Escriuain pour luy, soit par instrumént,
par tesmoins, ou de seule conuention entr'eux faicte, ou qu'ap-
paroisse dans le Cartulaire de la nef : faut que le patron charge la
robbe apprestée par ledict voyage: que s'il ne la peut enleuer, ains
la delaisse toute, & lesdits marchands luy fassent protestation que
en cas qu'il ne l'enleue & charge, demeure à luy : & par ainsi doit
satisfaire par l'equipollant des marchandises, ledict patron, comme il les aura delaissées, soit en robbes ou argent, lesquelles robbes sõt prinses, pource qu'elles vallét au lieu auquel sõt baillées &
deschar-

defehargées, ou bien il deuoit & auoit dreffé fon voyage. Si ladicte robbe remife audict patron, & par luy delaiffée fe gafte, pert
du tout ou en partie, eft perduë par ledict patron (s'il la perduë par
les moyens que deffus.) Que fi au contraire fe pert par vn cas
fortuit, & non par la faute dudict patron, & fe trouuaft celle qui a
efté delaiffée fauuée, c'eft au profit dudict patron, & perduë pour
les marchãs aufquels elles appartenoiét. Eftoit biẽ equitable que
dés que le patron deuoit rendre l'equipolant des marchandifes
(ou le prix)delaiffées aux marchands, fuiuant qu'elles vaudroiét,
au lieu où elles eftoiét portées, ou bien bailler de fẽblables: fi auffi
fe perdoient eftoient perduës par ledict patron, lefdictes marchandifes delaiffées luy appartiffent, & les autres par cas fortuit
perduës foient par les marchands perduës. Raifon, feroit contraire à la raifon, que lefdits patrons fuffent de deterieure condition Ratio anima l.
eft l. cum pater,
§. dulciffimis ff.
de leg. 2. l.1. C.
que. fit. long.
confic. dit. ant.
l. dift. 4.
que ledict marchand. Si auffi les robbes chargées fe perdent, &
les delaiffées fe fauuent, n'en eft par cela condãné moins à la reftitution ledict patron, comme a efté par cy-deuant dict, excepté
qu'aduint par cas fortuit, fi les marchandifes chargées fe perdent,
& les laiffées fe fauuent, non pour cela ledict patron eft tenu à la
reftitution comme eft dit, fe perdant la delaiffée eft perduë par le
patron. Si donc par cas fortuit les chargées fe perdent, & les delaiffées fe fauuent, font fauuées par ledict patron, & n'eft par ainfi
de rien tenu enuers lefdits marchands. Doncques fi les robbes
chargées fe fauuent, en eft tout ainfi comme deffus a efté expref-
fément tenu le patron enuers lefdits marchands, fauf toutesfois
qu'ils font tenus abbatre & deduire audict patron du prix qu'il
leur donnera ou deura donner, toutes les auaries faictes, ou que fe
fuffent faictes, fi telles robbes delaiffées fuffent eftéchargées: fauf
à deduire les viures lefquels les marchands ne font tenus deduire: pource qu'ainfi faut qu'ils faffent defpence pour leur viure,
comme s'ils euffent chargé leurs marchandifes. Si les robbes
chargées venoient à fe perdre en partie, & non du tout, telles Idem eft indi-
cium de parte
ad partem omnĩ
de toto ad totũ.
robbes perduës doiuent eftre deduictes, tant de la robbe fauuée
& chargée que de celle qui eft demeurée, & mife à fol & liure.
Autant eft fi par cas fortuit a fallu jetter en Mer aucunes des marchandifes. Si par cas fortuit ledict patron leue vne partie des marchandifes, & l'autre eft laiffée, fi les marchands luy remonftrent,
alors eft tenu ledict patron ainfi que deffus eft dict en ce mefme
Chapitre. Auffi les marchands vendant les marchandifes, tout ou
en partie fans le faire entendre audict patron, ny auoir protefté
comme dict eft, & le patron le leur dira ou fera dire, qu'ils delaif-

E

sent de robbes à eux appartenants : & à tels aduertissements ne
respondent ny contredisent , si telles marchandises se perdent,
sont perduës pour lesdits marchands : la cause est, pource qu'ils
n'ont rien dict quand leurs marchandises du tout ou en partie
demeuroient : Car s'ils eussent protesté ou dict quelque chose, &
se perdissent, sont perduës pour le patron. Encores aussi , s'ils luy
auoient donné entendre, & mise telle condition de ne delaisser
rien en arriere, & ledit patron les delaisse, sont pour luy delaissées
& non pour les marchands. Et par autre raison , ledict patron de

la Nef leur dict qu'il delaisse de leurs robes en arriere, auquel lesdits marchands ne contredisent ny remonstrent la condition &
accord dessusdits, ne se doiuent puis apres de rien plaindre contre dudict patron comme est raisonnable (comme dessus est dict)
que soient ou appartiennent, perduës ou non ausdits marchands.
Si par cas fortuit lesdits marchands donnent charge au patron de
noliser les robbes qu'ils laissent en arriere sur vn autre Nef ou
Nauire, ainsi que dessus nolisée. Si ladicte robbe se pert du tout
ou en partie, ou prenne dommage aucun , lors ledict patron n'est
de rien tenu depuis que du vouloir sien, & consentement desdits
marchands, s'il aura faict tel nolisement. Si pourtant ledit patron
de la Nef charge sur vn autre Nauire lesdits marchands , est tenu
à la restitution d'icelles, & des dommages qu'ils pourroient auoir
prins par les raisons dessusdictes, est encores raisonnable que personne ne doit auoir plus de puissance sur le bien d'autruy qu'il
leur est donnée. Et si par cas fortuit y a aucuns marchands qui
ayent nolisé leurs robbes sur ladicte Nef, ayent icelles monstrer
ou exhiber audict patron, puis leur dire s'il vouloit aller, & ne
peut de rien retarder , que ledict patron ne donne ordre à icelle
robbe expedier, & s'en alle ledict marchand du consentement
dudict patron, auec les conditions susdictes n'est tenu porter , si
ce n'est que les marchandises qui luy sont esté données en charge, & non celles que ledict marchand aura prins en sa commande
& charge, excepté que par cas fortuit y aduint quelque dommage ou hasard auant que d'estre chargées , alors ledict patron n'est
de rien tenu , pource qu'aucun à son dommage & interests ne
prend aucune commande. Et si par cas fortuit il la laisse, est tenu

de rendre autãt de marchandises aux marchands comme il auoit
receu, ou la legitime valeur que vaut, vaudra, ou valloient sébla-
bles marchandises au lieu où elles sõt laissées, & où fait port pour
descharger, ou promis ledict patron descharger : & par ainsi demeure la robbe delaissée, & appartient en apres au patron, perduë

ou fauuée. Mais toutesfois qu'il l'ait prinfe en fa charge & en commande, fauf comme eft dict auant qu'il l'euſſe prinſe en fa charge,& chargée aduint la fortune. Et pourtant fi aucun marchand a noliſé à aucun patron fes marchandiſes, & apres il s'en va fans le faire entendre audict patron, ou non : fi ledict patron ne la prend fous fa charge comme eft dict : ainfi qu'il voudra charger, s'il ne treuue ledict marchand , ains il cognoift ladicte marchandiſe ou quelque commis pour ledict marchand, il la doit faire charger & mettre en Nef. Que quãd il fera tel chargement, & il ne cognoiſſe leſdictes robbes, ny aucun foit pour ledict marchãd,& demeurét en arriere,& en terre,fi elles fe perdét sõt perduës pour leſdicts marchands , & de rien n'eft tenu le patron, quand ils s'en font allez en la façon que deſſus. Si ledit marchand a delaiſſé en fon lieu & place aucun pour confignér & indiquer les marchandiſes au patron , ou autre pour luy, comme à l'Efcriuain,fi tel commis à faire l'expedition des robbes & marchandiſes les indique,& monftre ou faſſe indiquer audict patron ou autre commis pour luy audit chargement. Si alors ne les chargent & demeurent en terre , eft tenu de tous defpens, dommages & intereſts foufferts pour raiſon de telles marchandiſes,dés qu'elles auoient eftées offertes pour icelles expedier. Et par ainfi s'il a delaiſſé quelqu'vn pour faire l'expedition,ou il y eft , puiſſent charger. Et fi ledict marchand ou autre pour luy fait ladicte expedition de ce que deſſus eft dit pourront charger, & doit icelle reftituer & conditionner ainfi comme deſſus,& cy-deuant a efté dict, & par meſmes raiſons.Et pourtant fi ledict marchand ne les peut expedier,ny tel commis pour les charger & deliurer,& ne les deliurent bien conditionnées, & par ainfi font demeurées en arrieres,n'eft de rien tenu des dommages ny intereſts, ou perte ledict patron enuers ledict marchand, puis qu'il les a delaiſſées mal cõditionnées. Et eft raiſonnable , que pour le mauuais appareil & conditionnement du marchand le patron ne foit tenu , ains foit dudit marchand qui a faict la faute : fauf les auaries deſquelles ledict patron eft tenu,fors que des viures. Si par cas fortuit ledict marchand s'en eft allé , & le patron a receu les marchandiſes d'iceluy en fa garde & commande, & les charge en apres fur vn autre Nef ou Nauire,& vienne à fe perdre du tout,ou en partie, ou en prendre dommage,ou bien demeure par trop d'arriuer,ladicte Nef ou font efté chargées les marchandiſes,comme il fera arriué auec la fienne , & qu'à l'arriuement que fera l'autre Nef, pour eftre plus tard,les marchandiſes fe vendiſſent moins,& à vil prix,

Precium loco rei fuccedit & ideo conftituitur fup. communem aeftimationem l. pretia rerum ff. ad l. fal. l. fi feruum meum. ff. ad l. aquil.

Qui non eft in culpa non debet effe in pœna l.fi ideo ff. de his quib. vt iud.

Qui per alium facit per feipſũ facere videtur l. ita autem §. geſſiſſe ff. de ad tut. l. 1. §. deieciſſe ff. de vi. & vi. ar. c. mu. §. 1. de finieni. excom. in vi.

d l. 1. nautæ cor. ff.

Pœna fequitur fuumauthorem l. ita vulneratus ff. ad l. aqu.

d. l. ineſſe queritur §. fi nauicelariens.

au regard de ce que se vendoient du temps que ledict patron arriua auec son Nauire, est de tout tel dommage souffert en icelles marchandises (par la coulpe dudict Patron) condamné à payer iceux, à occasion que sans leur sceu, les a chargées sur autre vaisseau, & n'auoir dōné entēdre au marchād à qui elles appartenoiēt. Presupposé pourtant qu'au depart d'iceluy marchand fust esté auec ledict patron accordé & conuenu, que s'il ne pouuoit enleuer & charger sur sa Nef, il chargeasse telles robbes sur autre Nauire, si ainsi est qu'ils ayent tel pache conuenu & accordé, & suiuant l'accord ledict patron les charge sur vn autre Nauire, se perde ou non, la robbe prenne dommage, ou se perde ledit Nauire où sont esté chargées, vienne tost ou tard, n'est pour ce de rien tenu ledict patron, puisque de leur consentemét a esté faict tel chargement.

Si donc ledict patron ne l'auoit laissée (c'est à dire aux fins que demeurast) ains l'aye remise à vn autre patron, & tel second patron d'vn autre Nauire la laissast (c'est à dire que la robbe demeurast au lieu où le chargemét se faict) est tenu payer les dommages offerts par ledit marchand, ne plus ne moins qu'estoit tenu le premier patron auquel auoit nolisé, ledit marchand (s'il ne l'auoit peu enleuer) sauf & reserué toutesfois tous accords faicts entre lesdits marchands & ledict patron, en tout & par tout qui a causé le present chapitre estre faict.

Patron laissant Robbes nolisées.
CHAP. XC.

Le Patron, qui par acte, tesmoins, ou escripte designé dans le manifeste ou touchement des mains a nolisé, est tenu porter les marchandises de tel marchand conuenant, s'il ne charge lesdictes marchandises, ou ne les peut charger, est tenu de donner & rendre icelles, ou la valeur d'icelles, au lieu où le deschargement se deuoit faire, qu'est entendre, si auant le partement aucun accord n'estoit interuenu entre les marchands & ledict patron, auant tel depart du lieu où les robbes sont nolisées. Car si demeurant les marchandises, & n'y ayt aucun accord, en est alors tenu ledit patron ainsi que dessus. La cause pour laquelle le present chapitre fut faict, est que bien souuent les patrons qu'entreprennent vn voyage, font aduenance & bon marché des nollis, & puis quand le voyage est dressé trouuent quelqu'vn qui leur baille d'auantage des nollis, que si par ce, n'y estoit pourueu, les robbes de peu de nollis demeureroient & porteroient celles de grands nollis.

Des robbes nolisées pour certain lieu, & prennent dommage.
CHAP. XCI.

Patron de Nef ou de Nauire nolifant iceluy en quelque part
pour porter à marchands marchandifes , lequel lieu, & duquel
auront entr'eux accordé, faut qu'il fatisface auec fadicte Nef.
Que s'il charge fur autre Nauire , contre le vouloir & fceu defdits marchands, jaçoit que tel autre Nauire foit plus grand , plus
fort & meilleur que tel dudict patron, fi aucun dommage & defpences fe font, eft d'icelles tenu ledit patron, defquels fera creu à
fon ferment. Si donc ne veut faire le voyage accordé & donné ce
entendre au marchand, & qu'il veut icelles marchandifes charger
fur vn autre Nef, auquel ne contredifent les marchands , ains
leur accordent, peut icelles defcharger , & au contraire non,
que s'il le fait eft tenu ainfi que cydeuant eft declaré. Et ayant accordé ledict patron n'eft tenu , puifque de leurs vouloirs & con-
fentements, il a faict tel chargement, ou de la majeur partie.

De Sartie, Mariniers, Nauchiers, & faire charger la robbe.
CHAP. XCII.

Eft tenu enuers les marchands le patron de porter la fartie qu'il
leur aura monftré par roolle, & tout ainfi qu'il aura dict és prefen-
ces du Nauchier & mariniers, lefquels ne peut dejetter ny côge-
dier fans le fceu des marchands iufques à ce que le voyage foit
finy, moins ne peut vendre ny donner la fartie , & autres chofes
appartenantes à la Nef, auffi eft tenu faire charger les marchandifes à fes mariniers.

De Conferue. ## CHAP. XCIII.

Doit auffi à la requifition des marchands prendre conferue, le
patron foit auec gros ou petit Nauire qu'il peut trouuer : de mefmes font tenus les marchands , fi le patron veut faire conferue,
s'accompagner auec quelque Nauire , prins au prealable confeil
du Nauchier, confeillers, & mariniers, à quoy ne doiuent contredire, ains le doiuent accorder lefdits marchands, & ce pour doute
des Corfaires fans contradiction , n'eftoit qu'ils cognoiffent n'y
auoir aucun danger.

Bailler Cap à autre Nef. ## CHAP. XCIV.

S'il fe trouue en aucun lieu Nef ou Nauire à port & havre pour
s'en aller en voyage, & là y aura autres Nauires majeurs ou mi-
neurs, ou de la groffeur d'iceluy , qui doiue aller au mefme voyage, lefquels doutent de leurs ennemis ou pirates, pour raifon defquels n'ofent aller audit voyage: fi le patron dudict Nauire ayant
peur, dit à l'autre patron s'il prendra fon cap , s'il luy promet luy

Contrariorum eadem difcipli. §. 1. de pat. tut.

Quia licet vigilare ad fuum confequendum & faluandum l. fumma ff. de pecul.

Sartie font les fourniments de cordailles & autres appareils.

Côferue eft compagnie vt maior fit turba ad expellendos & debellandos inimicos.

Pericula euitanda.

doit tenir, fors que par fortune ou mauuais temps luy fuſt leué. Si
leſdits Nauires viennent à faire leur depart dudit lieu, auquel eſt
tel accord faict, & ſinglant en plaine Mer: puis ſi tel patron ayant
promis ne luy tient promeſſe, tel Nauire craignant & doutant ſes
ennemis prend aucun dommage, eſt d'iceluy tenu ledict patron
que telle promeſſe à faicte par raiſon, que s'il n'euſt faict telle
promeſſe, il ne ſeroit encore departi, ſi n'euſt eſté la foy qu'il bailloit, que ledict patron luy ſeroit fiable & tiendroit ſa promeſſe:
auſſi au contraire ne luy eſt de rien tenu, ſçauoir s'ils n'ont rien
promis: & s'il part & vient à prendre quelque dommage, s'il aduenoit que ledict patron euſt conuenu & accordé luy tenir cap,
& vinſſent Pirates, Corſaires ou autres ennemis, ou fortune de
temps le luy oſtent par force, ledict patron de Nef n'ayant telle
promeſſe, dés que par luy ne demeure qu'il ne l'obſerue, n'eſt tenu d'aucune choſe, ſoit du Nauire que marchandiſes, dés que par
luy n'a tenu, & que par ſa faute & coulpe n'a demeuré, qu'il n'ait
obſerué ce qu'il auoit promis par ce que deſſus. Auſſi le patron
prend gages, ſalaires, ou recompenſe pour raiſon de tenir cap, &
puis aucune choſe aduint au Nauire qu'il aura promis, ſoit du tout
ou en partie eſt tenu ſon Nauire & robbes à rembourſer tel dommage par l'autre ſouffert à ſol & liure. Si ledict patron de la Nef

qui aura promis moyennant ſalaires, n'a conuenu & accordé auāt
alors, ou apres, que leſdits ſeruices & loguier fuſt conuenu auec

le patron qu'aura icelle peur, ſi aucun cas fortuit y aduenoit n'eſt
tenu de rien qu'il luy aduienne à la Nef ou marchandiſe: cas fortuit eſt à entendre, qu'il euſt delaiſſé le cap par tempeſte & force
de temps ou par Pirates & Corſeres: donc ſi ledict patron qu'aura
promis compagnie, comme deſſus eſt dict, moyennant ſalaires à
tel patron douteux, luy ait obſerué ce que par cy-deuant a eſté
dict, ny luy, ny la Nef, robbes ny marchandiſes ne luy ſont de rien
tenus, comme que ce ſoit qu'il aye prins les ſalaires ou remune-
ration: & pourtant ſe garde ou ſe doit garder tout patron de Nef
qu'aucune promeſſe qu'il faſſe enuers aucuns, deſquels prenne
ſalaire ou non, s'il faict icelle ſans le ſceu des marchands, qui ſeront, iront, ou auront chargé marchandiſes ſur la Nef, ſi aucune
diſgrace y vient, ils ne ſeront de rien tenus, ains s'ils en prennent
pour raiſon de ce aucun dommage & intereſts. Sçauoir, pour ne
leur auoir eſté dict & declaré par ledict patron, & qu'ils n'y ayent
conſenty, leur eſt tenu ledict patron à tout reſtituer, tant par vente de ladicte Nef qu'autres biens, en quelle part qu'ils ſoient, &
pour cet effect fut ce chapitre faict.

Du faict de Iet.   CHAP. XCV.

Ne doit le patron de Nef faire jetter ny jetter aucune marchandife en Mer, que premierement les marchands n'ayent jetté
quelque chofe , puis apres peut faire jet iufques à ce qu'il co-
gnoiffe eftre en feureté : ce que quand aduient, l'Efcriuain doit
efcrire ny plus ny moins que s'il eftoit en terre , auquel jet le patron y doit mettre iufques à la moitié de la valeur de la Nef.

Des robbes jettées.   CHAP. XCVI.

Toute robbe que fera jettée de Nef ou Nauire pour raifon de
mauuais temps ou pour doute d'armée, doit eftre comptée à fol &
liure, ou par befant de toute la robbe. Et la Nef ou Nauire doit
payer pour tel jet , pour la moitié de la valeur d'icelles.

Comme fe doiuent compter robbes gaftées.

CHAP. XCVII.

Nef ou Nauire qui jettera marchandifes comme deffus, doiuét
eftre ainfi entenduës & comptées : fçauoir que fi le jet eft faict
auant que d'eftre à demy voyagé du lieu ou le voyage eft defti-
né, doiuent eftre comptées & déduites , fuiuant & tout ainfi que
couftoient au depart. Si au contraire la Nef auoit faict plus que
de la moitié du voyage, doit eftre faict le calcul , fuiuant que va-
loient au port qu'il prend, les delaiffées & fauuées auec les mifes
& jettées en mer.

Comme doie eftre payée robbe jettée en Mer.

CHAP. XCVIII.

Si aucun patron de Nef ou Nauire a chargé fa Nef de robbes
de marchands pour les defcharger en autre lieu duquel foit efté
conuenu auec les marchands, lequel voyage & deftination d'iceluy foit efté entr'eux accordé. Si iceluy faifant, & en iceluy allant
efcheoit quelque fortune ou difgrace, tant par tempefte que par
vaiffeaux armez des ennemis, ou autre quelle que ce foit , & que
foit faict jet des marchandifes & robbes iufques à quantité, alors
quand le patron fera arriué & aura prins port au lieu du defchargement auec fadicte Nef ou Nauire & robbes fauuées, auant que
defcharger & expedier icelles aux marchands qui les doiuent receuoir, ou à qui elles appartiennét, doit & peut retenir de chafcun
marchand la valeur & à l'equipolant defdictes marchandifes pour
fatisfaire au jet qui fera efté faict & pour d'auantage, aux fins que
tant au patrõ qu'aux marchãds ne vint aucun dõmage ny difcorde pour raifon d'iceluy jet: eft affez qu'vn chafcun perde fans que
foit tout fur vn , encores auffi afin que ne vint le patron au marchand apres les autres, defquels leur robbe fera efté fauuée. **Tel**

jet doit estre compté suiuant que le patron dira, & mespartira, auquel y entre pour la moitié : c'est à dire pour autant que vaut la moitié de la Nef : si le patron demande les nolis, doiuent aussi bien estre payez des robbes jettées comme sauuées, & comme si toutes eussent esté sauuées : ledict patron de la Nef est tenu mettre en compte au jet qui sera esté faict par tous les nolis à sol & liure, ainsi comme ce qui sera esté sauué, la raison est pource que aussi bien payent nolis les robes jettées côme les sauuées. Est bien equitable que dés qu'il veut estre payé si bien des nolis des robbes jettées comme des autres qui sont sauuées, qu'il soit tenu des dommages & à restitution, & par ainsi sera desdits nollis payé concernant ledict jet. Si toutesfois ledit patron ne demandoit les nolis fors que des robbes sauuées, ne mettra en compte que les nollis d'icelles, c'est assez qu'il perde peu, non pas tout : sçauoir qu'il perde les nollis des robbes jettées.

Vt sup. c. 96. in si.
& in d. l. II. §.
cum in eodem.
Quia nemo tenet. dies de casibus fortuiis.
Qui sentit commodum sentiat & onus §. 1. de pat. int.

Des ceremonies gardées quand se faict jet.

CHAP. XCIX.

Nef ou Nauire qui courira fortune par tempeste, si le patron voit qu'il soit en danger de se perdre, s'il ne jette des marchandises, alors il le doit faire entendre aux marchands, & prendre conseil du Nauchier & autres estant dans la Nef, & dire ainsi. Seigneurs marchands, vous voyez les dangers esquels nous sommes, si nous enleuons quelques marchandises, pourrons auec l'ayde de Dieu sauuer nos personnes, nostre bien, & tout ce qu'auons en la Nef, des grands dangers & perils où nous sommes, que si nous ne faisons jet, nous mettons à perdition nos personnes, marchandises, & tout ce qu'auons : & si les marchands l'accordent (ou la majeur partie) peut alors faire le jet. Doit pourtant vn des marchands (si tous ne peuuent ensemble) commencer à jetter. Et tout incontinent qu'ils auront commencé, peut ledict patron jetter ou faire jetter marchãdises iusques à sauuement. Doit ainsi & comme dessus, l'Escriuain escrire, autant que s'il tenoit la Nef & la Prouë en terre. Que si l'Escriuain ne le pouuoit escrire, les mariniers en porteront tesmoignage de tout ce qu'aura esté faict conuenu & accordé entre ledict patron & marchands, de ce que ledit Escriuain n'aura peu escrire en son Liure : ce qu'est faict aux fins que aucun fraud ny circonuention y soit faicte, ny discord soit entre ledict patron & les marchands, sur lesdictes conuentiõs entr'eux faictes. Si par cas fortuit en ladicte Nef n'y auoit aucun marchand, pource que le patron ne doit ny peut estre marchand doit ce qu'il fera, le faire auec conseil & aduis du Nauchier, per-

Nauchier dict contremaistre.
Remonstrance faicte par le patron en cas de jet.

Prouë est l'esperon, autrement dicte Carina en latin.

sonniers

fonniers & autres de la Nef. Ce que s'il faict (prins ledict conseil
ainsi & à la forme que dessus)sçauoir qu'il jette ou fassejetter,doit
tel jet si bien estre tenu & creu, comme si lesdits marchands y
eussent esté presens, ou que toutes les marchãdises appartinssent
au seul patron. Est tenu ledict patron consigner pour ledict jet
iusques à la valeur de la moitié de la Nef. Auquel jet ne doiuent
ny peuuent lesdits marchands contredire, moyennant que comme dessus tel jet soit fait, doit estre payé à sol & liure ou besant,
ainsi que la robbe sera jettée : fut ce chapitre faict pource que le
patron en tel faict & accident peut estre dict marchand,s'il n'y en
a aucun : car autrement si ledict patron n'auoit puissance de marchand à la fois &bien souuent,se perdroient les personnes,Nef,&
toutes marchandises:donc par ce,peut & doit estre marchand en
tel faict le patron,si aucuns autres des marchands ne s'y treuuent
& vaut mieux jetter quantité de marchandises que perdre les
personnes,nef,marchandises & procedé.

sup. c. 96

Dequibus prius cauendum tan-quam nobilissi-me l. iustissime. ff. de odict. l. edict.

De manifester & declarer robbes à l'Escriuain.
CHAP. C.

Doiuent encores manifester les marchands à l'Escriuain incontinent que la Nef aura faict voile, ce qu'ils ont chargé sans l'a-
uoir fait escrire : car si aucune chose se trouue (qu'ils ne l'ayent
faict escrire & declaré) doiuent alors payer plus grands nollis,
auec multiplication des portées & quintaux chargez en ladicte
Nef,pour à cachettes auoir esté chargées. Si par cas fortuit n'a-
uoient esté manifestées auant que ladite Nef fist voile:si en apres
se jette,bagne,ou pert,n'est tenu à la restitution.

D'entrée en port. CHAP. CI.

Encores que le patron ne doiue entrer ny prendre port en aucun lieu sans le consentement des marchands, que s'il y entroit,
doutans lesdits marchands, ladicte Nef est tenuë des dommages,
ce que doit escrire l'Escriuain d'icelle, nonobstant qu'il n'aye la
prouë en terre , & pourtant si ledict patron à besoin de quelque
chose pour fournir, doit se declarer aux marchands comme est
sartie,ou faire accoustrer la Nef qu'autrement ne peut nauiguer:
alors doit ledict marchand entrer en port,moyennant le serment
du Nauchier & Mariniers,affermants le sçauoir. Et pourtant si aucun Corsere ou Gallere y a, de laquelle se doutast ledit marchãd,
ne doit y entrer le patron de ladicte Nef,sans le consentement &
bon vouloir dudit marchãd. Si le marchãd a deliberé d'y entrer &
prẽne le peril sur soy,ou bien declarer ny vouloir entrer, est alors
tenu des dommages que s'en ensuiuent.

Auoirla prouë en terre est estre ancré & prins port.

Gallere siup suitee.

E

LIVRE DV

De promesse faicte par marchand à patron.

CHAP. CII.

d. l. 1. ff. de
pact. §. sicut l.
in commodato.
ff. de commod.
Liure cartu-
laire est le Li-
ure tenu par
l'Escriuain
dict manifest.

Cy est descript & declaré dequoy est tenu le marchand au patron, & en quoy non le marchand, quand il s'accorde auec le patron de la Nef, tout accord qu'aura faict ledict marchand au patron est tenu obseruer & garder, moyennant que dans le Liure
Cartulaire soit escrit : comme presupposé que ledict marchand
eust fait quelque escrite, ou que fussent designéesdans ledit manifest. Telles choses y inserées, doiuent estre par ledit marchand
gardées. Que si le marchand conuient auec ledit patron de la
Nef à quintaux, soit iceluy marchand en la Nef ou dehors d'icelle, & qu'il ne puisse fournir icelles par faute d'argent, doit pour la
quantité promise payer les nollis, chargée ou non, & pource qu'il
aura promis par quintalades.

D'vn marchand qui voudra descharger ses marchandises.

CHAP. CIII.

Enleuer &
descharger.

Pource que dessus est dit du chargement des robbes, faut entendre, que si la graigneur partie des marchands l'enleuent, alors
tel marchand peut enleuer les robbes siennes sans rien payer. Si
le patron de la Nef n'est payé, rien ne luy peut estre demandé,
ains est tenu attendre iusques à certain temps dãs lequel il puisse
charger & leuer sa marchandise, ce que faut entendre à iceluy
appartenant.

Des marchands voyans descharger partie de leurs marchandises.

CHAP. CIV.

Nef ou Nauire allant en voyage, si la graigneur partie des
marchands, ou marchandises veulent descharger, ou prendre port
quelque part qu'il soient du lieu où le voyage sera esté commencé & entreprins, peuuent telle majeur partie descharger. Peut
aussi ledit patron les contraindre descharger la moindre part re-
stante, & se faire payer les nollis entierement. Si ledict patron a
faict grace de tels nollis aux marchands, lesquels auront deschar-
gé la majeur partie, doit aussi faire le mesme de la moindre. Et de
telle façon & sorte, doiuent estre traictez les autres marchands
comme les premiers. Doiuent aussi (suiuant le lays que fait la nef
des nollis) estre deduits les salaires des mariniers.

Du patron ayant attendu les marchands.

CHAP. CV.

Si les marchands dans le temps conuenu & auec le patron accordé, & qu'il l'aye attendu, qu'il n'aye payé les nollis, & qu'ils
ayent bonnes nouuelles, doit le marchand charger les robbes, &

s'il ne les veut charger, doit payer tous les nollis audit patron.

Comme doit prester le marchand au patron en cas de necessité.
CHAP. CVI.

Est encores tenu le marchand enuers le patron de la Nef, que s'il se trouuoit auoir argent, & que le patron fust en quelque lieu, ayant besoin de sartie ou autre chose necessaire à la Nef, luy doit alors prester tout ainsi comme le Nauchier & autres marchands aduiseront falloir faire, & par ce tous les personniers estans dans la Nef se doiuent obliger enuers ledict marchand prestant. Si ledict patron, personniers & emprunteurs trouuoient aucun autre qui leur prestast, ledit marchand n'est alors tenu faire tel prest.

cont. iur. dispositionem̃ uniū etenim est gratuitum.

Ideo cum gratuitum sit restituuntur pecunia.

Comme par l'expedition de la Nef, doit prester le marchand au patron.
CHAP. CVII.

Encores si le patron de la Nef a besoin d'argent, & ne trouue comme cy-dessus est dict, & qu'il fust en lieu estrange, & que telle necessité fust pour l'vltime expedition du Nauire, & ne se trouuassent auoir argent, lesdits marchands doiuent vendre de leurs marchandises pour icelle Nef expedier, à quoy aucun des personniers ne peut contredire que tels marchands ne soiét payez & rembourcez, sauf & reserué les salaires des mariniers. Et pourtãt faut noter que le marchand doit aduiser que ce qu'il preste, soit pour l'vltime expedition de ladicte Nef.

sup. c. prox.

Qui tunc prefertur cæteris creditoribus d. in d. l. seq. ff. qui pot. in pig.

Comme doit le marchand prester viures à la Nef.
CHAP. CVIII.

Est encores tenu ledict marchand que s'il a viures, ou qu'il faillissent aux mariniers & autres dans ladicte Nef, estans les leurs prestez & mis en commun, & le patron les departir entre tous, desquels ne peut retenir ledit marchand que pour vn homme. Estant arriué ledict patron en lieu auquel il puisse recouurer viures, ledit marchand luy en peut demander autant qu'il luy en aura presté, & ledit patron est tenu iceux rendre.

Quia alimenta denegat necare videtur l. neccare ff. de l. agne. Mutuum est gratuitum l. 2. ff. de reb. cred. & de reddi vt sit eiusdem bonitatis & qualitatis.

D'ancre ou Sartie delaissée, & renoncie aux marchands.
CHAP. CIX.

D'abondant sont tenus les marchands, que si le patron veut prendre port en quelque Isle ou Port, pour doute qu'il ayt, il le peut prendre & faire du consentement desdits marchands, ce que s'ils accordent & delaissent ancre ou sartie, doiuent estre par iceux marchands payées, attendu ledit denoncement faict: le patron ou autre pour luy sont encor tenus, que si en quelque pointe où la Nef eust surgi, laissé ancres du vouloir & consentement du patron, faut que soient payées esgallement par toute la robbe de

Ancre est vn croc de fer qui retient la nef, Latiné dicitur anchora.

la Nef,& le corps de la Nef ne paye rien , n'eſtoit que fuſſent de-
laiſſés pour doute d'armée ou vaiſſeau armé:car alors ſont payées
tant de la robbe que corps de la Nef , lequel en paye la moitié.
Que s'il delaiſſe barque ou hommes dudit conſentement,les robbes deſdits marchands le payent, enſemble la deſpence deſdits
hommes que feront pour aller trouuer la Nef , & à tel cas ledict
corps de la Nef ne paye rien.

De Barque laiſſée.   CHAP. CX.

Si vne Nef ou Nauire remocque ou traine apres ſoy la Barque,
& ſe remplit : laquelle faille tirer pleine,ſi les marchands veulent
qu'ils la laiſſent aller , lors la doiuent abandonner , & doit eſtre
payée par toutes les marchandiſes,ſans que le corps de la Nef en
paye rien. Que s'il rompt la corde de laquelle eſt attachée , & la
laiſſent ſans le vouloir deſdits marchands , alors ne ſont de rien
tenus.

Du ject faict en abſence des Marchands.   CHAP. CXI.

Surgy eſt
prendre port.

Si aucun patron charge ſa Nef ou Nauire en quelque part auquel aye ſurgi, ou en autre lieu, & que les marchands ſoient en
terre. Alors ayant ſeulement delaiſſé le patron & mariniers en la
nef: ſi audict lieu vient armée de Corſeres & ennemis,ou tempeſte de Mer, par laquelle ſoit empeſché à pouuoir leuer leſdictes
marchandiſes, eſtant contrainct les laiſſer en terre, (parce que
deſſus ,) ſçauoir qu'aduiennent Corſeres, armées, tempeſtes, ou

d. l. expugna-
tur.

inuaſion,alors pour raiſon d'icelles peut faire jet ledict patron :
pource que plus aiſément & legerement il s'en ira & euitera les
perils,& d'iceux Nauires ſe deffendra. Donc quand il fera jet,
par vne des occaſions ſuſdictes, vaut autant que ſi les marchands
y eſtoient preſens: ce que doit faire auec le conſeil & aduis de
tous ceux de la Nef.Et ce doit en leur preſence eſcrire l'Eſcriuain
(que ſi alors ne le peut) il eſcrira auſſi toſt que la Nef prendra
port : telle eſcriture doit eſtre faicte en terre , & à ſes fins y deſ-
cendre: Que ſi par cas fortuit ledit Eſcriuain eſtoit demeuré en
terre auec les marchands,& en la Nef ou Nauire y ait de ces ſeruiteurs,le patron doit aſſembler les mariniers auec iceux , auſquels doit ledit patron faire entendre les accords & conuentiõs
entre luy & leſdits marchands faictes, aux fins que s'il aduenoit
que quelque choſe n'euſt aucun contredict, redicte, ou contro-
uerſe,& que d'icelles s'en reſſouuinſſent, aux fins auſſi que tels
commis des marchands ne diſſent ou miſſent en auant aucune
ignorance d'en rien ſçauoir, pour à telle aſſemblée n'auoir eſtez

appellez, ny ouys par aucun : ce que fi le patron de la Nef faict,
doit auoir valeur autant que fi tous les marchands (ou la majeur
partie) y eftoient. Autant eft fi ladicte Nef efcourt & va en terre,
auquel cas fi ledit patron a faict ce que par cy-deuant a efté dict,
& gardé les folemnitez y mentionnées : aucun marchand ou
autre, ne peut à tel jet rien contredire, (que s'il le faict) eft iceluy
contredifant tenu de l'iniure, intereft, defpens & dommages par
ledict patron foufferts, moyennant que telle inuafion , foit fans
fraud, coulpe ou dol : que s'il y efcheoit, doit iceluy par qui eft
venu tel fraud payer tous les dommages, defquels fait à apparoir,
& pourra preuuer par iceluy eftre venus. Doit telle preuue eftre
faicte par gens dignesde foy, & non fufpects, entendans le faict &
Art, pour lequel ils feront appellez en tefmoignage, non fujets à
l'argent & corruption, pource qu'ils feroient objectables, fi ledict
patron produifoit telle qualité de gens aufquels aucune foy n'y
doit eftre adiouftée.

*Inuaditur na-
uis per expu-
gnationem d. l.
expugnatur.
Par fuffifante
preuue , l. vbi
numerus ff. de
teft.

l. 1. ff. de tefti.
in vell. quorum
fid.

l. 2. ff. cod.

Comme font payées les auaries.
CHAP. CXII.

Toute defpence, accord faict, ou auarie des marchandifes doit
eftre payée à fol & liure par les marchands, fauf & referué les defpences du chargement. S'il y auoit à partir par fortune & force
de mauuais temps, ou par autre accident qu'aduint , fçauoir en
entrant en port ou autre lieu où fe peut fauuer ladicte marchandife, Nef ou Nauire : en tel cas, vne robbe eft tenuë pour l'autre à
fol & liure. Que fi en la Nef n'y auoit aucun marchand qu'euft
tant de marchandife comme l'autre , ou que d'vn cofté fuffent
cinq, & de l'autre trois ou deux , & que les deux euffent autant
de marchandifes que les cinq ou plus, tout ce qu'ils conuiendrõt
des auaries , doit eftre payé par efgalles parts & portions , & en
commun, fçauoir auffi bien du peu que du prou, ce que doit eftre
faict fans fraud & fans partialité aucune, & à ces finsdoiuent iurer
& prefter ferment les marchands. Le prefent chapitre eft pour
efmander ce que conuient à la Nef, pource qu'elle a tel priuilege
que fi les marchands promettent aucune chofe à reftituer , faut
neceffairement qu'ils l'obferuent & gardent, nonobftant que ne
fuft efcript, fuffit à ce la prefence de l'Efcriuain, & qu'il l'enten-
de, & en apres mette par efcript quand la Nef aura prins port,
pource qu'auparauant elle eftoit en pleine Mer, quand tel accord
fut faict.

l. 2. ff. ad l. rod.
de iact.

Imo negot. geft.
act. datur quia
rem faluam
fecit text. in l.
fed an. vltro §.
1. ff. de neg.
geft. & gl. in
d. l. 2. verf.
poteft.

Carere dolo &
fraude l. 1. &
dol mal.

Verba ligant
homines tauro-
rum cornua
funt.

Qui eft dict eftranger.   CHAP. CXIII.
Sera en ce Chapitre faict mention cõme fe doit porter le pa-

tron enuers les estrangers, & les estrangers enuers le patron de la
Nef & Nauire, pource que Nef & Nauire en ce sont semblables.
Est dict estranger tout homme que tant de sa personne que de
ses robbes paye nollis, lesquelles robbes ne soient marchandises,
& de moins de dix quintaux en bas, car alors paye nollis de sa
personne, & ne peut estre dict marchand qui ne paye plus de 20.
Besans de nollis. N'est ledict patron tenu luy leuer, s'il ne porte
dix quintaux caisse, ny compagnie de robbe: n'estoit qu'ainsi eust
esté conuenu & accordé. Que si en charge sans le sceu desdicts
patron & Escriuain, ou autre par eux commis à la nolisation (&
par cet effect) alors peut ledict patron & Escriuain demander autant de nollis comme est payé par autre robbe, & au plus grand
prix que soit en la Nef, ayant esgard au bollum d'icelle & quantité : autant en est de tel personnage, que contre le vouloir
desdicts Patron & Escriuain entre, duquel à leur vouloir payeront les nollis.

De robbe chargée sans le sceu du Patron, ou Escriuain.
CHAP. CXIV.

Aduenant le cas que la Nef se trouuast par trop chargée, & que
le patron de la Nef ne la veüille charger, doit l'Escriuain icelle
faire mettre en terre, au dommage de laquelle ledict patron de
la Nef n'est tenu, moyennant que dans le manifeste & cartulaire
ne soient escriptes. Faut sçauoir & entendre, que quand la Nef
aura faict voile, & sera hors du port, les marchands mariniers,
estrangers ou autre ayant dans la Nef chargé robbe & marchandises, doit icelles venir declarer & manifester à l'Escriuain comme elles ont esté par luy chargées, que s'il ne le faict, ne luy sont
de rien tenus lesdits Patron & Escriuain, pour dommage qu'y sur-
uienne.

De robbe non declarée.   ## CHAP. CXV.

Si vne Nef par tempeste ou autre aduenture venoit à faire jet
des robbes appartenant aux marchands, mariniers, passagers ou
autre que ce soit, qu'il ne l'eust manifestée & declarée au patron,
Escriuain, ou autre commis au chargement, & que ledit Escriuain
ne les aye escript dans son cartulaire, manifest & roolle, mais par
ceux que dessus soient esté veuës charger, si elle est jettée, se pert
ou bagne: ledict patron n'est tenu à aucune restitution, pour tes-
moin qu'il y ayt, disant l'auoir veu charger. Si toutesfois se treuue au descharger, est au vouloir dudit patron de prendre le nollis
qu'il voudra, lequel sans aucune contradiction doit le marchand
payer. N'estoit que dés que la Nef aura faict voille, l'Escriuain

l'eſcriuiſt, alors en eſt lediſt patron tenu.

En quoy eſt tenu le patron enuers l'eſtranger.
CHAP. CXVI.

Eſt encores tenu le patron de la Nef enuers les eſtrangers leur donner lieu & place, d'eau, porter ou faire porter la part qu'il leur aura promis, meſmes s'il en a prins arres. Doit iceluy eſtranger, trois iours auparauant le depart, ſe preſenter au patron ou Eſcriuain, que s'il le faiſt, & lediſt patron le delaiſſe, eſt tenu à luy rendre ſes nollis, & le releuer des dommages, s'il luy a baillé plus grand delay. Que ſi lediſt eſtranger ſans parler à iceux n'eſt venu dans le temps que la Nef fera voile, s'il auoit donné mille marcs pour arres ou payé tous les nollis, lediſt patron n'eſt tenu à aucune reſtitution.

Arg. l. 1. ff. de peric. & cin. rei vend.

Siue paſſager

De donner place à vn paſſager, & s'il meurt dans la Nef.
CHAP. CXVII.

Patron de Nef doit donner lieu à vn paſſager, ou aucun pour luy, comme le Nauchier, lequel lieu doit iceluy paſſager prendre, venant à deceder peut iceluy lieu & place remettre à qui bon luy ſemblera, le meilleur habillement duquel, doit eſtre & appartenir audit Nauchier, & l'argent prins en defaut de parent (ſi aucun y en a) par le patron, lequel le doit reduire iuſques à ce qu'il ſoit en lieu que luy ſoit demandé iuſques à trois ans : que ſi dans trois ans ne luy eſt demandée, il doit telle ſomme de deniers bailler pour l'ame d'iceluy deffunſt en preſence du Sieur Eueſque dudiſt lieu. Eſt tenu l'Eſcriuain par meſme moyen, & incontinẽt le declarer à l'Eueſq. ou au Seigneur de la côtrée, eſcrire l'argent & tout l'auoir du deffunſt, en prendre vn extraiſt, vn autre bailler aux marchands, & vn autre audiſt patron : lequel monſtre lediſt Eſcriuain à l'arriuement qu'il faiſt en ſa terre audit Sieur Eueſque, ou à ſon Lieutenant, ou Vicaire dudit lieu, lequel le doit eſcrire dans le Liure de l'Egliſe. Si ledit patron n'eſt ſuffiſant (pour ne ſçauoir bien contraſter) à conduire & garder telle ſomme de deniers, il la doit aſſeurer & mettre en lieu ſeur : que s'il ne la peut garder, la doit mettre en part que s'il vient aucun qui la demande dans les trois ans, il la puiſſe reſtituer. Si lediſt patron venoit à deceder qu'elle ſe trouuaſt eſtre miſe en lieu ſeur.

A Marſeille met rier le Greffe du Sr. Lieutenant general à l'admirauté, & non au Sieur Eueſque

Du droiſt que prend le patron de celuy qui decede en la Nef.
CHAP. CXVIII.

Le patron doit auoir ce qu'eſt dit cy-deſſous, ſçauoir le liſt & veſtement du pelerin, hormis celuy lequel eſt dõné au Nauchier. Mais pourtant lediſt patron en a du peu comme du prou, pource

Mettre à l'in-
quant.

que de cent besans en bas, il ne doit auoir que le vestement, &
du residu en faire argent & deniers.

Exception du precedent.　　CHAP. CXIX.

Mais si aucun s'en va en voyage pour soy, est aussi prins pour
pelerin, lequel venant à deceder, le patron ny Nauchier ne prend
rien, que s'il est pelerin allant outre Mer, ou en pelerinage, doiuët
prendre ce que par cydeuant a esté dict, pource qu'il y en a beaucoup qui vont en voyage sans grande quantité de marchandise,
ou bien pour ailleurs habiter & faire demeure, lesquels sont dicts
pelerins: desquels ne doit le patron de la Nef rien prendre. Mais
si en la Nef n'y a Consul, si aucun y decede, alors est tenu garder
la robbe de tel decedé, n'estoit qu'il disposast & fist testament,
donné charge à quelqu'vn, faict procureur, tuteur ou heritier, ou
qu'il y eust quelque sien prochain : que s'il n'y a aucun de ceux
que dessus, le patron de la Nef se doit charger des robbes, & en
apres icelles rendre aux parens du deffunct, sa femme ou enfans,
ou autres à qui doit estre, ce que doit l'Escriuain escrire, & de
l'inuentaire retenir vne coppie: vn autre bailler au patron, & faire
tout ainsi que dessus a esté ordonné.

Nihil magis
congruum est
quam de rebus
suis disponere l.
1. C. de sacros.
Eccles.

Tanquam legi-
timi successores
aut. defuncto.

Droict appartenant au Barquier, siue gardien du pelerin qui meurt.
　　　CHAP. CXX.

Le Barquier de la Nef doit auoir du pelerin les souliers, cou-
teau & ceinture, & le gardien les chausses, qu'est, pource qu'ils
sont tenus d'ensemblement tous deux l'enseuelir en terre, ou en
autre lieu, ou le jetter en la Mer.

Cont. æquitati
videtur quia
sepellire mor-
tuos, sunt opera
misericordiæ.

Des viures du pelerin qui meurt en Nef.
　　　CHAP. CXXI.

Doit encores auoir ledict patron les viures appartenant au pelerin, ou autre mourant en la Nef, ce chapitre doit estre entendu
des pelerins & autres passagers allant d'vn lieu à vn autre ainsi
que dessus a esté dict.

Des nollis payez par passager delaissé, & des nollis des robbes.
　　　CHAP. CXXII.

Si aucun de ceux dessusdits auoient payé nollis au patron de la
Nef, & puis vouslust demeurer, ledict patron n'est tenu à la restitution des nollis. Encores si aucun pelerin, autre quelconque ou
marchand nolise au patron, & estant en terre ou autre part voudra vendre son procedé, le prix duquel ne soit suffisant pour le
payement des nollis, doit pour le surplus payer : vaille ce que
pourra valoir la marchandise subiecte audit payement. Si le marchand a autres robbes meilleures, tel meilleur ne porte prejudice

à la

à la mauuaise, & par ainſi ſe paye les nollis audiɛt patron de Nef ou Nauire. Par ceſte raiſon fut le preſent chapitre faiɛt, aux fins que les marchands ne ſe trompaſſent l'vn l'autre, & vouloir faire payer le tout aux bonnes marchandiſes.

l. 3. ſe inuicem decipere d. l. 2. de rei ven.

Dequoy eſt tenu le pelerin.   CHAP. CXXIII.

Pelerin & autre que ce ſoit en la Nef doiuent continuer le voyage, & ne laiſſer la Nef qu'elle ne ſoit arriuée, s'ayder à la garder & ſauuer de tout ſon pouuoir (ou ſeroit que fuſt auec le vouloir & conſentement du patron,) la cauſe pourquoy ce cha-pitre fut faiɛt, eſt que bien ſouuent le patron leue prouiſions pour les eſtrangers & gens de guerre, pour raiſon dequoy ils ont meil-leur marché des nollis qu'ils ne feroient s'ils ſçauoient qu'ils ne continuaſſent le voyage, & qu'ils le vouluſſent delaiſſer, auſſi pluſieurs marchands n'entreprendroient le voyage, ſi ce n'eſtoit qu'ils ſçauent qu'ils y vont gens armez. Sont encores tenus leſ-diɛts voyagers & autres de la Nef aſſiſter en conſeil aux couſtu-mes qui en ladiɛte Nef ſeront miſes & eſtablies.

Dequoy eſt tenu le patron à marinier.
CHAP. CXXIV.

Preſuppoſons qu'vn patron accorde à vn marinier, ſoit bon ou mauuais : ſoit ſçauant, expert ou non, luy doit lediɛt patron payer ſes ſalaires, en la maniere que s'enſuit : ſi le marinier luy promet d'eſtre callefat, naucher, ou maiſtre d'ache, & en telle eſperance ayt eſté accordé, (n'en ayant autre voulu accorder,) ſi alors il n'entend ſa charge, lediɛt patron de la Nef ne luy doit ſalaires, ſi-non que tels que par ſerment preſté diront le Nauchier & Eſ-criuain.

Dechaſſer marinier de Nef.   CHAP. CXXV.

Faut encores ſçauoir, que le patron de la Nef ne peut dechaſ-ſer & mettre hors de la Nef les mariniers que le voyage ne ſoit parfaiɛt, ou ſeroit par trois raiſons. La premiere eſt par larrecin, la ſeconde par haine & debat, & la troiſiéme, s'il ne veut faire le commãdement du Nauchier : qui ne luy doit pourtant cõmander choſe qui ne ſoit equitable & iuſte, ne doit auſſi eſtre dechaſſé par vne ſeule faute ou occaſion iuſques à la cinquiéme : que ſi alors lediɛt marinier ne veut faire le commandement dudit Nau-chier, il le peut deſcharger : ou autre pour luy commis en la Nef. Et pourtant ſoigneuſement entretenir le marinier qui comman-de, & autre entendant ſa charge. Par autre raiſon auſſi, peut eſtre chaſſé : ſçauoir s'il faiɛt faux ſerment, car alors les marchands en luy n'auroient aucune fiance.

Imo eſt punien-dus de furt. ff. in l. 1.

Periurus omni commodo & beneficio venit, priuiandus l. ſi quis C. de tran. c. querelam ext. de iureiur.

Marinier ne peut estre dechaßé par autre venant, à meilleur marché.
CHAP. CXXVI.

Est encores tenu le patron de la Nef au marinier, que si le marinier auec luy est demeuré d'accord à bon prix, & puis il en trouuast pour moindre somme & prix, doit luy laisser faire le voyage, (ou seroit qu'ils fussent ainsi d'accdrd , & de ce eussent touché la main ,) car autant est par icelle tenu comme s'il estoit escrit dans le cartulaire.

Patron ne peut dechasser mariniers pour siens parens.
CHAP. CXXVII.

Est encores tenu le patron de la Nef enuers les Mariniers auec luy accordez, en ce : sçauoir, qu'il ne le peut dechasser pour parent ou autre que ce soit, moyennant que soit designé & descript dans ledict Cartulaire, ou que de parolle soit esté promis, nonobstant qu'il ne soit entré & receu en la Nef. Que s'il le veut deschasser , il doit luy payer ses salaires autant & tout ainsi que s'il eust seruy le long du voyage. Est encores tenu ledict patron, si ledict marinier a trauaillé trois iours dans la Nef, & puis tombe malade , luy payer la moitié des salaires : s'il ne peut entrer en la Nef, le doit laisser moyennant que soit par les mariniers cogneu qu'il ne peut faire le voyage. S'il estoit en lieu estrange , luy doit bailler la moitié de ses salaires, ayt dequoy ou non, (que s'il n'en a) il en doit emprunter, pour estre necessaire que le marinier s'en ayde, aduenant le cas du decés du patron , ce que dessus doiuent obseruer les tuteurs & deffenseurs dudict patron.

Du marinier qui meurt en la Nef.
CHAP. CXXVIII.

D'auantage est tenu ledict patron au marinier s'il est malade & meurt en la Nef, le payer de tous ses salaires, en laquelle Nef s'il y a aucun parant dudict deffunct, à iceluy doiuent estre commis son auoir. Si ledict deffunct l'auoit declaré, que non, lors doit les deliurer à la femme ou enfans demeurant auec ledict decedé , en son viuant. Que si elle ne luy estoit loyalle, & ne demeuroit auec iceluy quand il partit de son pays, ou se fust enfuye dés le depart de sondict mary, alors le Patron & Escriuain doiuent (auec l'authorité de iustice) bailler ledict auoir aux plus proches parens.

Du Marinier qui meurt deuant ou apres auoir faict voille.
CHAP. CXXIX.

Marinier accordé en voyage, lequel par le vouloir de Dieu est decedé auant que la Nef aye faict voile , doit auoir la quatriesme partie de ses salaires, & doit icelle bailler à ses hoirs. Si autrement

mort apres auoir fait voile, & auant qu'il soit au port où il doit arriuer, la moitié de ses salaires doit estre payé audict deffunct, &
baillé à ses hoirs. Que si entierement il auoit esté payé (auant que
deceder) tous les salaires luy sont donnez & payez à ses hoirs,
auquel payement ne peut de rien contredire.

Du Marinier accordé à mois.   CHAP. CXXX.

S'il est accordé à mois, & le marinier vient à mourir, doit estre
payé & baillé à ses hoirs, pour autant qu'il aura serui.

Da patron à marinier sur les portées.

CHAP. CXXXI.

Est encores tenu ledict patron, payer les salaires du marinier
quand les marchands payent nollis, que si le marinier va à ses despens, luy doit demander s'il fera & retournera en voyage dans
huit iours, est d'abondant tenu ledict patron enuers les mariniers
de ses portées, lesquelles peut mettre là où bon luy semblera, mais
que ne soit estiué, & que ne fussent mises en jet. Et pourtant doiuent les portées estre telles que les salaires de cinquante besans
en bas acheptées, ce que faut entendre, que s'il y auoit cent liures
de salaires, ne payeroit que pour cinquante, si xxx. ou xx. besans,
& eust autant que doit de cinquante en bas, ne sont deuës auaries
ny jet. Peut icelles portées la part que bon luy semble: que si elles
se moüillent, endommagent ou gastent, le patron n'est de rien tenu, ledict marinier doit tel chargement faire entendre & notifier à l'Escriuain, que s'il ne l'a faict, il les doit perdre, ce qu'il dira
doit contenir verité: que s'il se trouue le contraire & se prouuast,
doit estre tout confisqué au fisc, & le tiers au profit dudit patron.

Declaration du Chapitre precedent.

CHAP. CXXXII.

Suiuant ce que cy-dessus est dict, portées de mariniers ne payent ny entrent en jet, si est-ce qu'il n'est declaré côme doit estre
entendu. Par ce que dessus, les gens de bien nos predecesseurs
voulurent icelle esclaircir, & declarer en la maniere que s'ensuit;
sçauoir, que si aucun marinier achetoit ses portées de son propre
argent auant qu'il eust receu ses salaires, si quelque accident aduient à ladicte Nef ou Nauire, & que les portées soient estées
chargées, comme cy-dessus est specifié. Sont tenus lesd'ts mariniers contribuer au jet à sol & liure, suiuant que vaudront les portées ou auront cousté, ce que faut entendre suiuant qu'aura le jet
esté faict. Et pourtant si le patron de la Nef ou Nauire auoit fait
grace, & presté aux mariniers leurs salaires auant son depart, &
pour le voyage accordé, ne sont alors tenus lesdits mariniers à

G 2

contribuer au jet , ſi ce n'eſt pour la moitié deſdits ſalaires. Et pourtant ſi les portées ſe montoient plus que de la moitié deſdits ſalaires ſont entierement tenus à payer ledit jet , autant que ſe monte tel dommage dauantage des portées. Si par cas fortuit ledict patron ne leur fait tels aduantages que deſſus , & qué leſdits mariniers acheptaſſent leſdictes portées par cy-deuant ſpecifiées, doiuent contribuer au jet que ſera faict là,& quand le patron fera le payement de leurs ſalaires auſdits mariniers , ne ſont pourtant tenus deſdites portees,ſi ce n'eſt pource que monteront la moitié de leurs ſalaires,meſmes que fuſſent eſtées acheptées , qui cauſa la preſente ordonnance eſtre faicte.

En ce chap.
& ſup. in prox.

Des portées des mariniers.   CHAP. CXXXIII.

Doiuent les portées par le patron promiſes eſtre chargées:leſquelles (auant que la Nef ayt ſon chargement) doit le marinier exhiber. Car ſi la Nef auoit tout ſon chargement , ne ſeroit de rien tenu le patron à les leuer. Donc ſi auparauant que tout le compliment du chargement ſoit faict, ledict marinier le preſente,& le patron le refuſe,alors eſt tenu donner autãt audit marinier & à l'equipolant qu'il deuoit auoir de nollis,des robbes que ledict marinier deuoit charger : n'eſtant par ainſi en apres tenu icelles charger.

Nemora ſit ſibi
damnoſa l.magnam C. de
contr.vel cõmi.

Portées chargées.   CHAP. CXXXIV.

Marinier ne peut,moins doit noliſer ſes portées à aucun marchand ou autre marinier accordé en la Nef, que s'il le faict, le patron de la Nef peut prendre les nollis accordez entre le marchãd & marinier,touchant leſdictes portées.

De marquer robbes en Nef.
CHAP. CXXXV.

Ne peuuent ny doiuent aucuns marchands ou mariniers(apres le chargement dans la nef) bouler aucune balle ou robbe , que s'ils le font, le patron les peut prendre, & par ainſi perdront tout ce qu'ils auront boullé ou marqué.

Boller ſine
marquer.

De compartiment de Marinier.
CHAP. CXXXVI.

Encores eſt tenu le patron de la Nef enuers les mariniers,que quand ils auront eſtiué la Nef de ce qu'il doit payer, que ſi c'eſt vn Nauire, il eſt tenu de la moitié. Doit auſſi leur donner temps pour achepter leurs marchandiſes & portées par l'eſpace de ſix iours , & au troiſiéme venir à la marine s'accommodans les vns auec les autres,afin que ceux qui demeurent puiſſent faire le ſeruice de la Nef.

Eſtiué c'eſt
charger.

Ou riuage.

Du chargement des robbes des Mariniers,
CHAP. CXXXVII.

Dauantage est tenu de charger au marinier & descharger ses portées auec la Barque de la Nef : auquel chargement se doiuent ayder les autres mariniers.

Du payement des salaires des Mariniers.
CHAP. CXXXVIII.

Doit aussi ledict patron des nollis que luy seront payez : payer les mariniers, lesquels s'ils ne sont suffisans en doit emprunter, que s'il ne trouue, il doit vendre la Nef pour payer lesdits mariniers, auant tout autre : soit qu'il aye presté, ou autrement fust creancier. Car quand il n'y auroit qu'vn clou, le marinier doit estre payé d'iceluy. N'estoit que la Nef fust allée en terre à tra-uers ce voyage : si le patron apres auoir faict vn voyage en entre-prend vn autre, & pour iceluy faire empruntast les salaires des mariniers, & la Nef vint à tel second voyage se rompre, doiuent les salaires du premier voyage en ce que sera sauué estre payez, quand n'y auroit qu'vn sol de sauué, sans qu'en iceluy y puisse rien demander, ou autre ayant presté pour deuoir tels mariniers estre payez.

*Ratione priui-
legij salariorum*

En quel lieu & comme, & de quelle espece de monnoye doiuent
estre payez les mariniers.
CHAP. CXXXIX.

Tout patron de Nef ou de Nauire, est tenu de payer les salaires des mariniers, la part où il reçoit les nollis, ainsi qu'au chap. pre-cedent est descript, ce qu'il faut entendre que n'y ayt aucun ac-cord entre le susdict patron & marinier d'estre payé au retour, qu'il fera en telle partie ou ils auront commencé leur voyage, que si ainsi a esté conuenu & accordé, ne peuuét les susdits mariniers demander leurs salaires, iusques audit retour, qui'ls feront au lieu où tel accord sera esté faict (n'estoit que le patron les voulust gratifier) car autrement ne leur doit de rien retarder le payemét apres tel arriuement : que si les susdits mariniers font aucune des-pence (ou endurét aucuns interests) pour raison dudict recouure-ment & faute de payement d'iceux, en est tenu ledict patron : Si aussi aucun accord n'auoit esté faict entre les mariniers & patron, leur doiuent estre payez leurs salaires incontinent que ledict pa-tron aura receu les nollis, & du mesme argent que ledict patron receura des marchands. Si par cas fortuit les marchands estoient personnes astutes & cauteleuses (comme plaideurs) & que les robbes ne fussent suffisantes pour payer les nollis, qu'ils doiuent

*Gratiosum esse
& beneplaci-
tum admodum
placet de c.gra-
tia.*

*Debet prouide-
re l. 1. quando
liceat si ind.76
vend.*

audit patrõ, & qu'il les laiſſaſſét pour raiſon d'iceux (ſoit de valluẽ ou non) faut que les mariniers ſoient payez de leurs ſalaires iuſques à faire vendre la Nef, & qu'elle ſe deuſt laiſſer pour le prix que ſe montent leſdits ſalaires (auquel faiɢt ne peuuent ny doiuent de rien contredire les marchands preſtans le leur) ou autre que ce ſoit, par cauſe ou raiſon aduancée. Pour ce qu'il eſt equitable que les mariniers ayent leurs ſalaires en la part où le patron leur aura promis, ou ſeroit que les mariniers le vouluſſent gratifier, & l'attendre iuſques à ce qu'il arriue en lieu pour pouuoir trouuer argent pour les payer. Fut ce chapitre faiɢt & inſtitué, aux fins que tout patron prenne garde & aduiſe comme il nolliſera, à quelles perſonnes, & quelle robbe chargera : pource que, payé ou nõ payé des nollis, il eſt neceſſaire que les mariniers ſoiét payez de leurs ſalaires.

Tant ſont priuilegez les ſalaires.

Redit rationem cur ſit introductus c. Cautius negotiandum d. l. inciuilem.

De payer ſalaires de marinier, en cas que la Nef ſe vendiſt en cachettes.
CHAP. CXL.

Eſtant la Nef arreſtée par poteſté & Seigneurie de quelqu'vn, voulans les marchands auec le patron vendre à la ſourdine & cachette, & icelle retenir pour ſoy, empruntant d'autres aux fins qu'il ne ſoit cogneu, ou par autre raiſon eſt tenu deſdits ſalaires, veu qu'a luy demeurent le nollit & nolliſé, & ne peut lediɢt marinier eſtre dechaſſé ſi ce n'eſt par payement. Et pourtant doit le marinier mettre le tiers de ſes ſalaires pour les auaries qui ſeront faiɢtes, autant des ſauuées qu'il aura recouuré par cy deuant à ſol & liure, ſauf que lediɢt patron vouluſt hyuerner en quelque port, alors ne luy peut rien dire lediɢt patron, pource qu'il falloit que fuſt ainſi. Donc ſi lediɢt patron hyuerne, & qu'il fuſt loiſible s'en retourner, ou qu'il attende le payement des nollis, pédant lequel luy vinſt quelque empeſchement, comme d'eſtre arreſté, luy failant & eſtant neceſſaire (comme deſſus eſt diɢt) faire vendre ladiɢte Nef, doit (ce nonobſtant) payer les mariniers, ſans qu'ils ſoient tenus d'aucune auarie : pour ceſte raiſon fut ce chapitre fait diſant le marinier ne pouuoir rien faire, ſans l'authorité dudiɢt patron, & non plus que de ſon vouloir : car par ſon temps s'il hyuerne, & pour cela ne doit augmenter ſes ſalaires, pour y mettre ſa perſonne, ſes habillements, & les conſommer : le patron eſtant en eſperance, ayant ſon voyage aſſeuré auec eſpoir de gagner, & par ainſi ſans aucun contrediɢt luy doit payer leſdits ſalaires, & hors de tous deſpens & auaries, ſauf que par Pache exprés euſt eſté conuenu & accordé entre le patron & les mariniers de croiſtre leſdits ſalaires pour raiſon de tel retardement, car ſi de leur vou-

Marinier ou autre officier à le payement de deux mois auant que de partir, & de ceux parle le text. l mentionné.

loir & confentement ils arreftent, le patron n'eft de plus tenu que
pour autant que s'ils eftoient communs, mettant la Nef & falaires
tout en multiplication. Si autrement eft, doit payer ainfi que deffus. Eft encores tenu le patrõ de la Nef enuers les mariniers payer
pour eux, ainfi qu'en diuerfes parties font auaries, fçauoir qui d'vn
tournois ou d'vne obolle, aux communes.

Patron doit affeurer pour les mariniers.

CHAP. CXLI.

Encores doit eftre tenu le fufdict patron enuers les mariniers
d'affeurer leurs droits iufques à l'equipolant de leurs falaires,
(n'eftoit qu'il les euft receus) & pour la valeur des robbes qu'il
aura chargées en la Nef, ledict marinier auffi eft tenu luy bailler
ayde & fecours de tout fon pouuoir, fans fe mettre en querelle
pour luy, perte du fien, des confeillers & autres du Nauire.

Comme fe doit remettre le falaire d'vn marinier.

CHAP. CXLII.

Plus le patron eft tenu enuers ledict marinier de contracter fes
falaires quand il les aura payez: là où il cognoiftra eftre neceffaire
hors ledict patron de tout dommage. Si ledict patron eft dans la
ville, foit proche ou loing, le marinier peut aller contracter fes
falaires, & le patron luy doit donner viures dans la Nef pour deux
iours, & non plus, s'il ne veut.

Mariniers plaidans auec le patron.

CHAP. CXLIII.

D'auantage, ledict patron eft tenu donner à manger & viures
aux mariniers, durant le voyage s'il le faict plaider.

Declaration du Chapitre precedent.

CHAP. CXLIV.

Suiuant qu'au chapitre precedent eft defcript, marinier plai-
dant auec le patron de Nef ou Nauire, le patron luy doit prefter
alliments durant ledit procés: toutesfois il n'eft biẽ de declaré ny
la raifon. Raifon, pourquoy donc eft telle? les gens de bien & pru-
d'hommes voulurent clarifier les chofes & eftabliffements ob-
fcurs pour garder de dommage & perte les patrons, & des interefts lefquels fe pourroient enfuiure. Par ainfi difent, ordonnent
& declarent lefdicts patrons eftre tenus alimenter les mariniers
auec eux plaidants, & pour certains effects & caufes. Le premier
eft, s'il plaide pour caufe de ne bailler viures à fuffifance au marinier comme cy deffus eft dict & declaré. Le fecond, s'il ne garde
& obferue ce que leur aura efté promis le iour de l'accord. Le
troifiéme eft, s'il fe rebelloit en quelque part, ou fortoit & laiffoit

le voyage(n'eſtoit qu'ils en fuſſent ainſi d'accord) & ne leur fuſt
eſté donné à entendre tel accord. Le quatriéme eſt,s'il veut châ-
ger voyage ſans leur ſceu,& auoir donné entendre : car alors leur
doit pouruoir d'alliments,s'il les faict plaider , par les raiſons que
deſſus. Faut ainſi entendre le changement de voyage , le patron
de la Nef eſtant en lieu auquel il trouuaſt mariniers: & les accordez n'y vouluſſent aller les voulant forcer.Et pourtant s'ils auoiét
changé le voyage par quelque accord, ou empeſchement de Seigneurie,par leſquels n'oſaſt aller faire ſon deſchargement au lieu
deſtiné par les marchands qui ont chargé : alors ſont tenus les
mariniers y aller. Ce que faut ainſi entendre ſuiuant que le patron de la Nef y profitera & aura ſon nolis par tel changement de
voyage, par ainſi eſt tenu auſſi de bailler les ſalaires aux mariniers
pour ſe profiter, qui cauſa faire la preſente declaration & correction à nos predeceſſeurs, leſquels auoient nauigué & couru le
monde auparauant, & par ce ſeroit grand dommage & intereſt
que quelque temps que fuſt,iour,ou heure, ou quelque part que
arriuaſt la Nef & print terre : par toute raiſon qu'il print, que les
mariniers peuſſent plaider & tirer en cauſe le patron de la Nef
ou Nauire, auec lequel ſans iuſte occaſion fùſſent, pource que
bien ſouuent y a des mariniers qui ſe contentent faire leur dommage pour executer leur vouloir,ce qui ne leur ſeroit rien (comme leur ſemble) moyennant que le patron de la Nef & Nauire
auec lequel ſont accordez perdiſt, icelle eſcheoit bien ſouuent,
qu'il y en a de ſi obſtinez & peruers qui ſont marris & preſque de-
ſeſperez quand ils voyent quelqu'vn profiter & ſe meliorer , deſirant que tout ainſi qu'ils perdent & ſont en danger, les autres y
fuſſent, ce qu'eſt à faire à vn mauuais homme,lequel a telle am-
bition qu'il ne voudroit qu'aucun profitaſt que luy ſeul en tout le
monde : donc par ceſte raiſon noſdits predeceſſeurs voulurent
declarer les cauſes & raiſons par leſquelles les patrons des Nefs
fuſſent tenus de donner à manger aux mariniers plaidants auec
eux , & aux fins qu'aucun mauuais homme ne peuſt conſommer
l'auoir d'vn autre : c'eſt donc l'occaſion que le preſent chapitre a
eſté faict, que ſi le marinier ſans cauſe aucune & contre denoir
faict plaider le patron & conſommer le ſien , luy ſoit tenu dù retardement,de tous deſpens dommages& intereſts qu'il aura ſoufferts : que s'il n'a dequoy , doit eſtre ſaiſi & mis és mains & pouuoir de la Seigneurie, & là demeurer iuſques à ce qu'il aura ſatiſ-
faict tels dommages ſoufferts par le patron, pour occaſion d'auoir
ainſi eſté tiré en cauſe,faut donc qu'vn chaſcun ſe contregarde de
porter

7.caſus d. §. fi-
ciut l. in com-
modat. l. 1.ff.
de pact.

Lites extirpan-
da c. paſtorelis
ext. de conceſſ.
præb.

Vt calumnia-
rium iniquita-
tes expellat §. 2
in proh. inſt.
Quod tibi fieri
non vis alteri ne
fceeris in l. nat.

porter preiudice à vn autre, pource que pourroit tourner fur fon
dos, pour contre le droict le vouloir faire tomber fur vn autre, eft
donc raifonnable qu'il tourne fur fes efpaules.

Des viures que le patron doit fournir aux mariniers.
CHAP. CXLV.

Le patron de Nef ou Nauire qui foit couuert, doit trois fois la
fepmaine donner à manger de chair aux mariniers:fçauoir le Di-
manche, le Mardy, & le Ieudy, & les autres iours de la fepmaine
du potage,& chafque foir du companage. Auffi leur doit faire dô-
ner de vin par trois fois le matin,& de foir ledit côpanage.Et doit
eftre ainfi que s'éfuit,fçauoir du fromage,oignons,fardes,ou autre
poiffon:leur doit encores ledit patrõ bailler du vin,nonobftãt qu'il
valuft trois befãs & demy:s'il fe peut trouuer de pãce ou figues en
doit faire du vin,que s'il ne s'en trouue,ou que le vin couftaft plus
de trente millarés,le patron n'eft tenu leur en bailler : d'auantage
le patron doit doubler leur pitance le iour des feftes folemnelles,
& doit auoir qui apprefte & ferue à mãger aux fufdits mariniers.

Patron n'eft tenu donner à manger au marinier qui ne dort en Nef.
CHAP. CXLVI.

N'eft tenu ledict patron prefter aliments à marinier s'il ne dort
en la Nef.

Marinier n'eft tenu aller en lieu dangereux.
CHAP. CXLVII.

Ne peut & ne doit le patron enuoyer en lieu dangereux le marinier,ny à ce le contraindre, fi ce n'eft de fon confentement.

De prefter marinier à autre Nef.   CHAP. CXLVIII.

Ne peut encores ledict patron prefter mariniers à autre Nef
fans fon vouloir, fauf qu'il euft befoin d'vn maiftre ou marinier
qui fçeuft faire quelque chofe de laquelle il euft befoin en la Nef
laquelle ne fçachant faire lefdits mariniers, tel marinier y doit aller (non toutesfois en terre) s'il n'eft au feruice de ladicte Nef ou
il fera(c'eft à dire) qu'il ne fift ou portaft faix fur fon dos,& ne fift
chofe qu'il ne deuft, ou appartint à luy de faire.

Qu'eft-ce que doit auoir le patron des marchands,pour defcharger.
CHAP. CXLIX.

Eft tenu le patron de Nef obferuer (au defchargement d'icelle)
les mefmes paches & conuentions qu'il aura entreprinfes & accordées auec les marchands.

Le voyage finy, le marinier eft quitte & libre.
CHAP. CL.

Si le patron de la Nef prend (apres qu'il aura defchargé fa Nef
H

la part où il alloit)autre voyage,& que le marinier n'y vueille aller n'y peut estre contraint: ce que faut entendre si le patron ne trouuoit mariniers en telle part, leur doit croistre leurs salaires à la cognoissance des Nauchier, Escriuain & Patron, qui doiuent estre creus:Sçauoir,combien il gagnera plus ou moins qu'en l'autre: ne peut toutesfois ledict patron diminuer les salaires à personne: & trouuant quelqu'vn digne de plus grand salaire que le patron ne leur aura promis du commencement,doit luy croistre & augmenter iceux,pource que plusieurs vaillants hommes desirent sortir de quelque lieu auquel ne sont cogneus ; & pour en sortir prennent petit salaire.

Nef se vendant en terre des Chrestiens.
CHAP. CLI.

Estranger icy est autrement prins qu'au chap. 113. iusques au c.123.

Si le patron de Nef,ou autre ayant charge, vend icelle à quelque estranger(c'est à dire,que ne fust particip)doit payer le loüage entierement aux mariniers, demeurans deliurez de leur seruice:se trouuans les mariniers en lieu où ils ne puissent nauiguer,le patron,ou autre ayant vendu la Nef, est tenu faire les despences qu'ils feront,iusques au lieu d'où ils sont partis.

Nef venduë és parties Barbares & infidelles,siue Sarrazins.
CHAP. CLII.

Si elle est venduë en terre de Sarrazins,est tenu ledict patron bailler viures ausdits mariniers à suffisance pour arriuer en terre de Chrestiens,en laquelle ils puissent auoir secours.

Mariniers ayant peur.   CHAP. CLIII.

Si par cas fortuit, le marinier est accordé en forme de cartulaire, lequel die qu'en l'accord feust esté conuenu que tel accord conuenu entre le patron & luy fust escript,que le marinier ayant peur d'aller au lieu destiné,& par ainsi s'en vueille retourner, le patron luy doit payer la moitié de ses salaires, ensemble les despens de sa conduite,iusques à ce qu'il soit arriué en lieu seur : & pource s'il est accordé sans tel pache, est tenu aller où le maistre de la Nef voudra,sans aucun contredict.

Marinier qu'est accordé, en quoy est obligé.
CHAP. CLIV.

C'est à dire toucher la main.

Cornubos capitur, voce ligatur homo §.1 inst. de obl.

Le marinier est tenu enuers le patron de la Nef ou Nauire, que dés qu'il sera accordé auec le maistre d'iceluy, & aura baillé palmade,y doit aller auec luy,comme si à ce il estoit obligé par main de Notaire. Faut donc que le marinier die au maistre de la Nef (auant que de s'accorder) qu'il ne sera tenu en tel lieu qu'il reseruera, autrement est tenu d'y aller sans contradiction aucune.

Que quand ledit marinier voudra aller en quelque part, faut qu'il demande licence audict maiftre fiué patron de la Nef, lequel luy donne delay & efpace pour reuenir : fi la Nef eft en lieu forain, faut auffi que tel marinier iure d'eftre loyal & fiable, aux fins que ne foit defrobée aucunes chofes aux nauires.

Quel fecours eft tenu le marinier bailler.

CHAP. CLV.

Encores eft tenu le marinier enuers le patrõ, qu'il ne le peut delaiffer pour aucune chofe, referué que pour trois. La premiere pour entrer patron & maiftre de nef ou nauire , l'autre eftre Nauchier en autre Nef : & la troifiéme, fi ainfi auoit efté conuenu. Si ledict patron s'en va mourir, les biens d'iceluy (eftans fur le Nauire) feront tenus à qui fera loüé pour la fatisfaction , & tout ce que fera au Nauire. Eft tenu le marinier faire toutes chofes appartenantes à faire dans le Nauire : comme eft aller au bois, rafer, faire la fartie, s'ayder à barquejar , eftiuer & deftiuer à toute heure que le marchand le commandera, aller leuer d'eauë, mettre dans la Nef les marchands , bref en tout ce qu'eft neceffaire faire en ladicte Nef.

Raifons pourquoy peuuent jetter le marinier, apres qu'il fera accordé.

CHAP CLVI.

Marinier qui fera accordé en nef ou nauire, depuis qu'il fera efcrit & receu, & aura touché la main au maiftre de la nef ou Efcriuain , ne peut demeurer qu'il n'aille au voyage, ny laiffer (fors s'il fe vouloit marier, aller en romeage, ou auparauant euft faict quelque vœu que d'auoir entreprins le voyage) s'il eft auffi homme de valeur, capable pour eftre Nauchier, & vueille eftre patron, peut alors par ces caufes delaiffer , & doit demeurer d'aller au voyage.

De marinier qui s'enfuit. ### CHAP. CLVII.

Marinier qui fera accordé en la Nef ou Nauire, lequel aura iuré feruir, & puis s'enfuit, eft alors permis & loifible au patron de la Nef en mettre vn autre en fon lieu & place. Tel marinier fuyant, eft tenu payer & fatisfaire le furplus que couftera le loüage de celuy qui fera mis en fon lieu & place.

Amende du precedent. ### CHAP. CLVIII.

Suiuant qu'au chapitre precedent eft dict, quand il y aura aucun marinier lequel s'enfuira (apres eftre accordé) eft tenu (quãd le patron de la nef en mettra vn autre) payer ce que gagnera d'auantage tel mis à fon lieu & place. Faut entendre, que le patron peut iceluy faire fuiure (la part qu'il fera trouué) le voy...

& illec le contraindre à luy payer les dommages, interefts & defpens qu'il aura foufferts pour raifon de telle fuite : que s'il n'auoit dequoy, le peut faire prendre & faifir au corps par authorité de juftice, le detenir par emprifonnement iufques à ce qu'il ait fatisfaict tels dommages, defquels font creus à leur fimple parole, parce fut ce chapitre faict & inftitué.

De remocquer autre Nef.　　　CHAP. CLIX.

Encores eft tenu ledict marinier aller remocquer autre Nef ou Nauire (voulant entrer au port) fi le Nauchier le commande, excepté que fuft des ennemis.

De marchandifes trouuées en Mer, & marinier qui va à tant pour milles.
CHAP. CLX.

D'abondant eft tenu le marinier s'il treuue aucune robbe en Mer, ou autre marchandife, la quantité des mariniers foit grande ou petite, ils en ayct vne quatriéme partie. Auffi s'ils la trouuent en Mer foit marchandife ou autre chofe, doiuent y aller lors & quand que le patron le leur commande, & prendre leur part ainfi que deffus, & ledict patron a les autres trois parts : pource qu'il leur donne à manger, & font à fon feruice. Que fi ledit patron louë la Nef à aucun autre, doit iceluy locataire le prendre (dés qu'il fait la defpence) fi tel nolifateur vient à deceder auant que le loüage & voyage foit finy, nõ pour cela moins doit auoir les trois parts que deffus eft dit, & à luy font dónées. Eft encores tenu ledit marinier loüé à tant par mille, fuiure ledict vaiffeau iufques à la fin & bout du monde, n'eftoit qu'il fuft retourné en la terre & port où il auoit chargé, & euft defchargé ailleurs en quelqu'autre part les marchandifes qu'il auoit porté, alors n'eft tenu fuiure ledict voyage. Fut à ces fins le prefent chapitre eftably, fçauoir, s'il efcheoit que plufieurs patrons de Nef fuffent endebtez en leurs pays, & en iceluy n'ofaffent retourner de honte, & crainte qu'ils ont que leur Nef ne foit venduë, & par ainfi voudroient auoir perpetuels lefdits mariniers.

Conditions de patron à mariniers.
CHAP. CLXI.

Le marinier eft tenu, que s'il va en voyage, il ne doit aller finon là où le maiftre de la Nef l'auroit enuoyé, & feront conuenus & accordez de faire ledict voyage : & fi le maiftre de la Nef eft en lieu qu'il puiffe recouurer mariniers, le Seigneur de la Nef ne le peut contraindre ny faire aller au lieu qu'il voudra aller, & fi la Nef eft en lieu que ne puiffe auoir mariniers, les mariniers doiuét fuiure le maiftre de la Nauire, & à ce faire peuuent eftre cõtraints

Oderunt peccare boni virtutus ammore oderunt peccare mali formidine pæne gl. l. in l. 1. ff. de sisti. & iur.

Remocquer eft donner cap.

On entend à la lieüe trois milles.

Et foumentesfois par mefchanceté & malice.

Limitata caufa limitaturam produxit effectum l. in agris communi di acquir.

pourueu qu'ils soient payez (suiuant les voyages precedéts qu'ils auroient faits) & quand la Nef perdroit son voyage , il ne le peut perdre, mais le maistre de la Nef met autre homme sur soy, & ledict marinier n'est tenu depuis qu'il sera dessaisi par le maistre de la Nef.

Marinier est tenu faire le commandement du maistre de la Nef, & du Nauchier.   CHAP. CLXII.

Tous mariniers seront tenus de faire le commandement des maistres & Nauchier de la Nef, & luy doiuent obeyr en tout le seruice qui leur appartient de faire en la Nef ou autre Nef, encore qu'elle soit autre que celle de leur maistre, pourueu qu'ils le commandent.

Du marinier qui fera debat contre le maistre de la Nef.
CHAP. CLXIII.

Encores marinier qui faict question contre le maistre de la Nef ou Nauire, doit perdre la moitié de son salaire, & la robbe qu'il aura en la Nef : Et quand tel marinier sera rebelle,& leuera armes contre le maistre de la Nef,tous les mariniers le doiuent prendre, lier,& le mener entre les mains de la justice, & s'ils ne le veulent prendre,perdront tout le salaire qu'il leur sera deu,ensemble tout ce qu'ils auront dans la Nef,qui sera du procedé & gagné au voyage qu'ils auront faict.

Du marinier qui touche malicieusement,& iniurie le maistre de la Nef.
CHAP. CLXIV.

Encores marinier qui frappera par malice le maistre de la Nef ou Nauire,est declaré parjure & desloyal,doit estre prins au corps & doit perdre ce qu'il aura dans la Nef.

Le marinier doit supporter le maistre.
CHAP. CLXV.

D'auantage , marinier est tenu d'obeyr à son maistre , encore qu'il luy dise iniure , & se courrouce auec luy , & se doit oster de deuāt luy,s'enfuyr à la prouë du Nauire,& se doit mettre du costé de la chaisne, & encores que le maistre y passe,il se doit enfuyr de l'autre part,& si le maistre le suit en autre part,le marinier se peut mettre en deffence,en requerant tesmoignage comme le maistre le suit,car le maistre ne doit passer la chaine.

Le marinier qui sort en terre.
CHAP. CLXVI.

Encores marinier est tenu de ne sortir de Nef, & soy mettre en terre sans parole du Nauchier & Escriuain, encores que le maistre de la Nef luy commande,veu qu'il aura affaire en la Nef.

H 3

LIVRE DV

Marinier qui desrobera ou emportera de la Nef.
CHAP. CLXVII.

Encores, le marinier qui emportera ou desrobera aucune chose de la Nef, doit perdre son loüage, & le maistre de la Nef le doit prendre, & mettre aux seps, & le detenir illec iusques à tant qu'il demeurera en ce voyage, & puis il le peut mettre entre les mains de la iustice si bon luy semble.

Marinier qui iettera viande volontairement.
CHAP. CLXVIII.

Encores aussi marinier lequel de son vouloir iettera viures doit perdre ses salaires & ce qu'il a en la Nef, & demeurera à la correction de patron.

Peine de marinier qui sort de Nef sans licence.
CHAP. CLXIX.

Suiuant que en vn Chapitre qui est cy dessus dict, marinier ne doit sortir de Nef sans licence du maistre, du Nauchier, Escriuain, & de celuy qui demeure dans la Nef, qui aura charge de commãder, mais audict chapitre n'est declaré que tel marinier n'est tenu sortir de la Nef sans congé & licence des maistres & autres, afin qu'ils ne puissent auoir aucũ procés, tel marinier ne s'é doit sortir & aller. Et quand il s'en ira sans licence & congé du maistre ou autres qu'il appartiendra (quand à ladicte Nef viendra aucun dõmage & interest à cause que tel marinier s'en sera allé) ledit marinier est tenu payer tout le dommage , & si tels mariniers n'ont dequoy payer & satisfaire tel dommage , le maistre de la Nef les peut faire mettre en prison entre les mains de iustice, & illec detenir iusques à ce qu'ils ayent satisfait le dommage que la Nef aura prins & soustenu à cause qu'il s'en sera allé dehors de ladicte Nef sans licence de ceux à qui elle appartient. Et si tels mariniers sortent en terre & vont en aucuns lieux, & le maistre de la Nef y sera pour recouurer ses nollis, & pour noleger sa Nef & son Nauire. Par telle raison, le maistre de la Nef sera tenu aller en terre, & par ceste sortie que tels mariniers feront en terre sans licence des maistres & autres, celuy qu'il aura laissé en son lieu là & quãt que le maistre de la Nef ou Nauire perdra le nollit (ou soustiendra aucun dommage : tels mariniers sont tenus de luy payer les nollis qu'il aura perdu) ensemble le dommage qu'il aura soustenu: & si tels mariniers n'ont dequoy satisfaire, doit estre procedé comme dessus est dict, & pour ce a esté faict le precedent chapitre, car en tels Nauires vont souuent mariniers, qui pensent plus sçauoir & valoir que ne faict le maistre du Nauire, les Nauchiers & autres mariniers qui font dans la Nef, & de telles peines doiuent eftre punis tels mariniers fans remiffion aucune.

Le Marinier qui fe defpoüille. CHAP. CLXX.

Encores mariniers ne fe doit defpoüiller (finon que ce foit en port auquel il hyuerne.) Et s'il le fait, par chacune fois doit eftre mis dans la Mer auec la vete del morgonal par trois fois, & de trois fois en là, doit perdre le loüage & la robbe qu'il aura dans la Nef.

La raifon eft aux fins qu'ils foient plus prompts à leurs negoces & pour furuenir aux dãgers.

Le Marinier ne doit laiffer le Nauire, puis qu'il a commencé à le charger. CHAP. CLXXI.

Encores mariniers font tenus de ne partir du Nauire depuis qu'ils ont commencé à charger en lieu de danger fans licence du Patron & Nauchier, & s'il faict le contraire doit payer tout dommage que fouftiendra la Nef par coulpe dudict marinier.

Du marinier qui vend fes armes. CHAP. CLXXII.

En outre . marinier ne doit ny peut vendre fes armes iufques à ce qu'il aye faict le voyage, & s'il fait le contraire, doit demeurer au dire du patron de la Nef ou Nauire.

Le marinier ne doit rien jetter de la Nef fans licence. CHAP. CLXXIII.

Encores marinier ne doit rien fortir de la Nef, qu'il ne le monftre au Gardien, Naucher, ou à l'Efcriuain. Et s'il le faict doit eftre amandé de ce qu'il en apportera, comme la raifon.

Aux fins que les nollis foiét payez, & qu'il n'y ayt diuorce fur la mutation des robbes.
Vt fup. dictum eft.
C'eft à dire affeurer au port & bien ancrer la Nef.

Marinier ne doit coucher en terre. CHAP. CLXXIV.

Encores marinier ne doit coucher (fans licence du maiftre de la Nef) dehors la Nef, & s'il le faict eft declaré parjure.

Marinier doit donner exartie deuant la Nef, ormeyar. CHAP. CLXXV.

Encores marinier eft tenu donner exartie deuant la Nef, & ormeyar y foit le Nauchier ou non, moins ne fera leué de deformeig finon auec commandement.

Le Barquier. CHAP. CLXXVI.

Encores eft tenu le marinier de pofer tous les hommes en terre, & aller defchauffé (& s'il ne le veut faire) faut qu'il paye toute la defpence que l'on y fera & y fera mife.

Siue gardien.

Marinier doit aller au moulin. CHAP. CLXXVII.

Encores eft tenu le marinier que fi le maiftre & Efcriuain le veulent ennoyer au moulin, eft tenu y aller. Et eft tenu faire tout le feruice qu'appartiendra faire à la Nef.

Des armes du Marinier.   CHAP. CLXXVIII.

Encores eſt tenu le marinier de mettre les armes qu'il aura accordées dans la Nef : & s'il ne les y met, le maiſtre de la Nef en
peut acheter ſur ſon ſalaire qu'il gagnera, ſans volonté du marinier, & l'Eſcriuain y peut, & faut qu'il y ſoit.

Mariniers ne doiuent delaiſſer la Nef.

CHAP. CLXXIX.

Mariniers ne doiuent delaiſſer la Nef, dans le temps qu'auront
à demeurer au voyage, & tout ainſi que la Nef ou Nauire gagnera
de nollis, aux mariniers doiuent croiſtre leurs ſalaires.

Mariniers doiuent deſſorrar & ſorrar, charger & deſcharger.

CHAP. CLXXX.

Mariniers ſont tenus de ſorraſ & deſſorrar, là où la Nef com-
mencera à charger & eſtiuer, les robbes & autres choſes, auec la
Barque ou Barques de la Nef ou Nauire. Et puis apres là où la Nef
fera port, deſcharger les marchandiſes des marchands. Comme
ſont coffres & armes, & ſorrar la Nef & deſſorrar, charger & eſtiuer toutes les choſes qu'ils auront chargées & noliſées, & ſe deſchargera ladicte Nef là où les mariniers doiuent eſtre hors de ſeruice, ny ailleurs ſoient tenus deſcharger ny deſſorrar, ſi ce n'eſt de
la Nef, ormeyar auec commandemét du maiſtre, tirer les entennes, timons en terre, & le fer en terre & en mer, & puis apres, puis
qu'ils aurőt fait le ſeruice que deſſus eſt dit, ne ſont tenus de faire
autre choſe.

Mariniers doiuent tirer Nauire.

CHAP. CLXXXI.

Encores eſt tenu le marinier, quand le maiſtre de la Nef veut
mettre le Nauire en fonte pres de luy ayder à ormeiar, & quand
ne luy voudra ayder, eſt tenu luy payer les dommages qu'y pourroient eſtre, à cauſe qu'il ne luy aura aydé.

Si le marinier eſt enuoyé par le maiſtre de la Nef, & eſt prins.

CHAP. CLXXXII.

Si le maiſtre de la Nef a enuoyé quelque marinier en aucun
lieu, & il eſt prins, ou luy eſt faict aucun dommage, ſi tel marinier
eſt prins, le maiſtre du Nauire eſt tenu le redimer & rachepter,
pourueu qu'il l'enuoye loin plus de mille milles de la Nef) & qu'il
ſoit en lieu douteux, & s'il eſt prins des Corſeres par force, le maiſtre de la Nef eſt tenu de bailler ſon loüage ainſi comme s'il auoit
ſeruy ſon voyage. Encores eſt tenu le marinier de faire tout commandement de tout homme que le maiſtre de la Nef mettra au
lieu de celuy qui ſera prins pour le voyage.

La Nef loüée à certain prix, à quoy font tenus les mariniers.

CHAP. CLXXXIII.

Maiſtre de la Nef ou Nauire eſt tenu le loüer à eſcrire, & à ce qu'ils feront conuenus il faut qu'ils s'accordént , & conuiennent de ce qu'il luy voudra donner , & ſi le logataire eſt trompeur , & les mariniers s'accordent auec luy, & celuy auec lequel ils aurōt accordé ne les paye , le maiſtre de qui fera le Nauire ne leur eſt de rien tenu (ſinon que luy meſme aye nolliſé le Nauire & mariniers , ou marchand.) Et s'il s'en desfait & le baille à vn autre à eſcar, alors le maiſtre du Nauire eſt tenu de tout dommage , tant aux mariniers qu'aux marchands, ſinon que les mariniers ſe contentēt de celuy qui aura prins le Nauire à eſcar, & ſe deſſaiſiſſent de l'autre. Et ſi les mariniers ont aucune choſe conuenu auec le maiſtre de la Nef, du Nauire, d'autre voyage, d'aller & courir auec luy n'eſt tenu y aller. Et afin que tout homme ſe garde de bailler tels Nauires à loüage depuis qu'il aura noliſé , eſt tenu aux mariniers de tous dommages, & de les payer, quand l'autre patron luy aura prinſe la Nef à eſcar ne les payera , pourueu qu'il ſoit ainſi qu'ils auroient accordé , & quand le locataire auroit acheté rien qui faſſe beſoin au Nauire , quand le voyage fera faict le pourra recouurer, pourueu que ce ne ſoit les viures.

Eſcarre, c'eſt à dire à vn prix certain.

Arg. d. §. 2, inſt. in prophe. in verb. calumniantium

Modo ſint vtiles & neceſſarie, imponſ. à arg. ti. & l. 1. de impenſ. in reb. dot.

Le patron qui promet porter ce qu'il ne peut.

CHAP. CLXXXIV.

Maiſtre de Nef ou de Nauire qui promettra à vn Marchand de charger quantité de marchandiſes, & ne le pourra faire : tel maiſtre de Nef eſt tenu de bailler aux marchands vn Nauire qui ſoit auſſi bon comme le ſien, pour faire le voyage qu'il aura commancé : & s'il couſte d'auantage, il eſt tenu payer le plus entreprenant ou non, & eſt tenu de tenir ce qu'il leur aura promis : car il y a beaucoup de patrons qui font leurs Nauires plus grands qu'ils ne ſont.

Caxius igitur eſt negotiandū. d. l. in ciuilem.

De celuy meſmes. CHAP. CLXXXV.

Maiſtre de Nef ou Nauire qui noliſera ſa Nef aux marchands, & leur promettra de charger plus de marchandiſes qu'il ne pourra : le maiſtre eſt tenu aux marchands de leur porter ce qu'il aura promis, & s'il ne leur portent, ils leur peuuent rabbatre du prix qu'ils auront accordé auec le maiſtre de la Nef, de la marchandiſe qui ſera ja chargée, pour le dommage & intereſt de celle qui demeurera : & pource fut faict ce preſent chapitre.

Vt qui ſuccedat alterius loco.

I

De la marchandiſe qui ſe gaſte ſur la couuerte.
CHAP. CLXXXVI.

Maiſtre de Nef qui noliſera la Nef à marchand, à eſcar ou à quintaux, ſi le maiſtre de la Mef met ou porte aucune marchandiſe deſſus couuerte, ſans le ſceu & volonté des marchands, & telle marchandiſe qui ſera miſe ſur couuerte ſe gaſte, & que ſoit eſcrite au cartulaire, ſi telle marchandiſe ſe gaſte, les marchands n'en ſont en rien tenus, car ils ne ſont cauſe qu'il l'aura miſe ſus ladicte couuerte, mais le Sieur de la Nef eſt tenu de payer toute la marchandiſe que par raiſon de ce que deſſus ſera perduë & gaſtée à celuy à qui elle appartiendra. Et quãd le maiſtre de la Nef n'aura dequoy payer & ſatisfaire, peuuent faire vendre la Nef: à ces fins ſans qu'aucun creancier y puiſſe en rien contredire (ſauf

leurs mariniers pour leurs ſalaires) & ſi la Nef ne ſuffiſt & auoit d'autres biens, doiuent eſtre vendus iuſques à ce que le marchãd ſoit entierement payé & ſatisfaict, mais les perſonnes ne ſeront tenus ſinon de leur cotte qu'auront en la Nef. Et ſi le marchand dict au maiſtre de la Nef qu'il mette les marchandiſes & robbes la ou il voudra, & que cela ſoit eſcrit, ou bien il y aye teſmoins, & qu'ils n'en prennent aucun dommage, mais le cartulaire doit eſtre creu: & ſi le maiſtre de la Nef prend aucune marchandiſe & ſe perde ou gaſte, elle doit eſtre perduë à celuy de qui elle ſera, &

les maiſtres de la Nef ne ſont tenus d'en faire aucune ſatisfaction quand aucune marchandiſe y ſera miſe en la forme que deſſus eſt dict, & le marchand de qui elle ſera, eſt tenu de payer les nollis au maiſtre de la Nef en la forme & maniere qu'ils auront accordé, enſemble les auaries qui ſont faictes à cuuſe de ladicte marchandiſe. Et pource a eſté faict le preſent chapitre, pource que le maiſtre de la Nef ne doit leuer aucune choſe ſur couuerte, ſinon l'exercice, & ſa compagnie qui y ſera de beſoin & neceſſaire.

De la marchandiſe miſe fraudeleuſement, & ce qui en doit eſtre faict en cas de jet.　## CHAP. CLXXXVII.

Marchand ou marchands qui noligeront grand quantité de marchandiſes au maiſtre de Nef ou Nauire, telle quãtité de marchandiſes fera enregiſtrer aux inſtrumeuts en forme de cartulaire, comme s'il y a mille quintaux faut enregiſtrer mille quintaux, ny plus ne moins le maiſtre de la Nef eſt tenu de la mettre dedans la Nauire, & s'il ne l'y peut mettre, eſt tenu & obligé aux marchands qui auront noliſé, tout ainſi que deſſus eſt contenu, & ſi marchand ou marchands ont nolliſé auec le maiſtre de la Nef ou Nauire de deux cens quintaux, moins ou d'auantage, & le

maiſtre de la Nef n'en aura faict inſtrument ne billette qui ſoit
eſcrit au cartulaire de la Nef, & les teſmoins n'auront ouy ſinon
de mille quintaux, ſi à telle Nef ou Nauire luy venoit de fortune
qu'il falluſt qu'il jettaſt ou autrement aucune marchandiſe, tellement que le maiſtre de la Nef puiſſe prouuer ou mõſtrer que tels
marchands ayent mis plus de marchandiſes dans le Nauire qu'ils
n'auront nolliſé ou ne ſera enregiſtrée, ſi la Nef faiſoit aucun jet
ou ſuruenoit aucun dommage à cauſe de ladite marchandiſe qui
fraudeleuſement ſera miſe dans la Nef, tels marchands qui l'auront ainſi faict ſont tenus rendre le prix legitime d'icelle au maiſtre de la Nauire, & tout le dommage que pour raiſon de ce auroit
ſouſtenu, & ſi toute l'autre marchandiſe qui ſera dans la Nef n'e-
ſtoit ſuffiſante pour ſatisfaire le dommage quelle aura jetté, ſi le
marchand auoit d'autre bien il doit eſtre vendu pour ſatisfaire
tout le dommage qu'à cauſe d'eux il auroit ſouſtenu, & ſi tous les
biens de tels marchands ne ſuffiſoient à payer les dommages que
aura porté ladicte marchandiſe, doiuent eſtre prins au corps, &
tenir priſon iuſques à ce qu'il aye ſatisfaict au maiſtre de la Nef le
dommage, à cauſe que telle marchandiſe ſera la cauſe que ledict
jet ſera faict : & ſi le patron trouue au deſcharger de la Nef ladite
marchandiſe qui ne ſoit nolliſée, le peut mettre en juſtice & ſe
doit faire partie, tellement que la tierce de ladicte marchandiſe
luy appartient, & auſſi les perſonniers de ladicte Nef doiuét auoir
leur part en tel tiers à l'eſgal de la part qu'ils auront au Nauire, &
l'autre tiers ſera donné pour l'honneur de Dieu, & en faire dire
des Meſſes. Et ſi le maiſtre de la Nef veut faire grace à tels marchands, & qu'ii ne la mettent en poyuoir de juſtice, il en doit prẽ-
dre le nollis qu'il luy plaira, ainſi qu'eſt dict à vn chapitre que deſſus eſt eſcrit, & pource tout marchand ſe doit garder de mettre
robbe ou marchandiſe qui ne ſoit noliſée en aucune Nef.

Comme ſe doit r'equipper la Nef nolliſée à eſcar.

CHAP. CLXXXVIII.

Nef qui ſera noliſée par marchands à eſcar, doit ſuiure le voyage ainſi comme dedãs l'inſtrument ſera contenu, & ſi par aduenture la Nef ou Nauire demeuroit tãt en voyage qu'il ſoit neceſſai
re la requiper, ou qu'elle aye meſtier d'exercice, ou que le ſien ſoit
conſommé du tout en partie, le patron n'eſt tenu donner cas, ne
rafraiſchir exercice, puis qu'il a accomply vne fois l'accompliſſement d'exercice, & le maiſtre du voyage qui aura fourny, peut recouurer l'exercice quand le voyage ſera faict, & le patron de la
Nef ne le peut retenir.

Du temps que demeure la Nef nollisée à prix certain.
CHAP. CLXXXIX.

Si Nef ou Nauire est nollisée à escar pour temps deputé, si les marchands la tiennent demeurant en tel voyage, passé le terme, les marchands seront tenus payer à la Nef ou Nauire à l'egal du temps qu'ils auront demeuré, & si les marchans veulent faire aucun voyage, doiuent commencer & faire autre marché auec le maistre du Nauire.

De Nef nolisée à quintaux, s'il y faut exercice.
CHAP. CXC.

Nef ou Nauire qui soit nollisée à quintaux, & y faut exercices, comme sont arbres, ancre, timons, le maistre de la Nef en doit achepter s'il vient en lieu qu'il en puisse trouuer à prix commun. Et est à sçauoir que le maistre de la Nef est tenu de payer prix à deux prix, venant à la tierce partie d'où il est party. Et si pour les prix il n'é pouuoit trouuer, sçauoir est qu'il coustast deux fois autant qu'il valloit en son païs, n'est tenu d'en achepter : & s'il en achepte & couste deux fois plus que le prix dessusdict : les marchands doiuent payer de leur propre mesme le surplus par sol par liure, ou par besans de toute la marchandise, & si cas estoit qu'ils eussent gasté aucune entenne ou autre bois auant qu'en eussent achepté aucune, lesdits marchands seront tenus payer ladicte entenne, veu que ce que dessus auoit esté gasté, ou autre chose necessaire à leurs propres despens.

De la Nef qui ne pourra faire le voyage qu'elle a entreprins par empeschement de justice. ## CHAP. CXCI.

Si Nef ou Nauire par aucune chose ou autre condition, aura aucun empeschement par iustice ou autrement, n'ose aller là où le voyage seroit accordé & commandé, & le maistre de la Nef, & le marchand trouueront autre lieu pour faire port, si le lieu estoit plus loin que le lieu ou l'empeschement estoit ou vouloient aller de cent cinquante mille : les mariniers doiuent suiure tel voyage, & leur salaire leur doit estre augmenté, si cas est que la Nef creust le nollis par lesdits cent cinquante mil, autrement non : & si la Nef ne croit son nollis, aussi le salaire des mariniers ne doit estre augmenté. Encore d'auantage, si la Nef pour ledict empeschemét auoit à demeurer en aucun lieu pour descharger, suiuant que la Nef gagnera de nollis, les mariniers gagneront de salaires en la forme & maniere mesme.

Si la Nef par empeschement de Seigneur ou de Iustice ne chargera & s'en ira en autre lieu.   CHAP. CXCII.

Si marchands nolisent aucune nef ou nauire pour charger en aucun lieu, & quand ils seront audit lieu auec la nef là où ils doiuent charger, & y auroit empeschement du Seigneur ou de justice, que personne n'osera charger en terre aucune marchandise si le marchand ou le maistre de la nef sçauét autre lieu pour charger, & s'ils sont ainsi d'accord, les mariniers sont tenus d'y aller sans y pouuoir contredire. Et si les marchands ne doiuent d'auantage de nollis au patron, pareillement n'est tenu augmenter les salaires aux mariniers, soit deuant ou apres qu'ils ayent chargé. Mariniers estans empeschez ensemble les marchands, ou que la nef fust chargée toute ou en partie y viendra empeschement, & les marchands ne pourront acheuer de charger la marchandise de tel lieu, & encores y aura de la marchandise qui sera acheptée qui demeurera, & les maistres de la nef & marchands cognoissét qu'ils ne se peuuent empescher, & si le patron de la nef vouloit demander nollis des mesmes qu'il fera aux marchands, lesdits marchands ne seront tenus payer aucuns nollis au marchand, ny partie d'iceluy, car ce n'est leur faute, & tel empeschement vient souuentesfois de Dieu & de justice. Quand tel empeschement vient, le maistre de la nef ne peut rien dire ny demander, & si les mariniers demandent loüage au maistre de la nef n'est tenu de leur payer, veu qu'il ne gagne aucun nolis, combien que les mariniers y ayent prins grand peine, veu & attendu que le maistre de la nef y prend plus de dommage qu'eux. Mais les marchands sont tenus payer au patron de la Nef la moitié des frais & mises qu'il fera, & à ce faut qu'il soit creu auec son serment, & si auant qu'ils fissent tel nollisemét, ils sçauoient qu'il y fust suruenu lesdits empeschements. Et pource que tous sçeussent que tel empeschemét leur deuoit aduenir quand il seroit au lieu là où il deuoient charger, & qu'ils ne peussent acheuer de charger, tels marchands ne seront tenus de payer au maistre du Nauire pour la demeure qu'il pourroit auoir faict aucun dommage: car le patron de la Nef y alloit aussi bien pour faire son profit, comme le marchand qui vouloit charger: mais si les marchands sçauent l'empeschement auant qu'ils facent aucuns nollis de Nauire, & le maistre de la nef ne le faict s'il ne luy peut prouuer qu'il n'estoit point aduerty du dommage & empeschement, ains n'en aduertissent le patron, les marchands seront tenus de payer à tel patron tout le nollis ensemble tout le dómage & interest. Tout ainsi est aussi tenu payer ledict patron aux mariniers leurs falaires & dommages qu'il leur auoit promis , auffi bien comme s'ils auoient faict tout le feruice du voyage & entierement , tout ainfi les marchands payeront le nollis au patron: car s'ils n'en payent que la moitié audict patron, il n'eft auffi tenu payer aux mariniers, finon ainfi qu'il receura ledict nollis : & fi le maiftre de la nef fçauoit ledict empefchement auant qu'il nolifaft auec les marchands , & les marchands ne le fçauent, & ainfi le peuuent preuuer : le maiftre de la nef eft tenu aux marchands, quands ils feront allez pour charger à l'adueu dudict patron, leur payer tous les defpés dommages & interefts que les marchands auront fouftenu, à caufe que le patron ne leur aura declaré l'empefchement qui eftoit au lieu là où il alloit charger, enfemble auffi le falaire aux mariniers, pourueu qu'ils ne fçeuffent que l'empefchement eftoit au lieu là où ils eftoient allé charger, mais s'ils fçauoient qu'il y euft ledict empefchemét, le maiftre du nauire n'eft tenu leur payer leur falaire , & auffi fe doit faire aux moins de frais que faire fe pourra.

Patron qui nolifera à efcar, comment eft tenu aux mariniers.

CHAP. CXCIII.

Maiftre de nef ou nauire qui aura loüé à l'efcar à quelque perfonne, le maiftre de la Nef fe doit garder auec aucune qu'il nolifera qu'il puiffe payer les mariniers, car s'ils perdoient leur loüage qu'il fuft trompeur, qu'il fe trouuaffe pluftoft auec vn marchand qu'auec vn homme de bien, & que le maiftre de la Nef cogneuffe qu'il y auroit tromperie quand noliferoit fon Nauire auec aucune perfonne, & quand les mariniers auroient feruy certain temps, il fe perdroit & fe tiendroit caché , à caufe de ce le marinier perdroit fon temps, pource qu'il feroit en doute pour le Nauire, fi tel perfonnage patron de Nef s'enfuit ou meurt, le Nauire eft tenu de payer les mariniers tout ainfi qu'ils auront feruy, & s'il ne treuuent autres biens locataires , le Nauire doit eftre des mariniers, puifque s'en fera fuy, ou mort ou caché , & fi le maiftre de la Nef l'auoit faict par tromperie, & tel homme mouruft, celuy qui prédra la Nef eft tenu de payer les mariniers.

Comment patron ne doit demeurer d'aller en voyage finon pour
certaines chofes.   ## CHAP. CXCIV.

Maiftre de Nef ou Nauire , quand il aura nolifé auec aucun marchand ou autre, qui peut refter qu'il n'aille au voyage en propre perfonne, s'il n'en prend au cómencement quand ils feront le pacte de nollis de la Nef auec les marchands, & s'il demeure qu'il n'aille au voyage fans confentement & volonté des mariniers, il

est tenu de bailler & restituer aux marchands les dommages &
interests qu'ils soustiendront quand il ne sera au voyage auec les
marchands comme il leur aura promis, & si tel patron demeure
auec licence & consentement des marchands, n'est tenu d'aucun
dommage, mais le patron est tenu mettre en son lieu vn homme
suffisant qui leur tienne tel pache qu'il leur aura conuenu & accordé, & faut quand tel patron y sera mis qu'il soit cogneu du
Nauchier, & que le Nauchier soit tenu aux marchands, suiuant le
pacte qu'il leur aura faict, si l'homme qui sera mis au lieu du
patron qui sera demeuré, s'il est suffisant de tenir le lieu du maistre de la Nef, & s'il n'est suffisant, le maistre de la Nef est tenu d'y
en mettre vn autre. Et pource, le maistre de la nef se peut abste-
nir de n'aller en tel voyage, autrement non. Et aussi se peut absté-
nir d'aller en voyage par autre raison, pour prendre femme en
mariage, & aussi pour aller en pelerinage, & que iceluy l'eusse promis le faire auparauant que d'aller audict voyage, & s'il est aussi
empesché pour aucun Seigneur ou justicier, autrement ne peut
estre excusé d'aller en voyage, s'il n'est dispensé par les marcháds:
car beaucoup de marchands nolisent leurs marchandises pour
grande acte qu'ils auront auec le maistre de la nef ou nauire, &
pource qu'il sera tenu & reputé homme de bien. Car si tel marchand sçauoit que le patron n'allasse en voyage, & n'eusse faict
pacte ny accord auec luy, il se fusse retiré à vn autre.

De Nef par fortune ou autre accident, contrainct mettre en terre.

CHAP. CXCV.

Nauire ou nef qu'aye touché terre par fortune de mauuais
temps ou par autre raison, le maistre de la nef ou nauire doit dire
& manifester en tel point, en presence & oyant l'Escriuain, le
nauchier & mariniers, & leur dire en ceste qualité. Messieurs
nous ne pouuons garder que ne touchions en terre, & qu'ainsi
la nef aye veu que la nef alle nas sur les auros, & les auros sur la
nef, que si les marchands accordent tous, ou la plusgrande partie,
& si la nef va en terre & se rompt, ou prenne aucun autre dommage, en tel cas doit estre mis prix auant que ladicte nef ou nauire prenne aucun dommage, & entre les marchands de qui la
marchandise sera sauuée, & entre le maistre de la nef ou nauire se
peuuent aduenir & accorder, sans procés de la valeur pour raison
du payement de la nef ou nauire que tel dommage aura soustenu,
& s'il ne s'en peuuent accorder, se doiuent remettre à deux hommes de bien de l'art de la marine, & en doiuent demeurer à leur
dire, & payer ce que par eux sera dict. Et si telle nef ou nauire se

rompoit,& que la marchandiſe qui ſera dedans ſe ſauue , ou celle
qui ſera ſauuée,doit payer au maiſtre de la nef ou nauire tout le
prix qu'entre eux ſera aduenu & accordé,tout ainſi que ces deux
hommes auroiét cogneu & condamné,& toute l'excerce, & tout
ce qui ſe ſauuera de la nef ou nauire,doit eſtre apprecié & mis à
prix,& doit eſtre deſſein du prix que ſera eſtimée la nef qui aura
eſté rompuë,& comparant auec le prix de la marchandiſe qui ſera
venuë à ſauuement,tout ainſi que leſdits deux hommes condamneront & verront eſtre iuſte, & le maiſtre de la nef doit receuoir
le prix que ſera venduë la nef, il faut qu'elle ſoit venduë & inquantée,& deliurée au plus offrant : toutesfois le prix qui ſera en
ladicte nef faut qu'il ſoit baillé au maiſtre de ladicte nef, & telle
nef ou nauire n'eſt rompuë, mais prendra coup qui luy portera
dommage, par leſdicts preud'hommes ſera auſſi éualluë le dommage qui ſera faict par ſol & par liure auſſi, comme la marchandiſe qui ſera ſauuée , & pource le maiſtre de la nef dira qu'il les
doit auoir ſur les auoirs & marchandiſes qui ſeront ſauuées,ſi ainſi les marchands accordent,qu'il prendra ſur les marchandiſes
qui ſeront ſauuées tout le dommage que prendra la nef quand
elle ſe mettra en terre luy doit eſtre payé, & pource le maiſtre de
la nef n'eſt tenu rien mettre, pource que ſa nef ne ſera agermade
auec les marchandiſes, ſi la nef ſe rompt & les marchands l'ont
ainſi accordé,doit eſtre payé des marchandiſes qui ſerõt ſauuées
ainſi qu'eſt dict cy-deſſus, & pource les marchands doiuent dire
& manifeſter au maiſtre toute la quantité des marchandiſes qu'ils
y auront , afin que celles qui ſeront perduës doiuent eſtre comptées auec celles qui ſeront ſauuées au ſol & liure,veu & attendu
que le maiſtre de la nef eſt tenu y mettre tout le prix qu'il aura eu
de la nef pour payer les marchandiſes qui ſeront perduës au ſol
& liure,auec celles qui ſeront miſes à ſauuement , & encores que
la nef n'euſt aucun marchãd,le maiſtre du nauire peut eſtre maiſtre & marchand,pourueu qu'il faſſe ce qu'il fera auec conſeil des
Nauchier,Eſcriuain & Mariniers,& ſi ainſi l'a fait,le tout aura autant de valeur comme ſi les marchands l'auoient faict, & y auoiét
eſté preſents.

De Nef chargée qui va en terre.
CHAP. CXCVI.

Si aucun maiſtre de nef ou nauire a chargé ſeſdictes nauires ou
nef de marchandiſe,& certains marchãds auront entreprins d'aller deſcharger à certain lieu,& le marchand de telle marchandiſe
ſera allé à tel voyage,viendra le cas de fortune que la nef s'en ira

en terre,

en terre, & fi elle fe rompt ou fe faict aucun dommage, doit eftre
payée & fatisfaicte ladicte Nef, & du dommage qu'elle aura s'il eft
entreprins auant que la Nef vienne à terre, & fi le maiftre du Nauire demande le nollis luy doit eftre fatisfait, fi aucune marchandife s'eftoit fauuée, & fi aucune chofe n'eftoit fauuée, ne luy doit
eftre payé aucun nollis, finon fuiuant la quantité de la marchandife qui fera fauuée à fol pour liure, & le maiftre de la Nef ne doit
demander nollis finon de la marchandife qui fera fauuée, & auffi
n'eft tenu à ayder à amander la robbe & marchandife qui fera
perduë, puis qu'il n'en receura aucun nollis , finon qu'entre les
marchands & maiftre du Nauire l'euffent autrement accordé, que
quand viendroit tel cas de fortune, comme deffus eft dict, & fi
ainfi l'ont conuenu & accordé par pache exprés , que tels marchands demeureront à tout dommage qui pourroit aduenir audict Nauire, lors le maiftre du Nauire peut retenir de la marchandife pour luy eftre fatisfaict ce que luy auront promis , & fi telle
marchandife luy fouffre, n'eft tenu de prédre aucune autre marchandife, ne prendre formances finon que foit de fon vouloir, &
vueille faire grace aux marchands.

Du defcharger par bonnace & auec fortune.

CHAP. CXCVII.

Si aucune Nef vient à defcharger en aucun lieu, & vient bonnace, ou auec fortune, fi la Nef vient auec bōnace & en defcharge ce mefme iour vne grande quantité de la marchandife qui
fera chargée, & auroient lefdits mariniers & patrons bon marché
de gens, & la nuit aduenant ou le iour mefme, mettre temporal, &
le lendemain coufteront à defcharger plus de la moitié ou les
deux parties, que ne faifoit le iour qu'ils auront commencé à defcharger, les marchands, defquels fera telle marchandife qui aura
efté defchargée à bon marché , ne font tenus de rien payer au
maiftre marchand, de qui fera la marchandife qu'ils defchargerōt
qui fera plus cher que la leur , fi entr'eux ne l'auoient accordé
auant que venir à defcharger: parce que chafcun marchand doit
prendre fon aduantage fi bon luy femble. Encore d'auantage, lors
que la Nef fera defchargée d'vne quantité de marchandifes , fi le
temporal fe leue, tel que la marchandife qui fera demeurée à defcharger : de telle marchandife qui reftera n'eft tenu d'en rien
payer fi aucune fe perdoit, fi les marchands ne font conuenus &
accordez de s'ayder l'vn à l'autre , & fi en la Nef y auoit aucun
marchand, le maiftre de la Nef meflera l'vne auec l'autre , & le
tout doit eftre tenu faict comme fi les marchands y eftoient, ou

tout ainſi comme ſi la marchandiſe eſtoit toute d'vn marchand,
puis qu'il l'aura en commande , & ſi la Nef ou Nauire ſe perdoit,
ou print aucun dommage, les marchands feront vnir la Nef auec
la marchandiſe qui ſera perduë, enſemble l'autre qui ſera demeurée afin de payer les dommages de l'vn & de l'autre qui plus en
aura ſouffert, ſuiuant le pache & accord qu'ils auront conuenu &
acordé enſéble, & s'il n'y a aucū accord de ce qui aura eſté perdu
ſera perdu, ſi la Nef n'eſt à aucun marchand : le patron de la Nef
gouuernera auec le conſeil du commun de tout le Nauire ou plus
grande partie d'iceluy, & tout ce qui aura eſté faict auec telle deliberation, doit eſtre tenu tout ainſi que ſi les marchands de la Nef
y fuſſent eſté preſens, pourueu qu'il en ayt vſé cōme vn bon pere
de famille, faict de ſa marchandiſe propre.

De marchandiſe moüillée par faute des Barquiers.

CHAP. CXCVIII.

Barquiers ou ieunes hommes de riuiere qui chargeront oū defchargeront Nef ou Nauire, doiuent charger & deſcharger bien et
diligemment , afin que la marchandiſe ne ſe puiſſe moüiller ny
gaſter par faute des mariniers : & ſi par tel defaut ſe baignoit ou
gaſtoit, les mariniers ou maiſtre de la Nef ſont tenus ſatisfaire aux
marchands tout le dommage qu'aura ſouffert , pourueu que ce
ſoit par leur faute. Encore d'auantage, ſi chargeant ou deſchargeant aucune marchandiſe, la priſe du faix & balle ſe rompt & demeure dedans les mains, s'ils preuuét que par telle faute les marchandiſes, balles, fardeaux ſoient gaſtées ou baignées , ceux qui
deſchargeront telle marchandiſe (pourueu qu'il ſoit ainſi) ne ſont
tenus payer au marchãd de qui elles ſeront aucun dõmage, pourueu que ce ſoit à faute des choſes deſſuſdictes : & ſi en chargeant
ou deſchargeant aucun fardeau ſe baigne ou ſe gaſte par la faute
deſdits patron & mariniers , ils ſont tenus payer & ſatisfaire aux
marchands tel dommage, les rembourcer des pertes des marchandiſes qu'à cauſe de ce ils auront ſouffert : & ſi tels patrõ, barquiers, mariniers, ou autre qui deſchargeront telle marchandiſe
n'ont dequoy ſatisfaire à tels dommages & intereſts, pourrõt eſtre
par les marchands pourſuiuis & mis entre les mains de la juſtice,
& mis en priſon iuſques à ce qu'ils ayent entierement deſdom-
magé ceux qu'il appartiendra : car tel patron prend auſſi bonne
partie du grand, comme le marchand. Et par ainſi faut qu'il demeure tant au dommage qu'au gain , enſemble ceux qui auront
deſchargé par ellieuëment, doiuét demeurer à la perte qui ſe fera
comme le patron : car tout homme qui deſchargera ſe doit con-

tregarder auſſi bien que les autres, & ſi ceux qui deſchargeront
telle Nef, faut qu'ils ſoient tenus au maiſtre de la Nef, ou à celuy
qui leur donnera la charge de deſcharger telle Nef, des dommages qu'ils pourroient faire à ladicte marchandiſe en la deſchargeant par leur faute.

De Barquier qui prendroit charge de charger ou deſcharger
Nauire ou Nef.

CHAP. CXCIX.

Si aucun Barquier ou homme de riuiere a charge de charger ou deſcharger aucune Nef à preſent eſcar, il eſt tenu de bien
& deuëment charger & deſcharger le plus promptement que
faire ſe pourra, & ce faiſant le maiſtre de la Nef, marchands & autres ſont tenus leur payer ce qu'ils leur auront promis, ſans rien
contredire. Et ſi aucun deſdits Barquiers ſouſtenoit aucun dommage à faute d'eſtre payez, ſeront releuez de tous dommages &
intereſts: & au cõtraire leſdits Barquiers ſont tenus de leur payer
le dommage qu'ils pourront auoir, à cauſe qu'ils n'auroient chargé & deſchargé ſuiuant leur accord & promeſſe, & ſi le maiſtre
de la Nef les y met, eſt tenu luy meſme de tous dommages que
les marchands pourroient ſouffrir par faute des Barquiers, &
ſont tenus ſatisfaire, pource doiuent eſtre pourſuiuis & mis en
priſon par authorité de juſtice, iuſques à ce qu'ils ayent ſatisfaict
tout le dommage qu'ils auroient faict, en chargeant & deſchargeant leſdictes Nefs & Nauires.

De Nef ormegée premiere ou derniere.

CHAP. CC.

La Nef eſtant ormegée en port ou en plage, en coſte ou en autre lieu, tout autre Nef qui viendra arriuer aupres d'elle, ſe doit
ormeger en façon & maniere qu'elle ne faſſe aucun dommage à
celle qui ſera premierement ormegée, & s'il luy faict aucun dommage la derniere Nef venuë, ou le patron d'icelle, eſt tenu luy
payer le dommage qu'il en aura ſouffert, ſauf ſi celle qui apres
ſera entrée par fortune de mauuais temps ne puiſſe ormeger ſans
aucun dommage à la Nef qui premierement ſera arriuée: l'autre
Nef en tel cas n'eſt tenuë luy payer aucũ dõmage, pourueu que
ſoit faict ainſi comme dict eſt par cours de mauuais temps: & s'il
y auoit aucun dommage, tels dommages doiuent eſtre remis à
deux hommes de l'Art de la Marine, leſquels en doiuent dire ſui- Confalendi po-
uant Dieu & conſcience, & les patrons deſdictes Nefs doiuent titiores in arte.
demeurer à leur dire, & payer ce que par eux ſera cogneu ſans
contradiction.

K 2

De cela mefmes.   CHAP. CCI.

Nauire qui premierement ormegé en plage ou en autre lieu
fouffre quelque perte ou fraction par celle qui arriue apres, la feconde eft tenuë le reparer : eft toutesfois à entendre , que fi la
premiere n'auoit remué l'ancre, ains qu'elle la remuaft apres que
l'autre auroit entré, alors fi quelque dommage luy furuient , elle
n'en peut eftre defdommagée que de partie. Et ce à caufe qu'elle
aura changé l'ancre & dedans & dehors, tout ce dommage eftant
rapporté à l'aduis des experts , qui felon leur confcience le de-
partiront bien & deuëment, car ce n'eft pas raifon que les parties intereffées en foient creuës. Mais fi la Nauire premierement
ormegée ne change l'ancre, ny dedans ny dehors , la feconde luy
eft tenuë de tout le dommage qu'elle luy aura fait : plus fi la Nauire dernierement entrée & ormegée , depuis qu'elle fera ormegée, change l'ancre, & eft au prealable tenuë à la premiere du dõmage qu'elle aura fouffert pour le changement de l'ancre, autrement ne luy eft aucunement tenuë, encore qu'elle entraft ou plus
auant, ou fe retiraft plus arriere : bref s'il eft arriué quelque defa-
ftre à la premiere sãs la faute de l'autre, elle n'en eft tenuë. Et fut
faict ce chapitre afin que chacun regarde diligemment ce qu'il
faict en ormegeant, & afin que par imprudence ny l'vn ny l'autre
ne puiffe auoir debat ny controuerfe.

De ormeger.   CHAP. CCII.

Si vne Nef ou deux, ou quantité de Nauires entrent en port en
efparmol, ou en plage, ou en autre lieu , & entrent enfemble , &
chafcun ormegera de foncofté, fe doiuent tant efloigner l'vne de
l'autre qu'elles ne fe puiffent faire dommage : & fi par aduanture
fe leuoit mauuais temps eftant en ce lieu, chacune d'elles doit ormeger tout bellemét, afin que perfóne ne faffe aucũ dõmage : d'a-
uãtage, fi par aduãture elles eftãt en ce lieu durãt le mauuais tẽps,
quelqu'vne de ces Nefs n'auroit exercice qu'vne heurtaft l'autre,
faut regarder fi la Nauire auroit faict tout fon pouuoir, que l'exercice luy fuft failly, alors s'il leur enfuiuoit quelque dommage , il
n'eft tenu d'en payer aucun dommage , veu qu'il auoit faict fon
pouuoir : joint que l'exercie qui a manqué eftoit bõne & fuffifante pour tel Nauire, voire pour vn autre plus grand , n'eft tenu en
rien : au contraire fi le patron auoit manqué de diligéce & deuoir
garentir le dommage furuenu, ou que fon equipage ne fuft duisãt
pour tel Nauire, ou pour vn de moindre charge, il eft tenu de fatisfaire & defdommager le Nauire intereffé par telle faute : car
tout patron doit fçauoir les chofes neceffaires à fon eftat , & y

prendre garde en temps & lieu pour se sçauoir preualoir & ne faire dommage à aucun en ormegeant: maistre de nauire doit aduf-
fer à son faict qu'il ne porte dommage aux autres.

De l'Estiue des bouttes.   CHAP. CCIII.

Maistre de nef ou nauire qui loüera estiue de boutes pour
voyage à certain temps , le locataire doit dire au maistre de la
nef qu'il ne luy prenne lesdictesboutes s'il ne veut payer le loüage , s'il les prend & s'én alle à l'aduenture du maistre de la nef,
auec telle condition que s'il les perd il est tenu payer l'estiue, ensemble le dõmage qu'ils auront conuenu & accordé: & si le maistre de la nef tient plus ledict estiue qu'ils n'auront conuenu , ou
la prendra en autre voyage que celuy qui sera entreprins auec le
locataire, ou le maistre de la nef, si l'estiue se perd en ce téps & en
ce voyage, outre ce qu'est conuenu entr'eux: le maistre de la Nef
est tenu payer l'estiue au susdict locataire prins d'icelle, ensemble
tout le loüage , multipliant voyage pour voyage , plus que celuy
qu'ils auront entreprins: encores d'auantage si le maistre de la nef
joüoit & perdoit par sa faute, ou vendoit lesdictes boutes , ou se
gastassent, & sices conditions ne sont adjoustées auec le patronde
la nef, & aduint que les boutes fussent perduës, elles sont perduës
au locataire , le loüage payé , car elles ne se sont perduës par sa
faute, pourueu qu'il n'en aye autre pacte, & si le locataire les luy a
baillé auec pacte est tenu les luy payer, ensemble les dommages :
& quand ils ne s'en peuuent accorder , sont tenus les remettre à
deux hommes de bien ou vn tiers, & suiuant ce qu'ils iugeront celuy qui sera tenu de satisfaire à celuy qui tels hommes exprés ordonneront , sauf & requis que nonobstant toutes choses dictes le
loüage de l'estiue doit estre satisfaict.

l. x. de vent. insp.

De charger du vin.   CHAP. CCIV.

Si les patrons auoient nollisé auec aucun marchand , & telle
nef doiue charger du vin : & si ledict patron est tenu fournir l'e-
stiue de vin au marchand par tout le voyage que doit faire la nef,
il la doit faire emplir aux mariniers ou à ceux qu'il voudra, pourueu qu'il la mette dans la nef, & la doit monstrer aux marchands,
ou homme qui soit pour eux, toute pleine d'eau afin qu'ils iugent
si elle est bonne , & s'ils la mettent en la nef , les marchands ou
homme pour eux durant qu'ils la tiennent pour bonne & suffisante & la faut mettre en la nef, alors si lesdits marchands la font em-
plire de vin , apres s'il se verse ou se perd en quelque moyen que
ce soit, le patron n'est aucunement tenu de telle perte, car ce n'est
pas sa faute : y adiousté qu'il la leur a monstré pleine d'eau, & que

Alia est enim subsistentia

auffi de leur confentement les a mifes dans la Nef , bref qu'il la
tiendront pour bonne , & pource ne fe peuuent excufer lefdicts
marchands qu'ils ne payent au maiftre du Nauire tout le nollis
qu'auront promis & accordé enfemble, auffi bié du vin qui y fera
comme de celuy qui y fera demeuré, pource qu'il eft fans faute :
mais fi le patron de la Nef n'auoit monftré l'eftiue au marchand,
& qu'il ne l'euft tenuë pour fuffifante, & que fans ce faire l'euffent
mife dans la Nef, & le vin fe perde, il faudroit qu'il le payaft fi ainfi faifoit, & fi le maiftre de la Nef ne baille aucune eftiue , & les
marchands mefmes l'y mettent, & le vin fe verfe, le patron n'eft
tenu d'aucun dommage au marchand, veu qu'il auoit mife l'eftiue à leur vaiffeaux, encore que le vin s'en alle, les marchands fót
tenus au maiftre de la Nef de tout le nollis & prix qu'ils auroient
conuenu, tout ainfi que fi tout le vin y eftoit demeuré.

D'exercie loüée.   CHAP. CCV.

Maiftre de Nef ou Nauire qui loüera l'exercie pour aller en
voyage, & telle exercie fe perd fans faute du patron , il n'eft tenu
la payer, mais payera le loüage fimplement qu'il luy aura promis
& accordé, & fi l'exercie fe perd par la faute du patron, il eft tenu
la payer , comme auffi tout le dommage qu'il luy aura promis,
ayãt efgard à ce que valloit au temps qu'elle luy fut preftée : comme auffi fi ledit excercie fe rompt ou gafte par la faute du patron
il eft tenu la payer à celuy qui luy aura loüée , tout ainfi & en la
forme qu'il luy aura baillée : mais fi ladicte exercie fe rompt fans
la faute de celuy qui l'aura loüée, n'eft tenu de fatisfaire ny payer
fauf & referué fi le maiftre de la Nef auoit accordé , que où &
quand ladicte exercie fe perdroit ou gafteroit fuiuant tel pacte,
celuy qui l'aura loüée eft tenu la payer & fatisfaire au prix qu'il
auroit conuenu, ou bien luy en rendre autant de la qualité & condition qu'eftoit celle qui luy auroit efté loüée, & s'il en faict autre
voyage outre celuy duquel ils font d'accord, fi en tel voyage l'e-
xercie fe perd ou gafte , iccluy maiftre de la Nef eft tenu de la
payer ou en rendre vn autre à la legitime valeur à celuy qui la luy
aura loüée, de la valeur & prix où elle eftoit lors qu'ils en accor-

darét, ainfi qu'auroiét conuenu & accordé faut que le loüage foit
payé , comprenant le fubuenant voyage à difcretion de celuy à
qui eft l'excercie, & en quelle façon & maniere qu'ils faffent, faut
que l'excercie foit payée fans y rien contredire, enfemble le loüage, finon au cas que deffus eft dict.

D'excercie empruntée.   CHAP. CCVI.

Maiftre de Nef ou Nauire qui a emprunté aucun excercie , s'il

la perd ou gaſte, ledict eſt tenu, ou luy en faſſe telle quantité, ou
ſemblable que celle qu'il aura empruntée pour le légitime prix
quelle valoit au temps qu'il l'auoit empruntée, & volonté de celuy qui l'aura portée, car il ſera en option de prendre excercie ou
l'argent en quelque façon & maniere que l'excercie aura eſté
preſtée à celuy qui l'aura empruntée, & ce qui en ſera gaſté, faut
qu'il ſoit payé ſans aucune contradiction, & ne faut que homme
patron de Nef ou autre, emprunte l'excercie qu'il ne ſoit homme
pour la rendre ainſi qu'ils arreſteront.

Comment l'excercie trouuée en riuiere par neceſſité peut eſtre prinſe.
CHAP. CCVII.

Tout patron peut prendre excercie quand il la trouuera en
Mer, tant qu'il en aura affaire pour ormeger, pour crainte de mauuais temps, le peut : pourueu que telle excercie ne fiſt neceſſité à
celuy de qui elle ſera : & ſi le maiſtre de l'excercie qui eſt le maiſtre de la Nef qui n'en aura affaire, eſt tenu la luy demander, &
s'il n'y eſt le peut prendre, pourueu qu'incontinent qu'il l'aura
prinſe le faſſe aſſçauoir au maiſtre de l'excercie ou homme qui
ſoit à ſon ſeruice, & ſi tel homme de qui eſt l'excercie ne prend
plaiſir que tel patron l'ayt prinſe, ledit patron incontinent que le
mauuais temps ſera appaiſé, la luy doit retourner au lieu là où il
l'aura prinſe. Et ſi le maiſtre de l'excercie ſouſtenoit aucun dommage, le maiſtre de la Nef eſt tenu luy payer & ſatisfaire, enſemble l'excercie, ſi elle eſt gaſtée ou perduë eſt tenu la luy payer ou
luy en bailler d'autre de la qualité & conditiõ pour le prix quelle
vaudra, ainſi doit eſtre faict ſans aucune contradiction, & s'il ne
s'en peuuent accorder en doiuent demeurer à deux hommes de
bien de l'art de Marine pour eſtimer ladicte excercie, & le dommage qui y ſera faict, pourueu qu'ils euſſent veu ladicte excercie,
& de tout ce que deſſus ſera par eux conuenu & condamné d'vne
partie à l'autre doit eſtre ſatisfaict & payé : car maiſtre de Nef ou
Nauire ne doit prendre excercie ſans le conſentement de celuy
à qui elle ſera pour ormeger & faire autre choſe, ſinon qu'il fiſt
mauuais temps, pour garder que ſon Nauire n'aille à perdition, &
ſi en ce cas l'excercie prend dommage eſt tenu d'eſtre ſatisfaicte
comme deſſus.

D'excercie empruntée ou prinſe.
CHAP. CCVIII.

Maiſtre de Nef ou Nauire qui prendra ou empruntera excercie de riuiere pour ormeger ſa Nef, & il la porte en voyage, ou
voyages ſans le ſçeu & volonté de celuy à qui elle appartiendra,

& où & quand que celuy à qui est l excercie souftint aucun dommage, comme s'il est contraint loüer autre exercie pour fa nef,
pource qu'on luy auroit emportée la fienne : celuy qui la luy aura emportée doit payer à l'autre de qui fera l'excercie tout le dõmage, fans aucune contradiction, qu il aura fouffert à cause qu'il
luy auroit emporté ladicte excercie fans fon vouloir , enfemble
tout le loüage de l'excercie : mais fi c'eftoit auec volonté de celuy de qui fera ladicte excercie, il doit prendre le loüage que bon
luy femblera,& ce luy doit eftre payé & baillé fans aucune contradiction. Encores eft en liberté celuy de qui eft l'excercie de la
prendre,ou le prix quelle valoit , & faut qu'il foit creu à fon ferment : & fi tel patron l'auoit prinfe fans le fçeu & confentement
de celuy à qui fera l'excercie , il la peut demander par juftice , &
prendre & demander comme s il l'auoit defrobée , & tout ainfi
doit eftre fatisfaict l'excercie qui aura efté prife en la forme &
maniere que deffus eft dit.

De commander voyage certain.

CHAP. CCIX.

Marchand,ny marinier, ny autre qui prendra charge de faire
certain voyage en quelque lieu , ou illec,prendra toute la chofe
qui fera commandée,il n'eft tenu payer aucune chofe à celuy qui
luy aura baillée la commande,pourueu qu'il n'en foit en caufe ny
faute : mais fi ledict commandateur la porte en autre voyage ou
en autre lieu auec moins de confentement &licëce que de celuy
qui luy aura baillée ladite marchandife, & alors fi elle fe pert ou
gafte ce qui luy aura efté commandé , puis qu'il l'aura portée en
autre lieu,lefdits mariniers qui auront prins la charge de telle cõ-
mãde,feront tenusrendre à celuy qui luy aura baillé,& d'auantage s'il la portée au lieu là où ils auront conuenu,& s'il fe gaignoit
aucune chofe à ladicte commande,ils font tenus rendre & bailler
tout le profit & gain qu'aura faict de ladicte commande à celuy
qui luy aura baillé fans rien retenir,finon tant feulement ce qu'il
auroient conuenu & accordé,& s'il n'auoit rien prins & retenu, il
eft tenu luy payer ce qu'il retiendra , enfemble le gain qui pourroit auoir efté faict de ce qui luy auroit efté commandé.

D'empefchement commandé.

CHAP. CCX.

Commandataires qui porteront commandes en voyage & en
lieu fçeu,& feront partis de là où la commande aura efté receuë,
& feront en ce lieu,& vient aucun empefchement de juftice ou
autrement,de quelques gens ou nauires de l'ennemy, & par raifõ
de ce

de ce, les choses qui sont commandées sont prinses, perduës & esgarées, en tel cas celuy qui aura prins de telle commāde n'en soit de rien tenu satisfaire à celuy qui luy aura baillé la commande : mais si estant en voyage ils sçauoient les choses dessusdictes estre vrayes, qui soubs entroient audict lieu, auront du tout leur apporté leur commande, qu'elle seroit prinse, perduë & saccagée par lesdits Nauires d'ennemis, tels commandataires ne sont tenus de la commande qui leur sera ostée, & si paraduenture auparauāt qu'ils allassent en tel voyage, audit lieu ils estoient certifiez de ce, & les commandataires se pouuoient accorder auec les mariniers & maistre de Nauire d'aller en autre lieu où ils n'eussent aucune crainte des choses dessusdictes, & entr'eux s'en accordoient d'aller en autre lieu pour euiter danger : car il est raison que tout maistre de Nauire doit garder ce qui luy aura esté commandé, sur la peine de payer & satisfaire ce que luy aura esté commandé, & par ainsi leur est permis & loisible pouuoir aller en autre lieu pour sauuer ce que luy aura esté commandé, pourueu que soit faict à moindre frais que se pourra faire, & si venoit le cas qu'ils eussent faict port au lieu là où ils ont entreprins porter ladite cōmāde, les marchāds doiuent vēdre les marchandises qu'ils voudront vendre, & marquer les autres qu'ils voudront qui soient retournées audit lieu qu'ils auront entreprins, s'ils ont faict port & la marchandise commandée se perde, le maistre de la Nef n'est tenu d'aucun dommage ny perte : mais d'auantage, si apres auoir faict port au lieu là où ils auroient accordé, & puis fallust aller en autre lieu porter la marchādise qui auroit demeurée & restée, & s'il n'é faisoit autre pacte, si la marchandise se perdoit le maistre du Nauire n'en est en rien tenu, & n'est auparauant qu'ils eussent cōpté & s'il gaignoient tout ainsi qu'en l'autre chapitre est dict, faudroit aussi bien rendre le profit comme chose qui leur sera commandée.

Declaration du precedent Chapitre.

CHAP. CCXI.

Suiuant ce qu'au Chapitre precedent est dict & declaré, que tout commandataire qui portera commande & voyage en certain lieu sceu, si en tel y auoit empeschement tels que dessus sont dits, tellement qu'ils ne deussent entrer, & s'il peut accorder auec le maistre du Nauire pour aller en autre lieu, auec les conditions que dessus sont dictes, & les marchandises sont siennes ou partie d'icelles, ira en autre lieu là où il n'aura entreprins, si lesdits marchands qui luy auroient baillé telles commandes s'y accordent,

& que ce qu'aura en la Nef valle plus que ne font toutes les chofes qui luy auront efté commandées,& ne veulent aller au lieu là
où auront accordé, à caufe de crainte & danger qu'eft dit audict
chapitre:& fi les autres marchands y ont autant de marchandife
comme luy,& l'vn confent d'y aller , le maiftre y doit confentir
auec les mariniers du Nauire, & tous enfemble s'ils font d'accord
doiuent aller là où ils accorderont,& fi dans fon Nauire y a marchandife d'autres marchands & qu'il n'en ayt d'aucun d'iceux,&
que le maiftre du Nauire aye la marchandife en garde, & qu'il la
doiue deliurer tant feulement au lieu où l'on la doit defcharger,
fi telles conditions font entr'eux & ne peuuent entrer dãs le port
là où ils auront conuenu, puis que ne luy fera commandé autre
lieu, ny auffi donné commande de la vendre, áins la doit rendre
aux marchands qui la luy auront baillée en commande , & fi le
maiftre de la Nef la porte en autre lieu , & telle marchandife fe
perdoit,il eft tenu payer & fatisfaire aux marchãds de qui la marchandife fera le profit qu'il en euffe peu faire,& fi le marchand
auoit aucune marchandife qui fuft fienne , ou bien tienne toute
la Nef en commande , & qui la pourra vendre , & faire comme
fi elle eftoit fienne,& fi le maiftre de la Nef n'ofe entrer en lieu là
où il deura vendre ladite marchandife pour crainte,il peut mener
le voyage en autre lieu, pourueu qu'il le faffe auec condition cõme eft contenu audict Chapitre cy-deffus dict , & auffi auec confeil des mariniers & autres qui feront dans la Nef, & quand ferõt
tous d'accord (ou la plus grande partie d'iceux) il y peut aller &
charger le voyage : & s'ils ne font de tel aduis & qu'ils s'accordẽt
au lieu là où ils feront partis, le maiftre de la Nef eft tenu s'en retourner,& s'il change le voyage & qu'il ne vueille faire ce que les
autres auront arrefté, & y ayt aucune perte , dommages & interefts,il eft tenu le fatisfaire à ceux à qui feront les marchandifes,
ou à ceux qui auront tel dommage , enfemble le profit que tels
marchands euffent peu faire,& de ce en demeureront au ferment
que les marchands feront tenus faire , à caufe qu'il ne s'en eft retourné ainfi comme les mariniers de la Nef luy auroient confeillé
Et fi ledict maiftre de la Nef change ledict võyage fuiuant le confeil des mariniers , & à ce font d'accord (ou la plus grande partie
d'iceux)fi les marchandifes fe perdent toutes ou en partie,le maiftre de la Nef n'eft tenu d'aucun dommage, puifque ainfi aura fait
auec le confeil de tout le commun de la Nef, & peut changer le
voyage puis qu'il fera marchand & maiftre de toute la marchandife qu'il portera,puifque ainfi la peut jetter en Mer auec confeil

de tous les mariniers , & ainſi faut faire & regarder les choſes à
moins de dommage que ſe pourra faire , & prouuer tout le dommage que du coſté ſera faiét à l'autre, & le ſatisfaire l'vn à l'autre
ainſi qu'ils auront ſoufferts les dommages.

De commande prinſe comme ſa cauſe propre.
CHAP. CCXII.

Commandataires qui porteront choſes commandées en voyage, ou en lieu deputé s'accorderont auec ceux qui leur donnerõt
les commandes d'en faire comme leur cauſe propre , & aller en
quelque lieu qu'il leur plaira, ou bien ſçauront que donner à ceux
qui leur auront donné la commande, ſauf auſſi leurs trauaux, tout
ainſi cõme ils auront accordé, & ſi telles marchandiſes ne peuuẽt
eſtre véduës au prix qu'ils auront cõmandé, tels commandataires
ſont tenus rendre & reſtituer aux marchands les marchandiſes en
la forme & maniere qu'ils auront accordé , ou bien ce qu'ils auront receu.

Item de commande. CHAP. CCXIII.

Marchand ou autre qui ſera commandé ayant paéte & condition, & que l'on puiſſe porter en tout voyage & en tout lieu où ſa
perſonne ſera & ira, & ce que leur aura commandé ſe perdra, ſera
perdu pour celuy qui l'aura baillée, ſinon que celuy qui aura prins
commande la loüaſt , ou s'addonnaſt à putains ou autre laſciueté
ou dégalit par ſa faute, ou ſi la commandoit à autres & ſe perdoit
il eſt tenu la payer à celuy qui la luy auroit baillée, ſans y pouuoir
en rien contredire.

De commande promiſe. CHAP. CCXIV.

Marchand ou autre qui promettra à faire commande auec inſtrument ou teſmoins, ne peut pour choſe que ce ſoit ſe deſmettre, à laquelle il ſera tout ainſi obligé , & s'il s'en veut deſmettre,
ou qu'il ne faſſe le contenu de la commande , & l'autre qui aura
prins la charge aura arreſté Nef ou autre vaiſſeau , & iceluy noliſé
& conuenu de telle choſe à celuy qui ne la voudra tenir, eſt tenu
de payer tout dommage , & l'autre qui voudra tenir ſans aucune
contradiétion: car ſi ce n'euſt eſté telle promeſſe, il n'euſt fait ar-
reſter le Nauire ny aucune autre choſe, par ainſi eſt tenu de tout
dommage l'vn à l'autre.

Item de commande. CHAP. CCXV.

Si aucun commandataire prend charge d'aucuns deniers , les
marquera de ſon argent propre, & quand il ſera là où il doit aller
auec l'argent, y marquera ſes deniers, & non pas ceux qui luy auront eſté commandez, s'il gaigne auec ſes deniers , il eſt tenu de

Nam qui cum
alio contrahit
non debet eſſe
ignarus condi-
tionis eius

bailler à celuy qui luy aura donné l'argent auant le voyage, autãt
comme s'il gagnoit auec ses deniers au sol la liure,& s'il pert en
ses deniers toute la perte doit estre sienne, sinon celuy qui luy auroit baillé la commande luy eust déu émarquer en certaines choses siennes,& si telle parolle n'y estoit & marquoit ladicte commande comme les siens deniers , le profit & la part se doit payer
au sol la liure.

Commande en deniers.   CHAP. CCXVI.

Si aucun commande aucuns deniers,& en les prenant il accorde auec celuy qui les receura, qu'il nesmercera iceux deniers sinõ
en chose seure, si celuy qui aura receu la commande ne peut recouurir ce dont aurõt esté d'accord, il n'est besoin qu'il fournisse
tesmoins: toutesfois s'il y auoit en ce lieu d'autres marchands qui
en eussent achepté,& ny en eusse plus pour émarquer les deniers
qu'il auroit receu, encore que les autres marchands auroient profit à telle marchandise: & si l'autre qui les auoit baillez pour mettre en telle marchandise en faisoit demande , & il peust prouuer
qui n'en auroit point trouué , il est tenu rendre & bailler à celuy
de qui sont les deniers qui luy auroit commandé, autant de profit
comme les autres marchands auront faict à ladicte marchandise
par sol pour liure , & si à l'aduenture il eust esmarcé l'argent &
autres marchandises sans vouloir & licence de celuy qui auroit
baillé ledict argent, & si en telles marchandises se gaignoit celuy
qui aura receu les deniers pour employer, doit rendre tout le profit qui aura esté faict, & si en telles marchandises se perdoit qu'il
eusse acheptée sans vouloir & licence de celuy qui aura baillé
l'argent, il est tenu de payer toutesles pertes, pource qu'il l'a employé à ce qu'il n'auoit commandement ny charge, car personne
n'a rien en celuy d'autruy, sinon en ce que l'on luy donne charge,
& si cas estoit que tel homme qui auroit prins telle charge perdist ledict argent par cas de fortune ou autre inconuenient, n'est
tenu le rendre à celuy qui luy aura baillé : mais s'il les auoit ioüé
donné à femme ou autrement mal versé , il est tenu le rendre &
restituer, autrement doit estre faict & procedé comme dessus est
dict, soit marchandise ou argent.

*Non potuit
enim pręcidere
periculum cum
nec prudentissi-
ma l. fenerator
de naut. sen. ff.*

De commande de Nauire.   CHAP. CCXVII.

Patron qui donnera son Nauire en commande pour faire voyage entr'eux aduisé, si en ce voyage ledict Nauire se perdoit par
naufrage, ou fust pillé par Corseres: celuy qui aura telle commande n'est teou de rien amander ou faire bon audict patron , il est
vray que s'il la conduisoit en autre voyage, ou lieu qu'ils n'auroiẽt

*Non tenetur de
casu instar con-
ductoris.
Barr. l. si vt
certo §. nunc
videndum ff.
conim.*

CONSVLAT. 85

accordé, si en ce cas le Nauire se perdoit, ou auoit quelque dommage, celuy à qui est le Nauire a son recours au commandataire,
& droit de retirer le prix du Nauire & le dommage, & s'il n'auoit
dequoy satisfaire, doit tenir prison iusques à ce qu'il ait satisfaict,
lors le patron est tenu de donner à ses compagnons autãt du prix
comme ils auoient de part au Nauire auec les interests: Est à con-
siderer toutesfois que si le patron donne en commande ledit Nauire auec le consentement de tous ses compagnons, ou de la plus
grande part, si la Nef se perdoit n'est tenu de faire la maille bonne aux autres, car le patron ne doit donner sa Nef en commande
sans la volonté de ses compagnons s'il en a, ou pour le moins de la
pluspart, s'ils sont en lieu où il soit, il ne le doit faire sans leur aduis, moins s'ils sont destournez: ne doit donner sondict Nauire en
commande horsmis suffisante excuse, comme de maladie, ou qu'il
eust ja nollisé ou fiancé femme, & fust sollicité l'espouser deuant
que de partir, ou pour vœu de pelerinage, faut toutesfois que toutes ces excuses soient sans fraude.

De commander Nef sans le sceu des personniers.
CHAP. CCXVIII.

Si aucun patron de Nef a commandé à aucun sans le sçeu de
ses compagnons : si la Nef apres qu'elle sera commandée vient à
aucun voyage, & rende compte à celuy à qui la Nef sera commandée : tel maistre qui aura à commãder la Nef, rendra compte
& payera sa part à chacun de ses compagnons autant comme à
chascun appartiendra pour raison de la part qu'ils ont en la Nef,
& suiuant le profit & gain qui en aura esté faict, & apres auoir receu chacun sa part de profit, ils diront au maistre à qui ils auront
donné charge de la Nef qui aura part auec eux: (Si vous baillez la
Nef à autre qu'à vous, quand il y aura aucun dommage vous le
payerez.) Et apres qu'ils luy auront dict & declaré, celuy qui aura
prins la charge de la Nef la baillera à vn autre, & de tel profit qui
sera, en doit faire si bonne part aux autres personniers comme
iceux luy auroient donné charge de ne la bailler à commander, &
si d'auanture la Nef prend aucun dommage, il est tenu de la payer
sans aucune contradiction. Et si les personniers voyent que celuy
qu'ils auront faict patron ne va au voyage, de ce en sont certifiez, & qu'il la fasse commander à autre, s'il n'en sonne mot à personne. & prenne le profit que prouiendra de telle Nef, ne contrediront en rien au maistre de la Nef, ains partissent encores le
gain sans rien dire: & si la Nef prend aucun dommage, le maistre
de la Nef n'est en rien tenu leur satisfaire de leur dommage de

leur cofté,veu qu’ils fçauent qu’autre que luy faict la commande
du Nauire,& qu’il n’y va point. Encores d’auantage , pource que
les perfonniers prennent chafque voyage leur part du profit qui
leur appartient , & pource qu’ils prennent le profit , il faut auffi
qu’ils payent la perte , à caufe qu’ils ne luy auroient dict qu’il
payeroit le dommage à celuy qu’il auroit faict maiftre. Et pource
que deffus eft dict,a efté faict le prefent chapitre , car autre maiftre de Nef ne doit bailler à commander la nef qui luy aura efté
baillée par les autres perfonniers, & ainfi faut proceder.

De commande qu’aucun prendra en commun ou feparement.
CHAP. CCXIX.

Si maiftre de Nauire ou Nef leue aucun commun , & prenne
d’aucun marchand à efcar certaine quantité de marchandife ou
d’argent,celuy qui prendra la commande ne donnera à entendre
la maniere & façon comme doit faire la commande , & fi celuy
qui prendra la charge la mefle en commun,& quelle ne foit couchée fur le rolle , doit eftre meflée en commun de l’autre marchandife que doit porter:tel patron eft tenu rendre compte de ce
que la marchandife aura efté venduë,& fi doit mettre les deniers
qu’il aura prins de ladicte marchandife en autre chofe:fi tel com·
mandement ne luy a efté faict de ne mettre les deniers qu’il aura
eu de ladicte marchandife en autre part,finon qu’il acheptaft aucune chofe feure,tout ainfi qu’entre eux fera conuenu & accordé
& s’il luy baille argent,il eft tenu de luy acheter marchandife,ou
bien luy rendre compte de ce qu’il aura eu de la marchandife, &
de ce que couftera celle qu’il aura achetée, & ce quand il fera venu du voyage , & faut qu’il compte le profit entre les mains de
celuy qui luy aura baillé ladicte commande fans fon falaire & fa-
tigue,ainfi qu’ils auront accordé . & fi le commun perd ou gaigne
celuy qui aura faicte la commande n’eft en rien tenu , finon tant
feulement mettre en fa main tant le gain que la perte, ainfi comme l’autre marchandife,comme fi donc il n’auoit donné à entendre que telle marchandife feroit mife en commun,lors luy eft tenu du dommage,autrement non : perdans ou non de prendre patience auffi bien de la perte comme du profit,& par aduãture celuy qui leue le commun & aura prinfe la commande,& la meflera fans le fceu de celuy qui luy aura baillé la commande. Si ledict
commandataire ne luy pouuoit rendre compte à caufe qu’elle
fera meflée auec le commun , & s’il eft de confentement que la
commande luy ayt efté faicte , il eft tenu bailler le plus haut prix
que l’autre marchandife qui fera au commun fera venduë, & ce

fans contradiction aucune.

De commande qui se perdra, & le commandataire s'esbatra.
CHAP. CCXX.

Tout commandataire qui portera ou prendra charge de commande, se prendra par les choses dessus dictes, il est tenu de rendre les commandes, mais si les commandes se perdent par autres raisons cy-dessus escrites, il est tenu de rédre toutes les commandes ensemble le profit, s'il ne monstre raisons & conditions apparantes : que s'il ne peut monstrer & prouuer que lesdictes cōmandes soient perduës par les raisons susdictes, il est tenu rendre cōpte, & si celuy de qui seront lesdictes marchandises veut poursuiure par justice en demandant & deffendāt, s'il ne le peut prouuer fera que la justice le prenne au corps , & le peut mettre en prison, & illec le detenir iusqu'à ce qu'il aura satisfaict, & s'il n'a dequoy payer : & par ainsi tout homme qui voudra bailler commandes se doit garder de mesprendre.

Du patron qui laisse la Nef pour faire ses affaires propres.
CHAP. CCXXI.

Si aucun maistre de Nef ou Nauire prend aucune marchandise sienne ou à commande, & il sera loüé là où la Nef aura faict port & sera toute preste, qui ne tiendra sinon à luy, & si voulant vendre sa marchandise il faict demeurer la Nef, il est tenu de payer tout le dommage que le Nauire prendra, & le doit payer du sien propre, & s'il demeúre pour sa marchandise à cause qu'elle ne se peut vendre, & il enuoye la Nef, & si la Nef prend aucun dommage, il est tenu de tout dommage à ses personniers , st autrement n'auoit accordé auec eux auant que partir de là où la Nef auoit par charge, ou auec la plus grande partie d'iceux qui pourroit demeurer & leur renuoyer la Nef, autrement quand il n'auroit ainsi accordé, & qu'il y auroit dommage au renuoyement de la Nef, tel maistre patron de la Nef est tenu satisfaire aux personniers certain mois qu'ils demeurassent, pour auoir le nollis que luy fist plaider, & pour euiter tous frais que la Nef eust faict : encores en ce cas est, quand la Nef prendroit dommage , tel maistre n'est tenu satisfaire aux personniers, & ainsi se doit faire au moins des despens.

*Du tesmoignage des mariniers en cas de discorde entre patron &
marchands.* ### CHAP. CCXXII.

Le patron de la Nef ou Nauire ayant contracté auec marchāds les mariniers de la Nef ne peuuent faire ne porter aucun tesmoignage, ny pour le maistre du Nauire ny pour les marchands à leur vtilité oud'vn,tandis qu'ils feront en voyage,mais le cartulaire doit feruir pour tout tefmoignage,tãt à l'vn qu'à l'autre:&eftre moyen entre eux, mais ainfi que la Nef aura faict voyage, & les mariniers feront à eux mefmes eftans en terre,qui ne feront tenus au maiftre de la Nef: lors pourront faire tefmoignage tant au maiftre de la Nef qu'au marchand, pourueu qu'ils n'ayent intereft au contract, & en autre lieu là où ils feront requis pour tefmoins : car là où ils auroient interefts leur depofition n'aura aucune valeur,ains feront tenus & reputez pour faux , ainfi eft la couftume des anciens mariniers.

Du tefmoignage de marchand en difcord de patron auec les mariniers.

CHAP. CCXXIII.

Mariniers qui auront contracté auec les marchands d'aucunes chofes qui foient efcriptes dans le cartulaire , les marchands qui feront en la Nef peuuent faire tefmoignage eftant au voyage mefmes,& auffi bien le maiftre de la Nef aux mariniers, pourueu qu'ils ne fuffent perfonniers du patron que feront & y ayent aucun dommage , & fi les mariniers auoient contracté auec les marchãds,le maiftre de la Nef peut faire tefmoignage,mais qu'ils foient hors du voyage,autrement non, pourueu auffi qu'ils n'ayẽt aucune part auec les mariniers:encor plus, vn marinier peut faire tefmoignage au maiftre de la Nef au voyage & au marchand par cefte raifon en faict de jet,en maũuais temps , ou par autre infortune, là où falluft qu'ils allaffent en terre : car en tel cas l'Efcriuain du cartulaire ne peut bonnement efcrire, pource que tel cas fe faict en grand hafte. Et pource a efté ce prefent chapitre faict afin que le maiftre de la Nef ne puiffe nier toutes les chofes qu'il aura prinfes auec les marchands,mais par les raifonsque en ce fait peuuent faire tefmoignage,autrement non.

Tefmoignage de marinier.　　CHAP. CCXXIV.

Teftis nemo po-
teft effe in facto
in quo verfa-
tur id quod
fua intereft l.
deferre ibi Bar.
de iur. fifc.

Si marchands qui feront en Nef faifoient aucun contract enfemble, & prinffent les mariniers en tefmoignage , les mariniers peuuent feruir de tefmoignage fi de ce faire ils font requis encores qu'ils foient en voyage, pourueu qu'ils n'ayent aucun intereft audict contract , & qu'ils n'aymaffent mieux le profit de l'vn que de l'autre : fi ainfi ils portent tefmoignage ils feront contraints & condamnez aux defpens à tous ceux qui les auroient foufferts,au moyen de faire tels tefmoignages doiuent eftre tenus & reputez fauffaires, & leur doit-on prohiber ne porter iamais aucun tefmoignage comme parjures. Et à cefte fin ce prefent chapitre a efté faict,car plufieurs fois les marchands & mariniers font beau-

coup

coup de contracts à caufe qu'ils font en diuers lieux qu'ils font
contraints appeller les mariniers en tefmoignage, mais en tels
actes que feront lefdits mariniers, peuuent & doiuent porter bon
& loyal tefmoignage fur les peines que deffus, & autres arbitres
par juftice.

Du falaire des Mariniers & Nauchers qui iront à difcretion.
CHAP. CCXXV.

Maiftre de Nef ou Nauire qui menera voyage auec confentement doit bailler le loüage au Naucher tout ainfi que prendra
le meilleur proyer de la Nef ou autres des commis, encore d'auã-
tage luy doit eftre payé fuiuant la bonté & valeur qu'il vaudra,&
fi les mariniers vont auec confentement du maiftre de la Nef, ledict maiftre leur eft tenu payer le loüage fuiuant qu'ils auront
trauaillé & trauailleront, & fuiuant auffi comme ils fçauront trauailler,& le feruice qu'ils feront fera cogneu au Naucher & l'Efcriuain,ainfi qu'ils ordonneront & taxeront par fermét,tout ainfi
qu'ils ont prefté au maiftre de la Nef,de bien & loyallement entretenir les mariniers,& leur payer leur loüage fuiuãt&ainfi qu'ils
trauailleront, pourueu que lefdits marchands ny l'Efcriuain ne
faffent rien par mal-veillance, ou pour raifon de chofe qu'on leur
euft promife ou donnée,ny auffi par malice ou autrement : ainfi
doit eftre procedé,& ce faict le maiftre de la Nef eft tenu de bailler à tels mariniers le loüage, fuiuant le dire des fufdits Naucher
& Efcriuain.

Du dommage prins par faute d'ormeger.
CHAP. CCXXVI.

Maiftre de Nauire ou Nef qui fera en plage ou en port, ou bien
en autre lieu auec fa Nef,& les marchands qui feront auec luy de-
nonceront qu'il ormege, & le Seigneur de la Nef y mettra flux,
qu'il n'ormegera,ou par aduanture il n'aura toute l'excercie qu'il
leur aura promis, & fi à l'occafion de ce ledict marchand foufte-
noit aucun dommage, ledit patron eft tenu le fatisfaire audict
marchand, & fi le maiftre de la Nef n'a dequoy luy payer ledict
dommage,peuuent s'en prendre à la Nef & la mettre en vente,&
fi la Nef ne fuffit à payer tels dommages & interefts, il fera prins
au corps & emprifonné,& illec detenu iufques à ce qu'il ayt fatisfait tout le dommage,fauf en tout le loüage des mariniers,& ainfi
des perfonniers de ladicte Nef, lefquels auffi ne font tenus d'aucun dommage, finon de la part que le maiftre patron aura en la
Nef,& pour ce fut fait ce prefent chapitre,pource qu'à faute d'ormeger,beaucoup de marchands perdent leur marchandife.

M

De Nef qui se perd en terre des infidelles.
CHAP. CCXXVII.

Seigneur de Nef ou Nauire qui nauiguera en terre d'infidelles
& luy aduiendra que par cas d'aduenture ou mauuais temps, ou
par Nauire & fuſtes d'ennemis perdra ſa Nef ou Nauire, pource
il n'eſt tenu rien payer aux mariniers, ſinon qu'il la perdiſt au lieu
où ils auront prins tout le nollis, tellement que s'il eſtoit payé
de tout ſon nollis, il eſt tenu de payer tout le loüage aux mariniers, mais tel pacte que faſſe le maiſtre du Nauire auec les mariniers, il eſt auſſi tenu d'en faire le ſemblable aux mariniers, & les
mariniers à luy, mais ſi le maiſtre de la Nef deuoit aux mariniers
autre loüage que celuy du voyage qu'ils feront, faut qu'il ſoit
compté ainſi comme deſſus eſt dict au chapitre que deſſus: mais ſi
le maiſtre de la Nef ou Nauire pour les raiſons que deſſus ſont
dictes perdoit ſa Nef, n'eſt tenu de payer aucun nollis aux mariniers, iuſques à ce qu'ils ſoient en terre de Chreſtiens, que
de tout ce qu'il aura, & par ainſi le preſent chapitre a eſté faict,
que maiſtre de Nef n'eſt tenu payer les mariniers, ny leur donner
à boire ny à manger iuſques à ce qu'il ſera en terre de Chreſtiens
pourueu qu'il n'en a pour luy.

Cas pour leſquels le patron doit demander les perſonniers pour noliſer.
CHAP. CCXXVIII.

Maiſtre de Nef ou Nauire qui noliſera ſa Nef pour aller en terre des infidelles ou en lieu dangereux, s'il eſt en lieu où il y aye
perſonniers, il leur doit demander auant faire le voyage, & s'il
leur demande auant que faire aucun voyage, & les perſonniers le
veulent il peut noliſer, ſi bien que perſonne ne l'en peut garder,
& ſi tel patron noliſe ſans demander aux perſonniers, & s'ils ſont
contrediſants, doiuent mettre la Nef à l'inquant, lors la Nef auec
le patron, & celuy à qui la Nef aduiedra, ſera tenu d'aller au voyage auec le marchand qui aura accordé auec celuy qui pour lors
eſtoit maiſtre de la Nef, & par ainſi tels perſonniers doiuent garder & faire leur entrepriſe auec le maiſtre de la Nef au commã-
cement, & ſi tel patron eſt en lieu qu'il n'y aye aucun perſonnier,
il peut noliſer à ſon plaiſir, & pourra aller au lieu là où il voudra,
& quand la Nef prendroit aucun dommage n'eſt tenu d'en ſatisfaire à perſonne, mais s'il joüoit & qu'elle ſe perdiſt par ſa faute,
lors les perſonniers luy en peuuent faire demãde, mais tel patron
qui noliſera pour aller en terre de Chreſtiens, n'eſt tenu de le demander aux perſonniers, ſinon que ſoit ſon plaiſir, & les perſonniers ne l'en peuuent garder depuis qu'il aura noliſé iuſques au

retour dudict voyage : il eſt vray qu'il doit bailler caution aux
perſonniers, ſi de ce faire en eſt requis, & ne s'obligera ſinon tant
ſeulement qu'aux couſtumes de Mer , & ſi par fortune le maiſtre
de la Nef ne laiſſe d'aller audict lieu , & les perſonniers feront en
ce lieu, & ſçauront pource qu'il s'en ira en ſon voyage , & ne leur
dira rien, & les perſonniers ne luy auroient rien dict , & à celuy
voyage la Nef ou Nauire ſe perdra ou prendra aucun dommage,
iceux perſonniers ne peuuent faire aucune demande au patron
de la Nef.

De reſcat ou accord auec Nauire armée.

CHAP. CCXXIX.

Maiſtre de Nef ou Nauire qui en Mer libre , en port ou plage,
ou en autre lieu ſe rencontre auec Nauires armées d'ennemis,
peut parler & faire accord auec les Commis & Admiral par quãtité de monnoye , pourueu qu'ils ne faſſent aucun dommage à la
Nef, & ſi en telle Nef y a marchãds, ledict patron eſt tenu de leur
dire la pacte qu'il aura faict auec les commis & admiraux de telle
armée , & tous enſemble ſe doiuent accorder & cottiſer pour
payer la rançon qu'ils aurõt prinſe, & à ce doit payer par le commun de la robbe au ſol la liure : & quand au patron y doit mettre
par moitié de ce que vaudra la Nef ou Nauire : & s'il n'y a marchands, ledict maiſtre de la Nef ſe peut conſeiller auec les patrons
& Nauchier : & ſi le maiſtre de la Nef paye celle rançon auec
conſeil & conſentement de tous ceux que deſſus eſt dit, les marchands deſquels la marchandiſe ſera faicte que comme deſſus eſt
dict qui payent au ſol la liure, pourueu auſſi que le maiſtre de la
Nef paye au ſol la liure, comme vaudra la moitié de ſa Nef ou Nauire, & ſi le maiſtre de la Nef ſe rencontre auec Nauires armées
comme deſſus eſt dict, & leur veut donner eſtime, faut que ledict
patron die & remonſtre aux marchands qui ſont dans ſon Nauire
s'ils le veulent, & le tout ſe doit faire auec conſeil de tous ceux
que deſſus eſt dict, & ſi ainſi ſe faict, ledit maiſtre de la Nef le peut
payer ainſi comme deſſus eſt dict : mais ſi le maiſtre de la Nef le
faict de ſoy-meſme ſans conſentement ny volonté des marchãds
& conſeil que deſſus eſt dict : & fera pacte de rafraiſchiſſement
ſans le ſceu deſdits marchands , ledit maiſtre de la Nef le doit
payer du ſien propre, car les marchands ne luy ſont tenus de rien
rendre ny reſtituer de la Nef qu'il aura baillé pour ledit rafraiſchiſſement.

M 2

Du rachept ou accord auec Nauires armées d'ennemis.
CHAP. CCXXX.

Maiſtre de Nef ou Nauire qui ſera en terre d'ennemis & en lieux dangereux, chargé entierement, ou en partie, & illec viendront les ennemis armez auec Nauires, & le maiſtre de la Nef parlementera ou ſera parler d'accord, afin qu'ils ne faſſent aucun dommage à ſa Nef, le pacte faict & accordé il le doit declarer aux marchands qui ſeront dans la Nef, & tout enſemble, ou la pluſpart d'iceux en vient auec leurs conſeils: & ſuiuāt la volonté des marchands leur doit donner au ſol pour liure ce qu'ils auront accordé, ſuiuant le nombre de la quantité & valeur de la marchandiſe qui ſera dans la Nef, & ſi par aduanture leſdits marchands n'eſtoient dans ladicte Nef, & le maiſtre de la Nef euſt eſpace qui leur puiſſe faire ſçauoir le pacte qu'il leur aura fait, ou qu'il vouloit faire auec leſdictes Nauires armées pour ſauuer leur marchandiſe, il eſt tenu leur faire ſçauoir : & s'il n'auoit eſpace ſuffiſant pour le faire ſçauoir, ledict maiſtre de la Nef le doit faire auec conſeil de tous ſes mariniers, & ſi ainſi a eſté faict les marchands ſont tenus de mettre & contribuer tout ainſi comme ſi tous y euſſent eſté preſens, ſans y pouuoir rien contredire : & ſi le maiſtre de la Nef faict aucun pacte auec Nauires armées, partie des marchands eſtāt dans la Nef, & ſeront en lieu qu'ils ne puiſſent le faire ſçauoir aux autres marchands: leſdits marchands ne ſont tenus d'y rien contribuer, encores que leur marchandiſe ſoit en la Nef, toute ou en partie. Et ſi tels marchands ſons en l eu qu'ils leur puiſſent faire ſçauoir, & ne l'ont faict, ny auſſi aucun pacte des autres mariniers leſdits marchands ſont contraincts de payer & contribuer, ainſi comme eſt dict. Et ſi par fortune ledict patron faict le pacte ſans le ſceu des marchadds & mariniers, ledict patron de la Nef le doit payer & ſatisfaire du ſien propre ſans prendre aucune choſe deſdits marchands, ny ſans les pouuoir cōtraindre faire aucune contribution, & pource quand la Nef ou Nauire ſera en aucun des ſuſdits lieux, & aura deſchargé, & entre les marchands & maiſtres de la Nef ſera entreprins qu'il doit eſperer & attendre les marchands. Et pendant qu'ils demeureront illec, viendront de Nauires armées, & le maiſtre de la Nef ſera pacte auec eux afin qu'ils ne leur faſſent aucun dommage, & encores d'auantage luy viendra cas qu'il perdra la Nef, en tel pacte ou perte qu'en tel tēps ſe fera à cauſe de la demeure qu'il aura faicte, leſdits marchands n'en ſeront en rien tenus, veu que la Nef ſera deſchargée, ſinon que d'eux meſmes luy veulent faire grace, & ſi par aduanture les

marchands n'auoient expedié ladite Nef dans le temps qu'ils auroient promis, & apres ledict temps viendroient Nauires armées,
si la Nef est pillée ou saccagée, lesdits marchands seront tenus de
payer & contribuer au pacte ou de la perte que le maistre du Nauire aura faict à cause desdits marchands qui ne sont venus ainsi
qu'ils auront entreprins.

De marchandise ostée.   CHAP. CCXXXI.

Si aucun maistre de Nef a chargé en aucun lieu marchandise
qui soit toute d'vn marchand particulier, pour aller descharger en
autre lieu, & duquel ils auront conuenu ensemble : si c'estoit cas
d'auanture que telle Nef ou Nauire fist contract auec aucunes Nauires armées ou non armées, si aucuns ennemis luy prenoient lesdictes marchandises, ou la tierce partie d'icelles, ou les deux parties, ou aucune partie plus ou moins, si quand le maistre de la Nef
sera arriué là où il doit descharger, & la marchandise demeurée
luy sera ostée, n'est tenu tel patron bailler aucune marchandise,
sans qu'on luy paye le nollis conuenu & accordé, si cas estoit qu'il
se voulust faire payer autant pour la marchandise qu'on luy aura
ostée, que pour celle qui sera demeurée, il ne peut : car le maistre
de la Nef ne peut, ny doit faire payer nollis de plus de marchandise qu'il en descharge, & aussi le marchand luy doit satisfaire le
dommage que receura la marchandise en cas de fortune susdict.
Et ainsi aduenant le cas que perte de ladite marchandise qui sera
perduë ou autrement, l'eualuëront, & suiuant ledict eualuëment
qui sera faict de ladicte marchandise qui sera demeurée, se comptera auec celle qui sera perduë au sol la liure. Et si ledict maistre
de la Nef & marchand de qui sera ladicte marchandise soient en
guerre auec telles villenailles qui leur auront prins leur marchandise, le corps de telle Nef qui demeurera doit estre compté par sol
& par liure, auec la marchandise qui sera demeurée auec la perduë, & si le maistre de la Nef doit auoir tant de nollis ou sol la liure comme luy aduiendra, & d'autres choses, lesdits marchands
se sont tenus, & pource si la marchandise n'est germinée ainsi
comme dessus est dit, la marchandise qui sera demeurée n'est tenuë d'ayder à payer, ny moins celle qui sera perduë. Encore les
marchands qui auront perdus les marchandises ne sont tenus de
rien payer ny donner au maistre de la Nef de ceux à qui la marchandise aura esté perduë, tout ainsi comme s'il ne l'auoit nolisée
ny ledict maistre de la Nef à eux, sinon que les marchands peussent preuuer que ladicte marchandise auroit esté perduë, & par
faute dudict patron : en ce cas qu'ils le peussent prouuer, ledit pa-

tron eſt tenu de leur payer & ſatisfaire ſans aucune côtradiction.
Et pource le marchand ou marchands de qui la marchandiſe ſera
demeurée , ſont tenus de donner & payer le nollis de toutes les
marchandiſes qui ſeront demeurées, & d'autre nom , & pource ſi
les marchands eſtoient en guerre , & y auoit gens de guerre qui
leur euſt oſtée ladicte marchandiſe, le corps de la nef doit eſtre
compté au ſol la liure, auec la robe & marchandiſe qui ſera perduë tout ainſi comme deſſus eſt dict , en germinant ne ſera que
l'vne cauſe n'ayde à l'autre en cas de fortune. Et comme eſt dit cy
deſſus, leſdits marchands ne ſeront tenus payer nollis ſinon de la
marchandiſe qui ſera demeurée, & ſi le marchand n'y eſtoit quãd
ladicte nef ſera pillée , le corps de la nef eſt tenu de ſatisfaire la
marchandiſe qui ſera pillée, ſauf qu'au prealable il faudra côpter
le nollis auſſi bien comme le corps de la nef, enſemble auſſi la
marchandiſe qui ſera demeurée,ſi aucun agerminant y auoit eſté
faict ainſi comme deſſus eſt dict , l'vne marchandiſe ne doit eſtre
tenuë à l'autre de ſatisfaire , & le maiſtre de la nef ne doit auoir
nollis ſinon de la marchandiſe qui ſera demeurée en ce voyage,ſi
les mariniers y ſont n'eſt tenu de leur rien payer de leur ſalaire,
ſinon ainſi comme il gaignera de nollis : & ſi par aduanture les
mariniers y auoient mis aucune choſe , le maiſtre de la nef n'eſt
tenu leur ſatisfaire ſinon que ſuiuant la forme & maniere qu'il
gaignera:car perſonne n'eſt aſſeuré entre ennemis.Et pource que
les mariniers qui ſeront accordez par mois ainſi comme ils aurõt
conuenu & accordé,il les payera,& le maiſtre de la nef,ſi ainſi eſt
conuenu,les doit ſatisfaire pour autant de mois qu'ils auront ſeruy auparauant que ledict pillement fuſt faict,ſoit qu'il aye le nollis ou non,car l'accord ſurmonte la loy. Et par aduãture ſi le maiſtre de la Nef eſtoit detenu par quelque Seigneur ou autres gens
en aucun lieu, ſi le lieu où il ſera detenu eſtoit tel qu'il peuſt li-
cencier ſes mariniers que leſdits mariniers allaſſent envoyage,ou
qu'ils ſoient accordez à mois,le maiſtre de la Nef le peut faire, &
ne leur eſt tenu de rien payer de tout le temps que illec auroient
demeuré pour raiſon de l'empeſchement que deſſus eſt dict : car
le maiſtre du nauire y pert plus que leſdits mariniers,veu qu'auſſi
deſpend ſon argent & conſomme ſa Nef, & par autre raiſon ſi le
maiſtre de la Nef eſtoit detenu par Seigneur qu'il ne puiſſe ſortir
dudict lieu,ne doit donner parolle aux mariniers d'attendre : car
s'il les fait attendre & demeurer,& leur donne parole , faut qu'il
 les paye ainſi qu'il leur aura promis,ſauf tout ptãe qui leurs ont
eſté faicts au commancement quand ils ſe ſont loüez auec luy , &

pource que deſſus a eſté faict ce preſent chapitre.

De palengues & vaſes ou prinſes ou loüées.
CHAP. CCXXXII.

Maiſtre de Nef ou Nauire prendra ou loüera palengues, vaſes, arguës, & autres choſes qu'il aura beſoin en ſa Nef ou Nauire, & ſi leſdits vaſes qu'il aura empruntez ſe rompent, s'il les a loüées n'eſt tenu les ſatisfaire ny payer, ſinon tant ſeulement le loüage qu'ils auront conuenu. Mais s'il le prend ſans congé & licence du maiſtre de qui ſeront: le maiſtre de la Nef eſt tenu de payer leſdictes palengues, arguës & autres choſes, s'ils ſe rompent, enſemble le loüage ſans aucune contradiction.

De patron qui promettra d'attendre les marchands à certain iour.
CHAP. CCXXXIII.

Maiſtre de Nef ou Nauire qui nolliſera ſa Nef auec aucuns marchands, & leur promettra de les attendre à certain iour, ou la Nef ſera port, il eſt tenu de les attendre le temps & terme qu'il leur aura promis. Et ſi le maiſtre de la Nef part & s'en va auparauant que le temps conuenu & l'occaſion de ce, leſdits marchands ſouſtiendront aucun dommage, pource qu'il s'en ſera allé deuant le terme accordé, il eſt tenu de ſatisfaire & payer auſdits marchãds tout le dommage qu'ils auront ſouſtenu. Mais ſi les marchands ne partoient au iour qu'ils auront conuenu & accordé, & à faute de ce le maiſtre du Nauire en ſouſtiendra aucun dommage, leſdicts marchands luy doiuent payer tout ledict dommage, enſemble les fraiz & miſes qu'il aura faits, ſauf ſi ledict maiſtre de la Nef craignoit d'auoir aucun empeſchement de Seigneurie ou fuſtes armées, ou bien eſtre en lieu d'où ne pouuoir partir pour cauſe du mauuais temps, ſi par ces conditions il partoit auant que le temps qu'il auroit entreprins fuſt paſſé, n'eſt tenu d'aucun dommage au marchand ſi aucun en ſouſtenoient, pour raiſon qu'il ne ſeroit party auant le temps accordé entr'eux, pourueu qu'il ne le fiſt expreſſément, & ſemblablement pour ceſte raiſon les marchands à luy.

D'expedition de Nef, promis à iour certain.
CHAP. CCXXXIV.

Marchands qui nolliſeront Nef & promettront au maiſtre de la Nef, qu'ils ſeront expediez à iour certain, & tel pacte ſera faict & paſſé auec inſtrument, ou quatre teſmoins, ou bien ſera eſcript au cartulaire de la Nef, ou ſe feront donné foy les vns aux autres auec vne peine conuentionnelle, ſi leſdits marchands en tel temps n'ont deſpeſché la Nef, ou Nauire. Si le maiſtre de la Nef veut, leur

Pena cōuen-
tionalis ad-
iuncta est facto
proinde quan-
tacumque sit
hac pena etiam
maxima debe-
tur. l. stipul.
onesta p. alteri
de verb. obl. se-
cus si ditioni
adiecta esset
non posset ex-
cedere ligitimū
modum vsura-
rum l. Iulian.
p. ibid. Papinia
de al. cmpt.

peut demander & faire partir la peine qu'ils auront conuenu audit instrument. Et si entre les maistres & marchands ny auoit aucune peine, le maistre de la nef ne peut demander aucune mise
qu'à cause d'eux aura faicte, sauf & reserué s'ils luy auoiēt osté les
empeschements, & que far faute d'eux ne fust demeurée, eux ne
font tenus d'aucun dommage au maistre de la nef, comme est dict
cy dessus: ny aussi aucuns frais & mises qu'ils ayent faits. Et si au
temps que fera conuenu entr'eux y vienne empeschement de
Seigneurie qu'ils ne puissent charger & aller, & aussi qu'ils n'osas-
sent tirer de terre aucune marchandise, ne font tenus de rien
payer au maistre de la nef, veu que ce n'est leur faute: mais si outre ledict temps qu'ils auront promis au maistre de la nef, vient
aucun empeschement, que les marchands par leur faute n'eussent
voulu partir : ils font tenus de payer la peine qu'ils conuindrent
entr'eux quād ils passerent l'instrument, ensēble les frais & mises
qu'il aura faicts, & tout le dommage qu'il en aura souffert, soustenu, & en pourroit soustenir, sauf que lesdits dōmages & interests
doiuent estre remis à la cognoissance de deux experts de Mer,
qui bien & diligemment condamneront celuy qu'il appartiendra
afin que le maistre de la nef & le marchand demeurēt en amitié.
Et si le maistre de la nef gaignoit aucune chose du nollis, il est tenu d'en bailler aux mariniers pour leurs salaires en la forme &
maniere qu'il le gaignera. Et tel pacte que le patron de la Nef
fera auec les marchands, aussi faut qu'il le fasse semblablemēt aux
mariniers, & par mesme acte il est obligé à eux, comme eux à luy:
Et si les mariniers font au loüage, le maistre de la nef n'est tenu
de leur rien bailler sinon ce qu'il leur aura promis au departemēt
du voyage, combien le mois auront conuenu & accordé. Et pource a esté faict le present chapitre, afin que les marchands regar-
dent comme ils contracteront auec patron de Nef, & patrons de
Nef auec marchands, pour de son costé euiter le dommage qu'ils
pourront soustenir.

De Nef qui estiuera à degerram.
CHAP. CCXXXV.

Nef ou Nauire qui estiuera degerram, les marchands font tenus de donner les hommes qui estiueront la Nef ou Nauire pourueu qu'ils soiēt en lieu qu'ils en puissent trouuer pour l'argent, &
s'ils font en lieu qu'ils en puissent trouuer pour argent, se doiuent
accorder auec les mariniers: & les mariniers le doiuent faire, toutesfois les marchands les doiuent payer à la discretion & jugement du Naucher. Et le Naucher doit faire en façon & maniere
que

que les mariniers foient bien payez de leur mal traict, en telle forte auffi que les marchands foient contents , & auffi doit eftre mis
& pofé en la foy du Naucher , commé s’il le faifoit auec vne ba-
lance, & garder auffi bien le droict des marchands comme du patron & auec des mariniers, & ne doit plus fupporter l’vn que l’autre de ceux qui font dans la Nef , & s’il faict le contraire qui fe
peuffe prouuer parjure, ainfi qu’il leur fera prouué, il ne fera creu
en aucun temps pour ferment qu’il faffe , & fi le maiftre de la Nef
conuient auec les marchands qu’il fera eftiuer la Nef , les marchands ne font tenus de loüer les eftiueurs, & le maiftre de la Nef
s’en doit accorder auec les mariniers , & les payer comme deffus
eft dict : mais fi les mariniers vouloient faire aucune grace ou fe
vouloient faire payer, le doiuent faire conduite du Naucher.

Si ce que deffus fe rompt dedans la Nef.

CHAP. CCXXXVI.

Si quelque patron de Nef ou Nauire a nollifé auec aucuns
marchands , & lefdits marchands chargent icelle Nef ou Nauire
qu’ils auront nollifée , s’ils la chargent du gerain & lefdits auront
leur eftiueur qui eftiue pour eux , tellement que tout ce qui eft
nollifé foit pour eux, & ils y auront mis quelques vaiffeaux de terre, encore qu’ils eftiuent bien ou non , fi aucun geram fe rompoit
le maiftre de la Nef n’eft tenu de rien payer, veu qu’il n’eft faict
par fa faute: qui plus eft, les marchãds defquels le geram fera, font
tenus payer & fatisfaire au maiftre de la Nef tout le nollis qu’ils luy
auront promis par chafcun geram : en monftrant toutesfois les
pieces aux marchands, ou donnant tefmoins fuffifants de la fra-
cture defdits vaiffeaux. Et fi le maiftre du Nauire fait eftiuer tout
le geram par les eftiueurs qu’il y mettra bien & deuëment, fi fans
coulpe de l’eftiueur le geram fe rompoit, le maiftre de la Nef n’eft
tenu de rien payer & fatisfaire au marchand de qui fera, finon tãt
feulement qu’il n’en doit prendre aucun nollis, & par telle raifon
n’eft tenu en rien de ce que le marchand en fouftiendra , finon
que fuft par la faute defdits patron & eftiueurs, pourueu encores
qu’ils preuuent & monftrent, autrement non. Et pource le maiftre
de la Nef ou Nauire & du geram, fi les marchands ou homme pour
eux y eftoient, afin que dommage ne luy en puiffe aduenir, & par
ainfi à l’eftiuer dé geram y feront les marchands ou homme pour
eux, qui voye à l’eftiue fi gerre ou gerres fe rompra, le maiftre dé
la Nef n’eft tenu d’aucun dommage , & auffi les marchands ne
peuuent retenir aucun nollis audict patron de Nef, puifque eux ou
homme pour eux auront efté prefens à l’eftiuer. Et par ainfi fi au

charger ou defcharger fe rompt aucun gerre , les marchands ne
font tenus d'en bailler nollis au maiftre de la nef , mais s'ils rompent lefdits geram au defcharger, les marchands feront tenus de
payer le nollis au maiftre de la nef fans aucune contradiction.

Si les mariniers emmenent la Nef fans confentement du patron.

CHAP. CCXXXVII.

Si aucun maiftre de nef auant qu'il aye nollifé fa nef pour aller
defcharger en aucun lieu, & comme ledict maiftre de la nef fera
audict lieu où il deura defcharger & y doit defcharger fa nef, &
quand la nef fera defchargée il y doit depefcher promptement la
nef, afin qu'il puiffe donner profit à foy mefmes , & aux mariniers
& perfonniers de la nef. Et les mariniers le doiuent attendre &
ne le doiuent hafter, veu qu'ils demeurent à fes defpens , & leur
paye leur falaire. Et fi les mariniers par deffaut qu'ils ayent fans
leur maiftre & patron s'en vont dudit lieu là où ils aurôt defchargé : & en emmenent ladicte nef fans le fçeu & mandement du
maiftre de la nef qui fera allé en terre , tels mariniers ne doiuent
auoir droict en aucune chofe qui foit en la nef, ny aucun falaire,
ains fi le maiftre de la nef les peut prendre, les doit enferrer & les
mettre entre les mains de la juftice , & illec leur faire demande,
comme ceux qui font defobeyffant à leur maiftre & Seigneur,
pourueu que la nef foit entre mains d'amis, & en lieu qu'elle n'ait
peril. Et encore d'auantage font tenus les mariniers qui y confen-
tiront, de rendre & payer tout le dommage & intereft que le patron de la nef pourroit auoir fouftenu , & à ce faict le maiftre de
la nef doit eftre creu à fa feule & fimple parolle , & les mariniers
qui telle acte auront faict & commis, doiuent demeurer en prifon
iufques à ce qu'ils ayent fatisfaict au maiftre de la nef ce qu'ils auront accordé auec luy : & pource le prefent chapitre a efté faict
afin que les mariniers ne foient fi hardy d'emmener nef ou nauire
encores que le maiftre de la nef leur fift aucun tort ou grief fur la
peine d'eftre condamné comme deffus eft dict.

Comme il faut acheter vituailles & autres neceffitez de la Nef.

CHAP. CCXXXVIII.

Maiftre de nef qui aura nollifé fa nef pour aller au gain en aucun lieu, il doit faire achepter à l'Efcriuain, viures & autres chofes
neceffaires audit nauire , pour & afin que fi la nef auoit meftier
d'excercie qu'ils en achetaffent, & quand il aura acheté & faict
l'accompliffemét de toutes chofes qui feront neceffaires à ladite
nef, & le maiftre de la nef aura acheté l'excercie qui fera neceffaire à ladicte nef: lors fi le maiftre de la nef eft en aucun lieu ou

il y a des perſonniers, il leur doit demander l'excercie auparauant qu'il l'achepte, & ſi les perſonniers ne veulent, & le patron de la nef cognoiſt que l'excercie y eſt neceſſaire, il ne doit reſter pour le dire deſdits perſonniers d'en achepter, pourueu qu'il ſoit en terre qu'il s'en trouua, & euſſe argét pour ce faire, pluſtoſt que de ſe mettre à la fortune de la mer: & pource les perſonniers n'y doiuent rien contredire, que ledit excercie ne ſoit achepté, car par aduanture s'il ne l'achetoit il pourroit eſtre reprins des marcháds deſquels ſont les marchandiſes, & ſi le maiſtre de la nef tient aucun de la nef, y doit payer la compagnie, & tout ce que l'Eſcriuain aura achepté ſe doit compter, enſemble l'excercie que le maiſtre de la nef aura achepté. Ainſi que l'Eſcriuain & le maiſtre de la nef l'auroit compté, l'Eſcriuain doit aller à chaſque perſonniers, & leur doit dire que monte leur cotte, & ſi les perſonniers en veulent auoir compte, l'Eſcriuain leur eſt tenu, & tout ainſi que les perſonniers auroient ouy leur compte, ils ſont tenus de payer à l'Eſcriuain tout ce qu'il viendra pour leur part, autant qu'ils en auront en la nauire. Et s'il y auoit aucũs perſonniers qui ne vouluſſent payer ce que viendra pour leur cotte & y côtredira, lors le maiſtre de la nef pource qu'il peut eſtre emprunté, il ſe doit ſaiſir de tout ce que tels perſonniers auroient en la nef, enſemble de tout le gain qui ſera faiƈt de ſes deniers, afin que lediƈt maiſtre de nef ſoit rembourcé de tous ſes frais, & ſi la part dudiƈt perſonnier & le gain d'icelle n'eſtoit ſuffiſant pour rembourſer lediƈt maiſtre de nef, le bien de tel perſonnier demeure hypotequé pour ſatisfaire ce qui ſe trouuera eſtre deub pour ſa cotte: mais pource que aucuneſfois le maiſtre de la nef ſera en lieu qu'il n'y aura aucun perſonnier, & ne trouuant aucun du commun de la nef, & il a emprunté pour les raiſons que deſſus ſont diƈtes: tout le commun de la nef le doit payer ſans aucune contradiƈtion, & pource, ſi auparauant que tel emprunt que deſſus eſt diƈt ſoit payé, la nef ſe pert, perſonnier aucun n'eſt tenu de rien rendre de ce qui ſera emprunté, puiſque la nef ſera rompuë: parquoy que celuy qui preſtera aduiſe à ſe gouuerner ſagement, afin qu'il puiſſe recouurer ce qu'il aura preſté: car il ne peut rien demander aux perſõniers, veu & attendu qu'ils y perdent plus que luy. Semblablemét auſſi quand ladiƈte nef ſera rompuë ils ne ſont tenus d'y mettre ny fournir, & ſi la nef eſt en aucun lieu, & le creancier ſe veule payer, ſi le maiſtre de la nef a deniers ſiens & propres, ou il aura part en la ſocieté de la nef, tel patron eſt tenu payer à tel creácier incontinent ce qu'il luy aura preſté, & doit retenir la nef auxper-

Quamuis enim posterior sit creditor præfertur tamen quia ad armandam nauim & reficiendam credidit.

Huius enim pecunia saluam facit totius pignoris causam. l. interd. cum seq. qui potio ir. pig.

sonniers, & compter auec eux du gain & de la perte qu'il aura faicte, & s'il y a profit est tenu d'en bailler la part à chascun personnier, ainsi comme il aura part en la nef, tant à l'vn qu'à l'autre, & s'il n'y auoit profit, ains plustost perte, chacun personnier est tenu de rendre & bailler tout ce qu'on demandera pour sa part, car il est raison que qui veut auoir part au gain, faut qu'il paye à la perte. Et si le maistre de la nef n'a argent de soy ny d'autruy, ny aura aucune part en la societé, lors le creancier vendra la nef, & apres que la nef sera venduë & le creancier sera payé, s'il y a rien de reste de l'argent pourueu à la nef, le patron est tenu d'aller au lieu là où sont les personniers, & leur doit bailler leur part de ce que sera demeuré de la vendition de ladicte nef, & quand aucun maistre de nef aura vendu sa nef pour les raisons que cy-dessus sont dictes, aucuns personniers ne luy peuuent rien demãder, tant que lesdits personniers luy puissent prouuer qu'ils auront faict ledict emprunt pour le jeu ou autres meschancetez, sinon que les personniers le peussent prouuer par le cartulaire. Et si lesdits personniers peuuent prouuer ledit emprunt auoir esté faict par maluersation, jeu ou autres choses, il est tenu de rendre & restituer ausdits personniers toute leur part qu'ils auront en la nef, ou la legitime valeur: & s'il n'a dequoy payer, doit estre prins & enferré iusques à ce qu'il soit accordé auec les personniers, ou qu'il leur aye satisfaict tout leur dommage, tout ainsi comme il aura vendu la nef, & bailler leur part & portion aux personniers de ce que la nef aura esté venduë. Et si le prix que tel patron aura de la nef n'est suffisant pour satisfaire ce que sera deub, n'est tenu d'en rien satisfaire aux personniers comme est dict cy dessus: & si tel patron s'en alloit en aucun lieu, & la nef faisoit aucun profit, de tout le profit qu'il aura faict, est tenu aux personniers au prorata de leur cotte.

Comme tel patron est tenu rendre compte chacun voyage aux personniers.

<h3 style="text-align:center">CHAP. CCXXXIX.</h3>

Tout maistre de Nef ou Nauire, est tenu de rendre & restituer chacun voyage à chasque personniers compte de ce qui aura esté gaigné & perdu, & leur bailler ce qui se trouuera auoir esté faict de gain pour raison de la Nef, sans en retenir rien sinon de leur consentement. Et si le maistre du Nauire n'a dequoy payer & satisfaire, doit estre prins au corps & mis aux fers iusques à ce qu'il aye rendu compte, & porte le reliqua, & pource a esté faict le present chapitre à cause que les maistres des Nefs demeureroient long temps de faire compte aux personniers, principalement

quand ils verroiét que la Nef feroit perduë,& fe retirera aux perfonniers,& leur dira qu'il a tout perdu,& foit ce que fe perdra, le
maiftre du Nauire n'en eft tenu finon comme deffus, pource que
tout maiftre du Nauire doit & eft tenu de compter auec les perfonniers à chacun voyage du gain,pour les raifons que deffus , &
encor d'auantage eft tenu le maiftre de la Nef s'il faifoit quelque
gain des deniers de la communauté,en faire part à fes cõpagnõs,
mais fi par cas fortuit il y auoit perdu , nul de fes compagnons ne
luy eft tenu,pource qu'il a vfé des deniers de fes compagnons outre leur vouloir. Parquoy le patron ayant deniers de commun, il
doit tarder,eftant arriué faire compte, afin qu'il ne luy interuien-
ne aucun dommage,ne luy eft tenu d'aucun dommage quand il
tiendra le commun,malgré les perfonniers deffufdits.

Comme patron deura rendre compte,& s'il meurt fans compter.

CHAP. CCXL.

Si aucun maiftre de Nef nauigue en voyage , & retourne plufieurs fois au lieu où feront fes perfonniers, ou la plus grand partie d'iceux : leur eft tenu de rendre compte chãfque voyage qu'il
fera. Et s'il ne le fait il eft tenu de tout dommage ainfi qu'au chapitre deffus dict eft contenu , & pource fi le maiftre de la Nef ou
Nauire nauigeoit fans vouloir rien compter , les perfonniers doiuent le requerir de ce faire,& quand tel patron de Nef ne le voudra faire,les perfonniers l'en peuuent contraindre,& auffi l'en requerant ou non : s'il ne le veut faire,& s'il luy vient aucune infortune comme de mort , lefdits perfonniers demanderont compte
d'icelle,ou aux tuteurs de fes biens,ou à la part du profit, que tel
patron auroit faict à ce ladicte Nef ou Nauire,& lefdits heritiers &
biens tenãs ne font tenus de luy rendre compte,ny rien bailler du
profit que ledict patron mort auoit fait,fi lefdits perfonniers ne le
peuuent preuuer,ou celuy qui fera mort ne l'auoit laiffé par teftament,& fi par fortune tel patron eft mort fans faire teftament, les
heritiers n'en font tenus d'aucune chofe,finon qu'il fera contenu
au cartulaire,que tels patron feront tenus de rendre.Et s'il treuue
dans ledict cartulaire efcrit aucun gain,lefdits heritiers ou detem-
pteurs des biens de tel patron mort,feront tenus de rendre à chacun defdits perfonniers la part ou portion qui leur appartiendra,
du gain qu'ils auront trouué efcript dans ledict cartulaire. Encores que tous les biens de celuy qui fera mort fuffent vendus,pour-
ce faire,& fi par fortune dans ledict cartulaire n'eft trouué aucun
efcript,ny aucun profit que la Nef ou Nauire aye faict , & que le
patron mort euft emprunté aucune chofe , les perfonniers font

tenus de payer leur part,& faut entendre pourueu que le defaut
ne fuſt de la part du patron qui ſera mort. Et s'ils peuuent prendre que ledit commencement aura eſté faict, le doiuent prendre
ſur les biens du mort,autrement leſdits perſonniers ſont tenus de
payer le conſentement ainſi qu'il appartiendra par ſa corte. C'eſt
raiſon que comme tels perſonniers prendront part du profit qu'ils
ayent part à la perte conſéquemment : encore d'auantage par autre raiſon que tel patron mort alloit nauiguer, tels perſonniers le
deuoient contraindre à rendre compte du profit , & là ſe faire
payer de ſa part & portion : & par ainſi comme deſſus eſt dict, ſi
tel patron mouroit ſans faire teſtament,&au cartulaire n'en eſtoit
faict aucune mention,leſdits perſonniers ne peuuét rien demander à ſes heritiers,ny pareillement leſdits heritiers ou biens tenãs
ne peuuent rien demander auſdits perſonniers du dommage &
conſommement qui ſera trouué en la Nef, ſinon que comme eſt
dit cydeſſus qu'il fuſt eſcript audit cartulaire,ou le peuſſent prouuer par teſmoins ce qu'ils demanderoient, & par ainſi chaſcun ſe
prenne garde de faire rendre compte aux patrons à chacun voyage, pour & afin que perſonne ne puiſſe eſtre en rien greué , &
pource le preſét chapitre a eſté fait,ſauf ſur tout ce que deſſus de
tous pactes conuenus, accordez & promis, que tels maiſtres de
Nef euſſent faicts & feront auec les perſonniers , pour euiter le
dommage que deſſus,& quand ce viendroit que tel patron vint à
mourir, & euſt parauant qu'il fuſt mort rendu compte aux perſonniers,& ne les euſt ſatisfaict,mais que les perſonniers n'euſſent
demeuré & attendu , & ce pendant tel patron alloit mourir : ſes
heritiers & biens tenans ſont tenus de payer ce qui ſe prouuera
eſtre deub auſdits perſonniers, & à ce iceux perſonniers pourrõt
contraindre leſdits heritiers, encores qu'il falluſt vendre tous &
chaſcun les biens de tel patron quand il ſera mort.

Declaration du precedent Chapitre.

CHAP. CCXLI.

Suiuant ce qu'en l'autre chapitre eſt dict & declaré que tout
maiſtre de Nef,ou Nauire , eſt tenu de rendre compte à ſes perſonniers chaſque voyage qu'il aura faict,& s'il ne le fait,il eſt tenu
& obligé tout ainſi qu'audit chapitre cydeſſus eſt dit & contenu,
mais il faut entendre que ce ſoit chaſcun voyage , ou voyages où
ſeront les perſonniers,ou la plus grande partie d'iceux. Si par aduanture tel patron faict port en aucun lieu où il n'y aura aucuns
perſonniers,ſi en la Nef aduient aucun dommage,tellement qu'il
perde tout ou partie de ce qui ſera dans la Nef ou Nauire par cas

de fortune. Et si ladicte perte ne se faict par sa faute , tel patron
n'est tenu de payer aux personniers aucune part ne portion de
dommages & interests, sinon que les personniers ayent conuenu
auec ledict patron qu'il ne s'arreste point en aucũ autre lieu pour
faire son voyage sans leur consentement, & aussi qu'il leur aye dit
qu'il leur deuoit leur part & cotte de profit que tel patrõ aura fait
à chacun : & si ainsi leur a promis, quand lesdits personniers souf-
friroient aucun dommage, tel patron est tenu leur rendre & restituer, & s'il n'a dequoy satisfaire, est tenu de ce faire tout ainsi que
est contenu au chapitre cy dessus dict. Et si les personniers n'ont
conuenu auec le maistre de la Nef auant qu'il parte pour aller en
voyage, leur doit enuoyer leur part & portion du profit qu'il aura
faict. Autrement n'est tenu de leur rien enuoyer, car s'il leur en-
uoyoit sans leur sceu & vouloir, s'il se perdoit seroit perdu pour le
patron de la Nef, & tout ainsi qu'ils conuiendroient auec le maistre du Nauire, faut qu'il soit tenu respectiuement auec les persõniers: & quand ainsi ne sera tenu par celuy qui fera le compte , il
faut qu'il paye tout le dommage à celuy à qui il appartiendra , à
faute de ne tenir & garder ce qui sera conuenu: mais si au maistre
de la Nef ou Nauire vient empeschement par volonté diuine, &
mauuais temps, ou par empeschement d'ennemis, & à cause de ce
ne peuuent tenir ce qu'il leur aura promis, & tels personniers pré-
dront & soustiendront aucun dommage, il n'est tenu de satisfaire
ausdits personniers, pourueu que ce soit par l'empeschement que
cy dessus est dict, mais tout se doit faire à moins de dommages &
frais qu'il se pourra : & s'il y auoit aucun dommage par faute du
patron, & qu'il se peust prouuer , ledict patron est tenu leur satisfaire tout le dommage sans malice, le moins mal que sera possible
à vn chascun.

Du patron quand il voudra croistre sa Nef.

CHAP. CCXLIII.

Maistre de Nef ou Nauire qui voudra croistre sa Nef ou Nauire, s'il est en lieu où soient tous les personniers, ou la plus grande
partie d'iceux , il est tenu de leur faire assçauoir : & si les personniers ou la plus grande partie d'iceux, veulent que la Nef soit plus
grande, le maistre de la Nef la peut croistre, & tous les persõniers
sont tenus de leur cottité, tout ainsi comme l'accroissement montera: & s'il y auoit aucun personnier qu'y voulust contredire, ne
le peut , veu que ledict accroissement de Nef se faict par le consentement de la plus grande partie des personniers , & le maistre
de la Nef faut qu'il prenne la part que tel personnier sera tenu à

Vt plurimorum
facultatibus in
vnum collatia,
rectius merca-
tura exercea-
tur, maximum
est enim vincu-
lum societatis.
Iust. lib. 46.

contribuer : mais s'ils ne veulent que telle ɴef ſoit faiᴄte plus grãde, le maiſtre de la ɴef ne les peut contraindre, ſinon de tout ainſi
qu'eſt diᴄt cy-deſſus: mais ſi tel maiſtre de Nef fait aucun accroiſſement à la Nef, ſans volonté ny ſçeu des perſonniers : les perſonniers ne ſont tenus au maiſtre de la Nef. Et pource ſi le maiſtre de
la Nef eſt en aucun lieu , ou n'aura aucun perſonnier, & il voudra
croiſtre ſa Nef, il la peut croiſtre , & les perſonniers n'y peuuent
contredire en rien. Le maiſtre de la Nef eſt obligé de tenir les
paᴄtes accordées, & ainſi doit eſtre procedé.

    De cela meſme.   CHAP. CCXLIII.

    Maiſtre de Nef ou Nauire, ainſi qu'eſt eſcrit au precedent cha-
pitre qui voudra faire aucun accroiſſement de Nef, & il eſt en lieu
où ſoient tous les perſonniers, ou la plus grande partie d'iceux, il
leur doit demander s'ils veulent que lediᴄt accroiſſement ſe faſſe,
& ſi tous leſdits perſonniers ou la plus grãde partie ne le veulẽt,
lediᴄt maiſtre de la Nef ne le doit faire, ny à ce les peut contraindre ny forcer, ſinon ainſi qu'il eſt contenu au precedent chapitre,
& alors doiuent remonſtrer que ſi le maiſtre de la Nef y eſt, ne ſera en lieu où ne ſoient tous les perſonniers, ou la plus grande partie, que ſi tel maiſtre de Nef veut croiſtre le Nauire il le peut faire, mais faut entendre que lediᴄt maiſtre de la ɴef ne le peut croiſtre, ſinon pour deux raiſons: c'eſt aſſçauoir pour auoir plus grand
nollis, & plus grand voyage, ou par grand profit qu'il y viſt, & auſſi
par paſſage & defaut de Nef que n'en trouuaſſent point , & ſi tel
maiſtre de Nef faiᴄt lediᴄt accroiſſement par leſdiᴄtes raiſons, les
perſonniers ſont tenus de luy tenir compte de toutes miſes &
frais qu'il y aura faiᴄtes, à cauſe dudiᴄt accroiſſement: ſi leſdiᴄts
perſonniers ne luy peuuent prouuer le contraire, & ſi prouuer ne
luy pouuoient tout ce que tel patron aura fourny & deſpencé luy
doiuent tenir en compte , & ſi à cauſe de ce leſdits perſonniers
auoient aucun profit, lediᴄt patron eſt tenu leur bailler, ſuiuant la
cotte qu'ils auront en la ɴef. Et ſi le maiſtre de la Nef leur porte
aucun emploit conſommenent , les perſonniers ſont tenus de
payer audiᴄt patron, ſuiuant leur part qu'ils auront en la ɴef : car
c'eſt raiſon puiſque les perſonniers prennẽt profit, faut auſſi qu'ils
payent du dommage, & pource que le maiſtre de la ɴef faiᴄt ledit
accroiſſement par les raiſons cy-deſſus diᴄtes , & meſmement
quand le contraire ne luy ſera point preuué , mais ſi leſdits perſonniers luy preuuent le contraire qu'il ne faſſe lediᴄt accroiſſement pour les raiſons cy-deſſus diᴄtes , ains de ſa propre authorité, ſans vouloir ne conſentement: leſditsperſonniers ne ſont tenus
                                        d'aucun

d'aucun dommage,& ne luy doiuent precompter sesdits frais &
mises,que pour raison de ce il aura despencés, ains seront tenus
le remettre à deux ou trois iurez & experts pour cognoistre si tel
accroissement estoit necessaire,& ce qu'ils ordonnerót,faut qu'il
soit payé & satisfaict autrement non : car par aduanture lesdits
personniers n'inquanteront ladicte Nef audict patron, & par ainsi
il demeurera maistre de toute la Nef,autrement lesdits persóniers
ne seront tenus bailler rien,requerir ny payer audict, sinon tant
seulement en la forme & maniere que dessus est dict, & arbitré
par lesdits experts:sinon en tant que le maistre de la Nef gaignera
auec ledict Nauire,& en ce faisant luy feront grace qu'il demeure
maistre de ladicte Nauire, & quand ils le mettront & feront conuenir par justice,& si lesdits personniers font inquanter la Nef &
leur demeure comme plus offrans , ils font tenus de payer à tel
patron sa cotte , ensemble les frais, mises, & despens qu'il aura
frayez suiuant la cognoissance & condamnation desdits experts,
& incontinent que ladicte Nef leur sera deliurée. Et pource si celuy qu'estoit le maistre de ladite Nef auoit emprúté aucune somme d'argent pour faire lesdictes fournitures de ladicte Nef & accroissement susdictes,si ce qu'il aura faict n'est raisonnablement
faict,ne font tenus luy donner aucun loüage, sinon que les personniers le veulent faire de leur gré : mais si ainsi est conuenu,le-
dict patron aura emprunté argent pour faire ledit accroissement,
pour les raisons cy-dessus dictes, si le maistre de la Nef a frayé
grands frais,mises & despens, & salaire qu'il aura payé deura aux
seruiteurs & maistres qui auront faict ladicte besongne , lesdicts
personniers font tenus de rembourser,payer& satisfaire audit patron suiuant leurs parts & portions qu'ils auront à ladicte Nef sans
contradiction aucune. Et par ainsi tout maistre de Nauire & personniers,quand ils feront en lieu de changer ou priué,&voudront
faire Nef ou Nauire ou accroissement aucun en leurs Nefs & Nauires,qu'ils les fassent auec iuste raison,pour & afin que les dommages dessusdits, aucuns n'en puissent souffrir , sauf tous pactes
conuenus & accordez entre les maistres de la Nef ou Nauires,
& personniers en toutes choses , & pource le present chapitre a
esté faict.

D'accoustrer la Nef.   CHAP. CCXLIV.

Le patron duquel la Nef aura besoin d'estre reequippée, s'il est
en lieu où y aye personniers tous ou partie, il doit dire & remonstrer aux personniers la necessité de faire refaire ledict equipage.
Et si les personniers le veulent, le patron le doit faire en contri-

buant,& faifant chafcun par fa cotte ainfi qu'il appartient:& s'il y
auoit aucun des perfonniers qui ne vouluft contribuer pour la
cotte,& à caufe de ce le maiftre de la Nef fera côtrainct emprun-
ter:tel perfonnier eft tenu & obligé ainfiqu'il eft contenu au chapitre cy deffus dict : Et fi les perfonniers ne veulent que la Nef
foit accouftrée,pource qu'à l'aduenture il coufteroit plus qu'il ne
vaut encores, mais apres qu'elle fera accouftrée par aduanture la
voudront vendre & ils n'en trouueroient tant qu'elle coufteroit
d'accouftrer,en tel cas le maiftre de la Nef n'eft tenu, ne la doit
faire accouftrer fans la volonté & licence des perfonniers , mais
fi le maiftre de la Nef peut entendre que lefdits perfonniers la
veulent mettre en vente & inquant,puis qu'ils ne voudront qu'elle foit accouftrée : les perfonniers l'en peuuent auffi forcer & cô-
traindre,& au cas que le patron la feift accouftrer fans le fceu ny
confentement des perfonniers , s'il n'y auoit aucun accord entre
eux , finon que quelqu'vn des perfonniers y euffe quelque Sei-
gneurie:fi ainfi eftoit qu'il euft faict fans confentement des perfonniers,en ce cas ils ne font tenus luy fatisfaire aucun dommage
ny frais,ou mifes qu'ils ayent employez pour l'equipage qu'il aura faict fans le fceu defdits perfonniers. Maiftre de la Nef fe doit
payer ainfi comme la Nef gaignera de ce qu'il aura fourny, fans
qu'aucun perfonnier y puiffe contredire : mais fi la Nef ou Nauire fe perdoit auparauant que le maiftre de la Nef foit payé de ce
qu'il aura fourny,nul perfonnier eft tenu de luy payer & fatisfaire
aucun dommage, mais quand la Nef ou Nauire fe perdra, & aucune excercie fe fauuera, le maiftre de la Nef fe la peut appro-
prier,fans qu'aucun perfonnier luy puiffe rien demander , mais
apres qu'il fera payé fi aucune autre chofe y demeure, le maiftre
de la Nef le doit rendre & reftituer aux perfonniers à vn chafcun,
fuiuant la part & portion qu'ils auront en la Nef ou Nauire. Et
quand aucun des perfonniers voudra vendre fa part qu'il aura en
ladicte Nef quand elle fera accouftrée, il le doit faire affçauoir à
celuy qui fera patron de la Nef,pource qu'il y aura eu plus de peine,& fi tel perfónier ne fe peut acorder auec le maiftre de la Nef,
le doiuent remettre à deux hommes de bien de l'art de la Marine
lefquels verront ladicte Nef,& pourront ordonner ainfi qu'ils ad-
uiferont felon Dieu & confcience. Pource que fi tel perfónnier
vendoit fa part à autruy,que le maiftre de la Nef puiffe demander
l'equipage à celuy qui acheptera la part de tel perfonnier, & tout
ce que tels bons hommes iureront , faut qu'il foit payé & rem-
bourfé fans aucune contradiction. Sauf fi le maiftre de la Nef

auoit faict aucun pacte, auec aucun perfonnier, qui voulut que ladicte nef fans eftre accouftrée puifle nauiger, le maiftre de la nef
doit garder le profit des compagnons perfonniers, & pource doit
le maiftre du nauire garder les chofes & profit des perfonniers
cõme le fien propre, pource qu'ils l'ont faict maiftre de leur bien,
& pareillement fuir les dommages & interefts, veu que tels perfonniers fe fient en luy. Et fi le maiftre de la nef voit & cognoift
que tel equipage foit neceffaire & auprofit des perfonniers fuiuãt
fon jugement, il le doit faire, veu qu'il fera neceffaire que lefdicts
perfonniers le doiuent tenir pour faict, dont qu'il l'aura fait à bonne intention. Et s'il le faict ainfi, les perfonniers n'y peuuent contredire. S'il eftoit accordé entre les maiftres de la nef & perfonniers qu'il n'y feroit aucũ accouftrage fans leur vouloir & licence
ne vendroient finon que fufle auec volonté de la plus grande
partie des perfonniers, fi tous n'y vouloient eftre confentants. Et
fi ainfi eftoit accordé, faut que les autres perfonniers faffent ce
que la plus grande partie voudra, pouruu que ledict patron
ne l'euft donnée, ioüée, ou perduë par tromperie, & autres
chofes que fuft fa faute, & aduenant ce cas ledict patron eft tenu
de fatisfaire à chafcun des perfonniers fa cotte, tout ainfi qu'ils
auront conuenu & accordé, & pource pourront faire l'vn l'autre
contraindre par juftice.

    D'arborer les Ancres.   CHAP. CCXLV.

Maiftre de nef ou nauire qui prendra ou fera prendre fignaux
ou gayatelles, ou ancres d'aucune nef ou nauire qui fera ormegée
pres de luy, & tels ancres fe perdoient, eft tenu au maiftre de telle
nef luy fatisfaire le dommage que tels ancres luy auront fait, tout
ainfi qu'il dira par fon ferment. Encore d'auantage eft tenu luy
fatisfaire de tout le deftourbier qu'il en aura fouftenu : encores
d'auantage ledict patron de qui tels ancres feront, fe peut retirer
à juftice, & faire conuenir tel patron deuant elle pour luy fatisfaire les dommages, & le prendre pour larrecin. Encores dauantage, fi les mariniers orbent ancres fans le fçeu & volonté du maiftre de la nef ou de celuy qui fera en la nef, fi tel marinier le faict
de fa volonté & propre authorité fans confentement, il doit eftre
puny par femblable peine que deffus, que lemaiftre de la nef doit
auoir, fi par commandement l'euft fait. Encores d'auantage, fi tels
mariniers que telle chofe auront commun n'ont dequoy fatisfaire, tels ancres que foient perduës par leur faute, tout ainfi comme
eux les auront orbées. Et qui plus eft, s'ils ne peuuent entieremẽt
fatisfaire le dommage & perte de temps que tels patrons de nef

auront fouftenu, tels mariniers doiuent eftre prins & mis en prifon, & illec detenu iufques à ce qu ils ayent fatisfaict audit patron
de Nef ledict dommage, & tout ce qu'il dira par fon ferment en
auoir fouftenu & fouffert : finon que tel maiftre de la Nef luy
vouluft faire grace, & qu'il attendift iufques à certain temps de
tout ce que luy deuroient à caufe dudit dommage, pourueu que
ce foit auec la volonté du patron qui tel dommage aura fouftenu.
Et tel maiftre de Nauire peut faire telles chofes fi bon luy femble
finon auffi qu'il le leur veuille faire gaigner. Et pource a efté faict
le prefent chapitre, que fi telle peine n'y eftoit, en ce s'en enfui-
uroit beaucoup de plus grands inconueniens, encores que d aucune Nef ancienne proüe fraye ne s'enclaftre, ou aura pofé fegniaux que cependant les fegniaux ne leuera ou fera leuer, & ce
à mefme peine que deffus eft dict.

   De Nef qui ira à part. CHAP. CCXLVI.

  Maiftre de Nef ou Nauire qui menera fa Nef à part, il eft tenu
de faire efcrire tous les pactes & accords qu'il aura faits ou fera
auec tous les mariniers, & ce en prefence de tous les mariniers, ou
de la plus grande partie, pour combien de part prendra la Nef, &
combien de parts prendra tout le commun, & à quels doit faire
meilleure, ou à quel non, & pour combien, en quelle partie, afin
qu'entre les mariniers & le maiftre de la Nef il ne puiffe auoir debat : & le maiftre de la Nef monftre toute & chafcune l'excercie,
qui fera dans ladicte Nef à tous les mariniers, ou bien la plus grãd
partie. Et fi tous n'y peuuent eftre afin qu'elle foit vifitée pour la
regarder s'il y en aura affez, & s'il ny en auoit affez le doiuent remonftrer pour en auoir d'auantage, & faut que l'Efcriuain y foit
prefent, & qu il l'efcriue, afin que ne fe perde, pour euiter queftiõ
& debats que puis apres puiffent dire qu'ils ne l'auroient veu, car
il peut eftre defrobé, & s'il eftoit cas qu'elle fe perdift qui fe par-
tiffent par commun. Et fi le maiftre de la Nef faict ainfi comme
deffus eft dict, les mariniers font tenus le feruir ainfi comme s'ils
faifoient à loüage, fans que par raifon aucune y puiffent contredire, fauf toutesfois les conditions declarées au chapitre que deffus. Et auffi quand le maiftre de la Nef aura faict quelque profit,
doit bien deuëment & loyallemẽt leur faire part & portion comme appartiendra à vn chacun, tout ainfi qu'ils auront accordé enfemble, & fera l'accord efcrit dans le cartulaire de la Nef. Et le
Naucher eft tenu fur peine de ferment qu'il aura faict, de garder
tout le profit de tels mariniers, que bien & entierement ayent
tout ce que ledict patron de la Nef leur aura promis & accordé.

Et l'Efcriuain eft tenu de garder le profit de la Nef fur femblable
peine qu'au Naucher fera impofée & mife, qu'il ne faffe aucune
tromperie à la Nef ny aux mariniers, mais tout bien & loyaument
qu'il donne la part à vn chacun comme luy appartiendra, & les
Naucher & Efcriuain doiuent auoir meilleurement, fuiuant &
ainfi comme auront conuenu quand ils fe cõmençoient d'accorder auec la Nef & mariniers. Et fi entr'eux n'auoient efté conuenu, ils doiuent auoir chacun vne part d'auantage, par raifon de la
peine qu'ils auront prins pour tout le commun de la Nef. Et telles
deux parties fe doiuent partir par tout le commun de la Nef enfemble. A prefent faut parler des conditions par cas de fortunes
aduenuës, fi Nef ou Nauire ira auec voilles, & allant auec voilles
elle perdra arbres antennes ou voilles, les mariniers ne font tenus
de rien payer ny fatisfaire, fi le maiftre de la Nef ou le Naucher ne
les en auoient aduerty, auparauant que lefdictes voilles, entennes
& arbres fe perdiffent, a commandé qu'ils callaffent voille, & fi
les mariniers n'auoient voulu caller, & pour telle raifon telle excercie fe perdift, les mariniers font tenus de fatisfaire telle excercie: enfemble tout le commun de la Nef: & fi le maiftre de la Nef
ou Naucher mandent leuer ancres en quelque lieu où ils feront,
& l'excercie auec laquelle leur fera commandé leuer ledict ancre
n'eft bonne ny fuffifante, & fi les autres fe perdoient quand ils ti-
reront, pourueu que tels mariniers les en ayent aduertis, qu'ils ne
voudroient charger ladicte excercie, & les autres qui aurõt commandé à leuer fans changer, fi l'excercie fe perd lefdits mariniers
n'en font tenus en rien, puifque comme eft dict cy-deffus ils l'auront dict & remonftré, & fi tels mariniers ne font cas de telle re-
monftrance que deffus eft dicte, quand aucune ancre fe perdra
pour les raifons que deffus, ils font tenus les payer & fatisfaire.
Encores dauantage, fi en la Nef vient cas de fortune ou qu'elle
trauerfe en terre & fe rompt, fi le profit qu'aura faict telle Nef
eftoit fuffifant à la refaire, le patrõ la peut refaire, & s'il ne la vouloit refaire doit eftre mife à prix entre luy & les mariniers & efti-
mateurs, combien valoit ladicte Nef quand elle alla en terre: & fi
entr'eux ne fe peuuent accorder, telle queftion doit eftre remife
au dire de deux hommes de bien, experts à l'art de marine. Et
tout ce qu'ils ordonneront doit eftre tenu & gardé, fatisfaict &
payé, fans que perfonne y puiffe contreuenir, & fi telle excercie
fe fauuoit, tout ce que fera fauué doit eftre mis en prix au maiftre
de la Nef, & ainfi comme le maiftre de la Nef fe feroit payer s'il
reftoit quelque chofe du gain, tout ce qu'il demeureroit doit eftre

party cõmunement tout ainſi qu'ils auront conuenu & accordé, & ſi par fortune le profit qu'ils auront fait ne ſuffiſoit à retourner refaire telle Nef, les mariniers ne ſont tenus d'y contribuer: car ils ont aſſez perdu puis qu'ils y ont perdu leurs temps, & conſommé leurs corps. Et pource que les mariniers ſont tenus de mander au maiſtre de la Nef, en la forme & maniere que deſſus eſt diƈt, enſemble d'ayder à ſauuer tout ce que pourra ſe ſauuer. Les mariniers ſont tenus rendre au maiſtre de la Nef tout ce qu'ils aurõt deſpendu en viures, & de tout ce qu'ils ſe loüerẽt iuſques au iour qu'ils ſe departirent de la Nef: car le maiſtre de la Nef y perd & y perd la Nef, & a conſommé ſa perſonne & ſon temps , & à ce peut contraindre leſdits mariniers, tout ainſi comme s'ils auoient eſté obligez auec inſtrument & teſmoins, & pource les peut faire conuenir par iuſtice, & mettre en priſon iuſques à ce qu'il aye ſatisfäiƈt tout ce qu'aura deſpendu le patron de la Nef, ou bien accordé auec luy, tout ainſi que tel patron cognoiſtra qu'aurõt deſpendu tels mariniers, & ne le peut faire pour aucune autre malice que tel patron aye commiſe , ſinon qu'il plaiſe au maiſtre du Nauire leur faire grace de certain terme, & certain temps qu'il le puiſſe ſatisfaire, ou bien que luy faſſe gaigner, ou bien auſſi de l'en faire obliger auec inſtrument & cautions que tels mariniers bailleront, afin que ne ſe puiſſe perdre. Et encores plus, ſi quelqu'vn des mariniers perdoit aucune marchandiſe pour le ſeruice de la Nef, doit eſtre ſatisfaiƈt du commun s'il le peut prouuer: car tels mariniers perdẽt aſſez quand ils perdent leur tẽps & conſõment leurs perſonnes. Et pource a eſté faiƈt ce preſent chapitre : car beaucoup de patrõs quand ils mettroient mariniers à part, bailleroient excercie, voilles, proües, afin que ſi elles ſe gaſtoient fuſſẽt payez par leſdits mariniers, & par ceſte raiſon les mariniers qui vont à part ne ſont tenus de payer & contribuer à la Nef quand elle ſera rompuë, ſinon tant ſeulement du profit qu'ils auront faiƈt auec ladiƈte Nef, ainſi qu'en cediƈt chapitre eſt diƈt & declaré.

D'excercie oſtée par Nauires armées.
CHAP. CCXLVII.

Maiſtre de Nef ou Nauire qui nauiguera à parts, & par cas d'auanture rencontrera Nauires armées , & luy oſteront ou emporteront les voiles ou autre excercies & autres garniments, le tout doit eſtre achepté & remis dans la Nef par le commun des mariniers, & faut entendre que chaſcun ſoit tenu de mettre en mettãt tant qu'ils auront de part au profit que lediƈt Nauire auroit fait,

& si le profit n'est suffisant pour satisfaire ladicte excercie, les mariniers qui vont à parts ne sont tenus de satisfaire ny ayder d'aucune autre chose, pource que comme est dict cy-dessus, mariniers
perdent assez quand ils perdent leur temps, & consomment leurs
corps : car s'il falloit que le bien qui doit demeurer à la maison
fust employé à payer telles choses, il vaudroit bien mieux demeurer en sa maison, & pource si le profit que la Nef aura fait suffit au
payement dudit excerce de la Nef, le maistre du Nauire doit iurer en presence de tout le commun qu'il doit remettre ladite Nef
au premier estat le plutost qu'il pourra. Et s'il la recouure, il est tenu rendre & restituer aux mariniers tout ce qu'il aura prins & receu d'eux, pour payer ce que dessus sans aucune contradiction, &
si en la Nef y auoit aucun marinier ou mariniers qui n'y voulust
contribuer pour retirer les choses que tels Nauires armées auront prinses, ne doiuent estre participants des gains & profitqu'ils
auront faict, veu aussi qu'ils veulent bien participer aux hazards
qui peuuent arriuer, comme sont affaires & autres choses, où il y
auroit or & argent, & par ainsi ne peuuent lesdits mariniers contredire, que le profit que la Nef aura faict ne soit mis & employé
aux pertes & dommages qui sont en la Nef, ainsi qu'est dict cy-
dessus, & ainsi comme telles gens veulent part & portion au profit, aussi bien faut-il qu'ils contribuent aux dommages quand ils
viennent par cas d'aduanture, & pource que dessus a esté faict ce
present chapitre.

De marchandise qui se moüillera en Nauire & descouuert.

CHAP. CCXLVIII.

Marchands qui nolliseront & mettront marchandises dans Nef
ou Nauire descouuert, si telle marchandise se moüilloit ou gastoit
par temps de Mer, ou pluyes, le maistre du Nauire n'est tenu de
satisfaire aucun dommage ausdits marchands, pource que ce n'est
sa faute : car les marchands mesmes sçauoient bien que ladicte
Nef estoit descouuerte: mais si le Nauire estoit descouuert en aucũ
lieu que le patron de la Nef le peust sçauoir, & faire tẽdre, & qu'il
ne fist si mauuais temps qu'il ne la puisse tenir faicte & ne la fera,
si tels marchands peuuent prouuer que pource qu'il n'a pas voulu
faire tendre, la marchandise s'est gastée , tel patron est tenu de
payer aux marchands, non tant seulement la marchandise , mais
tout le dommage & profit qu'ils en eussent peu faire, à faute qu'il
n'a voulu faire tendre: mais si le maistre patron est en aucuñ lieu
où sera si grand Mer & vents qu'à cause de ce il n'osast tenir ne
faire aucune tente, & illec pleuuoit tant que la tente n'eust puis-

sance de tenir. Et en ce cas si telle marchandise se moüilloit ou
gastoit, le maistre de la Nef n'est tenu de faire aucune satisfactiõ,
ny leur payer ladite marchãdise, puisqu'elle ne s'est perduë par sa
faute. Encore plus, si tel Nauire prend leur murades que par raison de l'vne que sera par lesdits murades , telle marchandise se
moüilloit ou gastoit, le maistre du Nauire en ce cas là est tenu de
satisfaire le degast que telle marchandise sera , & si ledict Nauire
ne faict eauë par murades , tellement qu'il soit bon & suffisant,
bien si par telle eauë se gastoit, puisque le Nauire estoit bõ & suffisant, le maistre de la Nef n'est tenu de satisfaire audict marchand
aucun dommage, que pour raison de ce sera venu & aura faict ladicte marchandise: mais si le maistre du Nauire ou Nef promet à
aucun marchand , luy porter sa marchãdise sans qu'elle se gaste,
& pour ce faire le maistre de la Nef la doit mettre en vn lieu que
elle ne se gaste point, & n'en fera rien, ains la mette en autre lieu:
si telle marchandise prend aucun dommage de moüillure ou autre chose , le maistre de la Nef est tenu de payer le dommage &
interest que ladicte marchandise aura prins & soustenu , à cause
qu'il ne l'aura mise au lieu là où ils auront conuenu & accordé :
car s'il l'eust misé là où il auoit promis elle ne se fust gastée, & s'il
l'eust mise au lieu là où ils auoiét promis, quand ladicte marchandise se gasteroit il ne doit estre tenu de satisfaire aucun dommage , & par ainsi si aucune marchandise se baignoit ou gastoit , le
maistre de la Nef est tenu satisfaire, pourueu que ce soit en la forme & maniere que dessus est dict. Et pour cela a esté faict le present chapitre.

De pilote.   CHAP. CCXLIX.

Maistre de Nef ou Nauire qui nollisera ou aura nollisé pour
aller en aucuns lieux & places, si en la Nef il n'y a homme qui se
resolue d'y pouuoir aller: le maistre de la Nef sera tenu de loüer
vn Pilote qui le sçache , & tel Pilote dira & affermera au maistre
de la Nef & Nauire qu'il sçait & est certain des lieux là où le maistre du Nauire voudra aller, & qu'il n'y a lieu en tous ces quartiers
qu'il ne sçache , & ledit Pilote le guidera bien & deuëment ausdits lieux qu'ils auront conuenus & accordé : le maistre de la Nef
est tenu luy payer & satisfaire le salaire qu'il luy aura promis sans
aucune contradiction. Encores est tenu luy donner dauantage
que ne luy aura promis, suiuant la bonté & valeur dudict Pilote:
car tel Pilote aura tenu ce qu'il aura promis au maistre de la Nef
& tous les accords & pactes qui seront entr'eux doiuent estre mis
escripts & interest dans le cartulaire de la Nef, afin qu'entr'eux ne
                                                            puisse

puiſſe auoir aucune contrarieté, & ſi par aduanture tel Pilote ne
ſçait les lieux là où il aura promis conduire, le maiſtre & patron
de la Nef tout ainſi que luy aura promis,& ne luy pouuãt tenir ce
que luy aura promis : tel Pilote doit incontinent eſtre prins par
leſdits patron & mariniers, & luy doiuent oſter la teſte ſans aucune mercy ny grace, & faut que le maiſtre de Nef pourſuiue telle
execution, car il n'eſt tenu ſi bon ne luy ſemble de le mettre és
mains de juſtice,pource & à cauſe que tel Pilote les aura trompez
mis en voye de perdre tant la Nef, marchandiſes, que leurs
perſonnes,& tant ſeulement faut que ſoit comme par le maiſtre
de la Nef,qui à ce le peut condamner ſans aucune remiſſion comme eſt dit cy-deſſus à perdre la teſte, & à ce doiuent eſtre appel-
les le Naucher, mariniers & marchands, qui pareillement doiuent donner faueur,ayde & conſeils audit maiſtre de la Nef, ſans
pouuoir en rien contredire. Et ſi les ſuſdits ne ſont de tel aduis &
opinion que tel Pilote doit perdre la teſte à cauſe qu'ils cognoiſtront que par fortune il aura eſté deçeu & trompé,car à l'aduanture tel patron pourroit auoir conçeu haine & malice contre tel
Pilote qu'il ſeroit bien ayſe qu'il euſſe perdu la teſte, pour & afin
que le loüage & le ſalaire qu'il luy auoit promis luy demeure, ſoit
que beaucoup de maiſtres de Nef en nauigeant ne ſçauent où ils
ſont, ny ce que doit aller deuant ny derriere, ny comme ſe doit
gouuerner le Nauire,& par ainſi ſeroit mal fait qu'vn homme s'en
allaſt perdre la teſte par la parole d'vn autre ſeul, parquoy tout
homme qui met Pilote,auparauant doit bien regarder qu'il ſçache
les lieux & chemins là où tels patrons voudront aller, afin de leur
tenir tout ce qu'ils leur promettront, pour & afin d'euiter tout
dommage & ſcandalle.

Du guet de la Nauire.   CHAP. CCL.

Tout maiſtre de Nef ou Nauire eſt tenu incontinent qu'il part
de là où il aura prins voyage,& faict voille,partir ſes guettes, qui
guetteront en la Nef ou Nauire auſſi bien auec voilles cõme eſtãt
en port,en plage,ou en autre lieu, tant en terre d'amis comme
d'ennemis. Tellement que ceux qui guettent allant auec voilles,
s'ils s'endorment à la guette,de tout le iour ne doiuent boire vin,
ſoit en eſparmol ou en terre d'amis,ny auoir aucune pitance. Et ſi
par fortune ſont en terre d'ennemis: ſi celuy qui s'endort au guet
eſt marinier de proüe,doit perdre le vin de tout ce iour là , & doit
d'auantage eſtre prins & mis tout nud par toute la Nef , & doit
eſtre plongé trois fois en mer auec vne corde.Et cela ſe doit faire
auec la cognoiſſance du maiſtre de la Nef & du Naucher de luy

bailler la peine que bon luy semblera de ces deux que dessus sont dictes. Et s'il est de poupe doit perdre le vin & le biscuit de tout ce iour, & luy doit estre jetté vn seau d'eau sur la teste: & si aucun des deux endormis sont trouuez à la guëtte trois fois, ils doiuent perdre tout le loyer que le maistre de la Nef leur donnoit pour ce voyage, & s'ils l'auoient eu le doiuent rendre. Et doit estre jetté en Mer, & sera à la seule liberté du maistre de la Nef, ensemble de tout le commun de la Nef, ou de la plus grand partie, de leur bailler l'vne desdictes deux peines qu'ils cognoistront qu'ils auront meritez, parce que tels qui font le guet mettent en perdition ou sauuement tout le Nauire, & marchandises qui sont dedans, ensemble les personnes de ceux qui sont dans la Nef.

De marchandises trouuées.   CHAP. CCLI.

Marchandise qui sera en Mer trouuée en plage, en port, ou en riuiere, qui voyage sur l'eau, ou que la Mer l'eust jettée en terre : de telle marchandise ainsi treuuée, celuy qui la treuuera en doit auoir la moitié: mais faut proceder en ceste maniere, qu'il est tenu la manifester à justice, & la tenir pour vn an manifestée, & si estoit marchandise qui se peust gaster, doit estre venduë, & le prix doit estre manifesté ainsi comme dessus est dict du principal. Et si passé l'an, personne ne vient pour la recognoistre, doit estre baillée à celuy qui l'aura trouuée par moitié pour ses peines & trouuailles, & de l'autre moitié qui demeurera, la justice en doit faire deux parts, l'vne pour soy, & l'autre qui demeurera la doit donner pour l'hôneur de Dieu, là où il aduisera qu'elle sera biē mise, pour prier pour l'ame de celuy de qui elle aura esté : & si par fortune ladicte marchandise est treuuée en terre, là où la mer l'aura jettée, celuy qui la treuuera en doit auoir trouuailles suffisantes, tout ainsi que deux hommes de Mer ordonneront & cognoistront appartenir, suiuant le lieu où aura esté treuuée ladicte marchandise. Et si telle marchandise a esté treuuée en golfe, ou en autre mer, telle marchādise doit estre partie, tout ainsi qu'est cōtenu en vn chap. cy-dessus escrit qu'à presēt ne faut recapituler. Si par aduāture la marchādise treuuée estoit telle qu'elle demeurast au fonds de la Mer & ne vint sur l'eau, telle marchādise ne doit estre venduë ny alienee : car marchandise qui demeure au fonds elle attend son maistre: mais en doiuent estre données trouuailles suffisantes à celuy qui les aura treuuées, au dire & jugement de la justice, ou de deux hommes de bien, & de Mer, qui soient dignes de foy, & qui sçachent bien & deuëment departir ce qui leur appartiendra, & le sieur de la terre là où sera treuuée ladicte marchandise doit tenir

l. que sernãdo seruari non possei vide l. predius de incend. rui. & nauf.

Nam & si talia merces essent donaus non habentur pro derelictis, nec possunt vsucapi. l. Interdum p. quod ex naufragio ff. de acq. poss. & ibi D.D. ac perinde sunt ac si quis onere pressus, in viam rem abscesserit mox cum alijs rem eo surq.vt eamdem auferret Inliang.

pour faict tout ce que lesdits deux hommes en iugeront, & de tenir toute icelle marchandise manifestée, ou le prix qu'aura esté
venduë durant le temps que dessus est dict, & la coustume que le
Seigneur aura mise dans sa iurisdiction, & quand de ladicte marchandise ne se treuuera demandeur, se doit faire crie publique à
voix de trompe, que si ladicte marchandise appartient à aucun,
qu'il aye à le venir dire dans trente iours, & si personne ne vient,
ladicte marchandise sera deliurée tout ainsi que dessus est dict.
Pareillemēt comme si elle auoit esté trouuée sur l'eauë, mais faut
entendre que ceux qui trouueront ladite marchandise, dans trois
iours apres qu'il l'auront trouuée doit estre manifestée au Seigneur du lieu où elle sera trouuée, & si dās lesdits trois iours apres
que ladicte marchandise, ou autre chose sera trouuée, n'est manifestée, le doit faire dans six iours: & si dans six iours ne la luy peuuent auoir presentée, ledict serment doit proceder par contraintes contre ceux qui auront trouué ladicte marchandise, qu'ils luy
ayent à la representer & manifester dans dix iours : & si dans lesdits dix iours n'est manifestée, ny venu celuy de qui la robe sera, le
Seigneur du païs la pourra prendre en sa main, en prenant ceux
qui auront trouuée ladicte marchandise, pour larrons, & sont à la
mercy de la iustice, ains encor doiuent perdre tout le droit qu'ils
y pourroient pretendre pour leurs trouuailles, sauf & reserué qu'il
eust iuste cause & legitime excuse de n'auoir peu le faire sçauoir,
& manifester au Seigneur de la terre. Et auec telles excuses doiuent estre excusez, pourueu qu'elles soient legitimes, autrement
le Seigneur de la terre est tenu de proceder ainsi comme dessus
est dict, sinon que ledict Seigneur vueille auoir ses regrés contre
ceux qui auront faict & refusé luy manifester les marchandises
trouuées en la forme que dessus est dict. Et si ladicte marchandise treuuée demeure vn an & iour sans trouuer maistre, & passé ledict an le maistre de qui est ladicte marchandise vient apres
l'an & iour, il n'y peut rien demander, ains doit estre ceux qui l'auront treuuée : car à peine y a marchandise que si elle demeuroit
vn an dans l'eauë qu'elle ne fust perduë & gastée, & bonnement
ne se pourroit cognoistre, & pourquoy puisse dire que ladicte
marchandise fust sienne, sauf s'il y auoit seing, ou que fust fer, ou
acier, ou autre metail qu'on le puisse cognoistre: & si ainsi est, doit
appartenir à celuy qui l'a perduë : sinon de celuy qui l'aura treuuée. Et si celuy qui aura perduë ladicte marchandise dit luy appartenir, & fait foy qu'elle est sienne, ladite marchandise luy doit
estre deliurée, en satisfaisant celuy qu'il l'aura trouuée à sayelōté:

P 2

Bald. in Auth.
dos data de do.
ant. nupt.
Præscripta enim
sunt merces
post annum hoc
casu.

si celuy qui l'aura treuuée le veut faire, car autrement le maistre
de qui aura esté ladicte marchandise ne le peut contraindre de la
luy rendre. Mais s'il ne peut preuuer qu'elle soit sienne, & celuy
qui l'aura trouuée la luy rend, l'autre est tenu luy payer tous les
frais & mises, ensemble le dommage qu'il aura soustenu au trou-
uement de ladicte marchandise, sans y pouuoir contredire, & cela
doit estre remis au dire & jugement de deux experts és affaires de
marine, & si de ladicte marchandise estoit faict aucun profit par
ceux qui l'auroiét treuuée, ou bien s'en estoiét aydez & seruis, &

Euretra inuis
auiliores ap-
pellant siue præ-
mia inuentionis
Alciat, lib. præ-
termissio. 20.

apres ce demandoient trouuailles, lesdictes trouuailles leur doiuent estre precomptées audict profit qu'aura gaigné auec ladicte
marchandise, & pour les raisons dessusdictes a esté faict ce present
chapitre.

D'accord faict en Golf, ou en Mer libre.
CHAP. CCLII.

Quis enim
vim maiorem
præcognoscet in
tam vario Oc-
ceano?hinc pro-
thei fabula.

Si aucun accord, promesse, ou obligation auoit esté contractée
en golf ou en autre Mer, sauf que la Nef ou Nauire soit en lieu
que tienne proüe en terre, pour quelque maniere que soit faict
le pacte ou promesse, ne doiuent auoir valeur : car il se rencontre
quelquesfois des occurréces qui sont justes & raisonnables, comme si la Mer leur est contraire, ou ayent quelque defaut en eux
mesmes, & n'est à presupposer qu'ils eussent faict tel accord s'ils
eussent sçeu ne pouuoir aborder. Et pource, si telles gens auoient
mille marcs d'argent les donneroiét volontiers pour estre mis en
terre, ou pour le moins feroient grandes promesses, & telles pro-

Meiu enim
promittens &
iurans si soluat
videtur soluere
meiu periurij
ideo ei repetitio
competit Bar. l.
2. cod. quod
metica.

messes ne doiuent auoir valeur en tels actes. Encores d'auantage,
si par cas de fortune se rencontroient auec Nauires armées que
fussent d'ennemis, si par promesse ou obligations qu'eux fissent, se
pouuoient oster de tel danger de Nauires armées, telle promesse
n'est bonne ny valable : consideré quelle se fait par crainte, mais si
la Nef ou Nauire tient proües ou rajaire en terre, tout pacte que

Nulla metus
aut Doli præ-
sumptio.

sera faict & promis les vns auec les autres auront valeur, & en
quelle forme & maniere que soit fait, doiuent auoir valeur, pourueu que ne soient par les raisons que dessus. Il est vray qu'en quatre cas, tels accords auront lieu, assçauoir si par jet ou si par fortune de mauuais temps ou autre aduanture s'accordent de retourner arriere : ou par quelque autre accident, ou dommage qui vient
à la Nef, ou pour changer voyage, & que l'Escriuain soit present
afin qu'il le puisse escrire au cartulaire. Et parce que dessus est, aucuns pactes faits aux lieux dessusdicts, ne doiuent auoir valeur,
sauf pour lesdictes quatres raisons que sont dessusdictes, & si la

Nef eſt en fond, ou eſtans , tout ce que ſera accordé aura valeur en quelque lieu quelle ſoit.

Des accords faiƈts entre le patron, mariniers & marchands.

CHAP. CCLIII.

Tout paƈte que maiſtre de Nef ou Nauire aura fait aueꝗ les marchands, ſi les mariniers ou autres ayant charge de la Nef, eſt neceſſaire qu'ils tiennent ce qu'ils auront promis conuenir ſans aucune contradiƈtion , & ſi par fortune le maiſtre de la Nef ou Nauire ne veut tenir ce qu'il aura promis, il eſt tenu de reſtituer tout le dommage qui à faute de ce aura eſté ſouffert & ſouſtenu , encores que la Nef deuſt eſtre venduë , ſauf & reſerué tout empeſchement que pour iuſte cauſe y pourroit eſtre aduenu , pour lequel le maiſtre de Nauire n'euſt peut tenir ſa promeſſe , & pareillement auſſi les marchands, & mariniers ſont tenus de tenir , garder, & obſeruer tout ce qu'ils auront conuenu & accordé au patron de la Nef, ſans prejudice du dommage d'vn chaſcun. Et ſi telles gens ne tiennent ce qu'ils auront promis , & à l'occaſion de ce ſouffrent aucun dommage ou intereſts, doiuent eſtre ſatisfaits les vns aux autres par védition de leurs biens iuſques à entiere ſatisfaƈtion. Et ſi les biés de celuy qui ſeroit cauſe du dõmage n'eſtoit ſuffiſant & capable pour ſatisfaire ladiƈte promeſſe , tels doiuent eſtre prins & ſaiſis au corps , & mis en priſon iuſques à ce qu'ils ayent entierement ſatisfaiƈt, ou qu'ils ſoient d'accord auec celuy qui aura ſouffert & ſouſtenu tel dommage , ſauf & reſerué comme deſſus eſt diƈt tout empeſchement legitime , qui euſt cauſé qu'ils n'euſſent peu tenir ce qu'ils auroient promis , & que par ſa coulpe n'euſt rompu ſa promeſſe, & par les raiſons que deſſus ſont diƈtes a eſté faiƈt ce preſent chapitre.

De commande faiƈte à vſage de Mer.

CHAP. CCLIV.

Si aucun commande aucune marchandiſe auec carte ou ſans carte ſans faire aucun paƈte , ſinon ſeulement qu'il commandaſt ſimplement, & s'il la reçoit ſuiuant l'vſage & couſtume de Mer, & au haſard tant des Mers que des Pirates & Corſaires, & qui la doiue vendre en quelque lieu que ce ſoit où il fera port, ou arriuera auec la marchandiſe, & la vendra à celuy voyage tout ainſi qu'ils pourront, & ainſi qu'entreprins auront, mais ſi entr'eux n'y auoit aucune entreprinſe ny paƈte, combiẽ il deuroit auoir pour ſa peine, veu qu'ils n'ont rien conuenu entr'eux: celuy qui la choſe cõmandée aura, ne s'en doit rien retenir , veu qu'entr'eux ny aura aucune entreprinſe, ains eſt tenu de rendre & reſtituer toute la-

dicte marchandise ou l'argent qu'elle aura esté venduë , sans en
rien retenir, incontinent qu'il sera venu de tel voyage, & celuy qui
luy aura baillé ladicte marchandise est tenu luy donner pour son
port & peine, suiuant le profit qu'il luy en apportera, & luy doit
satisfaire à sa discretion, & celuy qui luy aura portée ladicte marchandise, ne les peut contraindre : car tout homme qui prend aucune chose en charge doit regarder comment il la prend , & en
quelle façon, & par quel pacte, sinon qu'il vueille demeurer au
dire de ceux qui luy auront baillée, & commandée ladicte marchandise, cela s'entend lors qu'il n'y a rien de liquide entr'eux.

De patron qui vendra la Nef sans la licence des personniers.

CHAP. CCLV.

Si aucun maistre de Nef ou Nauire, veut vendre sa Nef sans le
consentement, sçeu, ny licence des personniers, il est tenu tout
incontinent qu'il l'aura venduë d'aller rendre compte aux personniers, & leur rendre compte de tout ce que prouiendra à vn
chacun pour sa part, & si eux ne le veulent prendre, il est tenu leur
rendre & restituer la Nef en leur pouuoir, en la forme & maniere
qu'il l'aura venduë, sans le sçeu & volonté des personniers, & si
telle Nef ne se peut prendre, il est tenu d'en bailler & achepter
vne autre de la façon, forte & maniere que sera celle qu'aura esté
venduë, ensemble le profit qu'ils eussent peu faire, ou bien s'en
accorder auec eux au susdict qu'il pourra, & si entr'eux ne se peuuent accorder, le doiuent remettre à deux hommes qui soient dignes de foy, lesquels ouyront en jugement ainsi qu'ils verront ,
suiuant Dieu & côscience, & ce que par lesdits deputez aura esté
dict, sera jugé comme s'ils l'auoient jugé par justice : mais si la vendition plaisoit à la plus grand part des personniers, le maistre de la
Nef ne leur est tenu de payer sinon ce que la Nef aura esté venduë à chacun sa part ainsi que leur escherra , puisque comme dit
est, la plus grande partie des personniers y consentent, & en sont
d'accord. Et si tel maistre de Nef ou Nauire ne retournoit & ren-
doit aucun compte ausdits personniers, ains s'en alloit ou fuyoit
en aucuns lieux, & par lesdits personniers fusse suiuy , le peuuent
contraindre à leur rendre leur cotte à vn chacû, ce qu'il aura pris
de ladicte Nef, sans y rien contredire. Et encores d'auantage, tout
ainsi que les personniers diront par serment leur pouuoir estre
deub à cause du profit qu'ils eussent peu faire auec le Nauire, &
s'il n'a dequoy satisfaire doit estre prins & mis en pouuoir de justice en prison, iusques à ce qu'il aye satisfaict lesdits personniers,
ou bien demeurent d'accord auec eux. Et si par fortune celuy qui

*Iure ciuili à
sententia arbi-
tri non appel-
latur l. 1. cod.
de arb. quod
conuenit carta.
simidi cap. 90.
& 223. & sit
arbitri omnia
quã graroram
tux compretal
aput dcixuft in
midiam.
Fuga enim
cum prefup onal
dolum ex deci-
sione Baldi te-
netur fugiens
quanti actor in
litem iurauerit
l. arbitrio de
dolo debet ta-
men officio iu-
dicis iusiuran-
dum refrenari
taxationt.*

auroit vendu ladicte Nef ne se pouuoit trouuer, qu'il s'en sust suy
en païs estranges, & que la Nef sust encores en nature , lesdicts
personniers peuuent prendre ladicte Nauire ou Nef auec congé
& licence de justice, en faisant apparoir par tesmoins ou par instrument, sinon que celuy qui auoit acheptée la Nef en sist apparoir par acte ou instrument, que bien & deuëment acheptée ladicte Nef estoit en lieu que n'y auoit aucun personnier, & qu'il en
peut faire à sa volonté: & par ainsi chacun doit regarder comme
il acheptera Nef ou Nauire, afin qu'aucun dommage ne luy en
puisse aduenir: mais s'il la vend par mauuaistie que la Nef aye, on
creanciers la feront vendre pour argent qui leur sera deub , qui
eust esté chose necessaire à la Nef, autremét n'est tenu, sinon ainsi
comme au chapitre dessusdict est contenu.

De marchandise mise secrettement en la Nef.

CHAP. CCLVI.

Si aucun marchand ou marchands nollisent aucune Nef auec
aucun maistre de Nef auec balles, fardeaux, ou autre marchandise, & les marchands mettront ou feront mettre dans leurs balles
ou fardeaux autre marchandise au milieu de l'vn d'iceux secrettement, comme est or, argent, perles, soye, ou autre marchandise,
ainsi comme leur plaira, ou dedans coffres, & qu'ils n'en dient aucune chose au patron de la Nef, ny autres, ainsi qu'ils nolliseront,
& seront en aucun danger, que viendra qu'il faudra qu'ils jettent
la marchandise, & entr'autres balles jetteront celle où sera ladite
marchandise, laquelle n'aura esté monstrée ny audit Patron ny au
Naucher, ny aussi à l'Escriuain , & où audit cas que ladicte balle
soit jettée & le marchand de qui elle sera ne l'aura monstrée audict Patron, Naucher & Escriuain, ainsi comme il est tenu de faire
que puisse aparoistre par le cartulaire, ny tesmoins qui ayent veu
mettre ladicte marchandise: tel marchand ne peut contraindre
le patron à luy satisfaire , pource qu'il ne l'a manifesté encores
qu'il y eust tesmoins qui eussent veu mettre ladicte marchandise,
tel marchand ne peut contraindre le patron à luy satisfaire, & pareillement si ladicte Nef s'en va en terre , & ladicte marchandise
se pert : ledict patron comme dessus est dict n'est tenu satisfaire
lesdictes choses dessusdictes qui ne luy ont esté manifestées , &
son cartulaire n'en sera chargé. Et au cas que ladicte balle se sau-
uast où est telle marchandise, or & argent secrettement mis , ou
bien quand elle seroit jettée, seroit trouuée, & ne se fust rien perdu, & dans ladicte balle, coffre ou fays lesdictes choses dessusdites
seront trouuez & manifestez au maistre de la Nef, tout doit estre

At iure nostro
honestus mo-
duos seruandus
est , non immo-
derataeuiusque
luxuria subse-
quenda l. ex
damni de dam-
no inf.
Putat vlpianus
ab omnibus qui
tenent & ha-
ben, restituendi
facultatem
peti posce.

*Aequissimum
enim est com-
mune detrimen
tum fieri eorum
qui propter
amissasres alio-
rum consentti
sunt vt merces
suas saluas ha-
berent ex veteri
rhodiorum dif-
ciplina apud
paulum l. 2. ad
le. mirho. mi-
nit tertul. 3.
educr. lib. mar-
eiunem.*

compté auec la marchandise qui aura esté perduë, & contribuer à la satisfaction des autres marchandises qui auront esté perduës, veu que secrettement auroit esté mis dans ledict Nauire sans le sçeu dudict patron. Et encores d'auantage, si ladicte marchandise se perdoit par coulpe du maistre de la Nef, ou de l'Escriuain, n'en sont en rien tenus de payer aucun dommage, veu qu'il n'est obligé seulement que pour la marchandise qui aura esté nolisée, pource qu'il y a des marchands que s'ils estoient creus de tout ce qu'ils diront ou feront serment s'ils perdent aucune marchandise par aucune des raisons dessus dictes, diroient que telle balle ou fais valloit plus de mille marcs d'or & d'argent, & par aduanture ne vaudroit pas dix liures, & par ainsi n'est tenu sinon de ce qu'ils auront nollisé, ainsi tout marchand doit regarder comme il nollisera sa marchandise : aussi qu'il donne à entendre au patron la quantité & valeur d'icelle, pour luy satisfaire les dommages si aucun en aduenoit, à faute du patron.

Si le patron donne son lieu à autre pour nollifer.

CHAP. CCLVII.

Si aucun maistre de Nef ou Nauire donne ou baille son lieu à autre homme qui puisse noliser sa Nef ou Nauire, & entr'eux auroient conuenu, il nollisera ainsi qu'il aura entreprins comme dict est : & si celuy qui aura prins charge de noliser faict aucun marché ou marchez auec aucun marchand ou marchands, les pactes qu'ils auront faits, doiuét auoir valeur tout ainsi comme si le maistre de la Nef mesmes auoit faict le pacte de nollis, puis qu'il luy auoit donné charge & mandement de ce faire dans ledict temps qu'il luy auoit donné, & charge de ce faire. Et ainsi doit valoir comme dessus est dict, & si le maistre de la Nef ou Nauire nolisoit ledict Nauire dans ledict terme qu'il auoit donné charge & mandement de noliser, & ce de tout le Nauire ou de partie d'iceluy : & auoit receu certaine quantité de marchandise, laquelle ne seroit possible de charger dans ladicte Nef, attendu que l'autre auoit nollisé dans le terme à luy prefix, & donne la robe & marchandise que tel maistre de la Nef aura nollisé dans le terme qu'il auoit donné à l'autre, il faut qu'il demeure & attende : car la premiere conuention qu'a celuy qu'il aura donné la charge de noliser doit valoir, & le maistre de la Nef en est tenu autant que si luy mesme l'auoit nolisée dans le terme donné à tel homme qui aura prins la charge, sinon qu'il eusse entreprins & reserué auec les marchands auec lesquels celuy qui auoit la charge du patron auoit nollisé, & si le marchand en souffroit dommage, luy doit estre satisfaict iusques

ques

ques à vendre la Nef pour fatisfaire. Et auffi fi le maiftre de la Nef donnoit charge à aucun homme de Nef, & n'y mettoit terme ny journée, fi le maiftre du Nauire nollife fadicte Nef comme autrement il aura baillée auparauāt qu'il n'aye eu meffage de celuy qui aura charge de nollifer fadicte Nef, celuy auquel il aura donné charge s'il fera tenu pour faict comme fi le maiftre mefmes de la Nef auoit nollifé, fi le maiftre du Nauire n'enuoye à celuy qui auoit donné charge de fa Nef pour nollifer qu'il ne nollife aucune chofe, s'il n'auoit nollifé quand le maiftre de la Nef luy enuoyera dire. Et s'il faict autrement, le maiftre de la Nef n'en eft en rien tenu, ny aux marchands, puis qu'il luy auoit enuoyé qu'il ne nollifaft auec perfonne, & pour ce nul n'a puiffance fur le bien l'vn de l'autre, finon la puiffance qui luy aura efté donnée. Et par ainfi fi tel homme à nollifé auparauant qu'il fçeuft la parolle & volonté du maiftre de la Nef, doit auoir valeur ainfi comme deffus eft dict, & ainfi maiftre de Nef ne doit nollifer depuis qu'il aura donné charge à vn autre, fans ce qu'auparauant ne luy aye aduerty à celuy qui donne en auoir la charge, afin qu'il ne luy puiffe venir aucun dommage.

Du patron qui tirera raig trouué fans volonté des marchands.
CHAP. CCLVIII.

Si aucun maiftre de Nef ou Nauire charge en aucun lieu de marchandife allant en voilles, ou qu'il foit forty en quelque lieu fe rencontre auec aucun raig de fufte, comme font arbres, entennes, voilles, ou quelque autre ligneame, le maiftre de la Nef luy dōnera: car on luy feroit bailler, s'il le faict fans volonté & licence des marchands, qui luy dient qu'ils ne luy baillēt point le capitre, non obftant ne le voudra point laiffer pour leur dire: Et fi les marchands luy ont dict & denoncé, que s'il ne laiffe aller ledit raig qu'il payera tout le dommage qui leur pourroit aduenir, à caufe qu'il aura donné le capitre audict raig. Et fi pour toutes fes menaces & aduertiffements il ne le laiffe, s'il y vient aucun dommage, tel maiftre de nef & patron eft tenu leur fatisfaire tout le dommage qui pourroit aduenir & en fouftiendroient, & s'il n'a dequoy payer & fatisfaire, la Nef doit eftre vēduë pour payer aufdits marchands tel dommage qu'ils auront fouftenu, & ce fans contredict, fauf le falaire des mariniers, qui auant toute œuure doiuent eftre payez, & fi la Nef ou Nauire n'eftoit fuffifāte, fi le maiftre de tel Nauire a aucūs biens, ils doiuent eftre vendus pour fatisfaire aufdicts marchands lefdits dommages & interefts, & fi fes biens n'eftoient fuffifants, il doit eftre fuiuy & mis en prifon: & illec eftre detenu

Q

iufques à ce qu'il aura satisfaict aufdits marchands les dommages
& interefts, ou bien accordé auec eux. Et fi tel patron de Nef veut
prendre ou leuer aucunes fuftes de ladicte raig fur radeau le peut
faire : pourueu que ce soit auec confentement defdits marchãds,
& s'il prend aucune fufte malgré lefdits marchands, il eft tenu
comme cy-deffus eft dict de tout dommage qui en pourroit aduenir. Et fi par fortune en la Nef ou Nauire n'y a aucun marchãd,
& le maiftre de la Nef fe rencontre auec aucun radeau, & en préd
quelque fuftage, fi lefdits marchands ou leur marchandife prend
aucun dommage : fi ainfi le peuuent préuuer que par coulpe de
luy & du radeau qui aura tiré, ou de la fufte qu'il aura prife eft
furuenu le dõmage, le maiftre de la Nef n'eft tenu payer tel dommage qu'à caufe de ce que lefdits marchands en auront foufferts:
car tout maiftre de Nef fe doit garder, comme il fera, afin qu'il ne
porte aucun dommage à perfonne fur les peines que deffus.

De Nef nollifée pour aller charger en aucun lieu.

CHAP. CCLIX.

Si marchand ou marchands vont en aucun lieu eftranger pour
nollifer Nef ou Nauire, & telle Nef doiue aller charger en quelque
lieu conuenu entre les marchands & le maiftre de la Nef à iour
certain, & arrefté, & telle Nef arriuera au lieu où deura charger le
temps & le lieu & iour comprins au pacte auec les marchands. Si
les marchands en fouftiennent aucun dommage, le maiftre de la
Nef eft tenu de fatisfaire aufdits marchands tout ledit dommage
au iour & temps conuenu entr'eux. Si ledict Nauire couftoit plus
que l'autre que premierement auroit nolifé, à caufe qu'il ne feroit
venu comme il auoit promis : le maiftre du Nauire de la premiere
Nef eft tenu de fatisfaire ce qu'il couftera dauantage aufdits marchands, pource qu'il ne fe fera trouué au lieu là où auront conuenu & accordé, & fi dauanture paffe ledict temps qu'ils aurõt conuenu quand ils auront nollifé ladicte Nef, viendra au lieu là où ils
doiuent charger les marchands en ayant nollifé vne autre, ne
luy font tenus d'aucun dommage, veu qu'il n'eftoit venu comme
il auoit promis : mais au contraire, fi la Nef qui fera nollifée venoit au lieu qu'ils auroient cõuenu apres le temps qu'ils auoient
accordé, & lefdits marchands n'auront nollifé aucune autre Nef
ou Nauire : lefdits marchands font tenus de bailler à telle Nef
que fera venuë le voyage. Mais faut entendre que le maiftre de
la Nef eft tenu de rendre & reftituer aufdits marchands tout le
dommage qu'ils auront fouffert à caufe de la demeure qu'ils auront faicte quand tel patron de Nef ne fera venu à temps qu'ils

auroient conuenu & accordé, & à ce doiuét eſtre creus auec leur
ferment : mais faut entendre que ſi le patron de ladite Nef auoit
eu quelque infortune ou deſaſtre qu'il n'euſt peu venir au temps
prefix, comme eſt au vouloir de Dieu par mauuais temps, incur-
ſions d'ennemis, ou par autres empeſchemens legitimes qui l'euf-
ſent gardé, de venir au iour, lieu, & temps qu'il auoit promis, le
maiſtre de la Nef n'eſt tenu auſdits marchands d'aucun dommage qu'ils auront ſouſtenu, pource qu'il ne ſe ſera peu trouuer aux
termes & iour conuenu à cauſe deſdits empeſchements.   Mais ſi
leſdits marchands ont nolliſé autre Nef ou Nauire, ils ſont tenus
luy bailler le voyage, & luy departir, & s'il ne leur peuuét bailler le voyage comme leur auront promis, tels marchands ſont tenus de luy payer le nollis tout ainſi comme luy auoient promis :
ou bien en accorder ainſi comme bon leur ſemblera auec le patron de la Nef. Et d'auantage ſi le maiſtre du Nauire y a ſouſtenu
quelques frais & miſes à cauſe des marchands qui ne l'auront de-
peſché en temps & lieu, ils ſont tenus de luy rendre tous leſdiéts
frais & miſes, & le maiſtre de la Nef en doit eſtre creu auec ſon
ferment: & pour les cauſes deſſuſdiétes a eſté faiét le preſent chapitre, pourueu qu'empeſchement de Dieu, de Mer, ny d'ennemis,
ny auſſi de Seigneurie n'y vienne, & tout ce doit faire ainſi comme deſſus eſt dit, afin que chacun garde ce qu'il aura promis fidellement.

CHAP. CCLX.

Si aucun marchand a nolliſé Nef ou Nauire en pays eſtranger,
& qui doit aller charger au lieu là où il aura entreprins auec le
maiſtre de la Nef à certain iour. Et tel marchand meurt au lieu où
il aura nolliſé ladiéte Nef ſans faire aucun teſtament, ou bien ſoit
qu'il ait teſté, le maiſtre de la Nef qui aura nolliſé auparauant qu'il
parte de tel lieu où lediét marchand ſera mort qui luy auoit nolliſé ladiéte Nef : auparauant que tel patron de Nef parte du lieu,
ou ſe mette en frais, doit enuoyer à la compagnie que lediét marchand auoit audiét lieu où il ſera mort, s'ils veulent que ladiéte
Nef faſſe le voyage qu'il auoit promis de faire auſdits marchands,
& ſi telle compagnie veut que lediét nollis & voyage ſoit faiét
tout ainſi comme ſi le marchand eſtoit en vie, & lediét patron
diét qu'il eſt preſt & appareillé d'accomplir lediét voyage ainſi
qu'il auoit commencé auec le marchand mort. Et ſi à l'aduanture
le patron vient au lieu où il deuoit charger auparauant qu'il faſſe
dire à ladiéte compagnie, ſi les compagnons des marchands morts,

ne luy veulent bailler le voyage, ne sont tenus le faire : pource
que quand l'homme meurt, la compagnie meurt aussi, & est partie : sauf & reserué que si le marchand mort auoit faict obliger
ladicte compagnie audit nollis, & si elle estoit cõprinse à l'instrument & pacte dudict nollis : & si ainsi estoit, ladicte compagnie
luy est tenuë de tout ce qu'elle luy auoit promis & cõuenu audit
nollis. Et aussi pareillement ladicte compagnie auant qu'autre
mourust, auoit faicte ladicte compagnie ensemble, & par ainsi est
tenu de luy tenir tout ce que leur aura esté promis par le mort,
veu qu'ils estoient obligez l'vn pour l'autre, & aussi qu'il y eust
procuration de ce faire par acte ou tesmoins, qu'il tiendroit pour
faict ce que la compagnie feroit, si auec telle acte ou tesmoins, le
maistre de la Nef le pourra monstrer : ladicte compagnie est tenuë de tenir à tel patron tout ce que leur aura esté promis par le
mort comme s'il estoit en vie. Et autrement, s'il n'y a tesmoins ou
acte, la compagnie qui sera demeurée n'est tenuë de tenir au patron de la Nef, ce que par le mort luy auoit esté promis. Neantmoins aussi, si la compagnie qui sera demeurée auoit faict obliger
celuy qui sera mort, de son authorité, sans puissance, il n'est tenu
de tenir ce que luy auoit promis, veu qu'il n'auoit puissance de
ce faire : car il ne sçauoit raisonnablement que l'vn oblige l'autre
par son authorité, & sans le sçeu de l'vn de l'autre. Telle obliga-

tion n'est valable, & si par fortune le marchand mort qui auoit
nollisé telle Nef a faict testament, & en son testament auroit de-
party ses biens à ses enfans, ou à ses parens, ou à qui il voudra, &
à l'vn d'eux aura donné ses biens, & aura faict son heritier, & le
maistre de la Nef sçaura que le marchãd sera malade, & que pour
certain il aura fait son testamét, si le maistre de la Nef le sçait cer-
tainement, & il y soit auparauant qu'il s'en aille mourir, & luy remonstrer en presence de gens de bien, si Dieu faisoit à sa volonté
de luy, ce qu'il vouloit qui fust faict dudit nollis : & alors si tel
marchand malade luy referme, & luy die qu'auec l'ayde de Dieu
il le gardera de tout dommage, & que par sa maladie ne demeurera qu'il ne luy tienne ce qu'il luy aura promis, & auec telle parolle & volonté le maistre du Nauire s'en ira, & luy fera faire acte
de ladicte promesse & confirmation, & la luy scellera ou fera sceller par son compagnon, en luy promettant de luy deliurer ledict
voyage, & pour ce faire le ferõt demeurer au lieu là où ils ont cõuenu & accordé de charger, & illec estant le marchand que luy
auoit nollisé meurt, & sadicte mort vient à la notice de son compagnon, ou homme qui aura prise la charge en son lieu, & de-

meureront qu'ils ne voudront charger ny departir les biens de
tel marchand, se doiuent emparer & garder ensemble charger,
puisque celuy qui sera mort luy aura promis en sa maladie : consideré aussi que par l'acte ou instrument donnoit mandement à
son compagnon, ou autres qu'il mettroit en son lieu de luy tenir
encores qu'il fust au lieu là où il luy auoit promis, & tout luy doit
estre tenu tout ainsi comme si le marchand mesmes qui sera mort
estoit en vie. Et pource a esté faict le present chapitre, & tout ce
que dessus le maistre de la Nef doit estre creu auec son serment,
sans que personne y puisse en rien contredire, ny seigneurie
aucune, tout ainsi que cy-dessus est dit, & veu & attendu qu'il ne
luy pourra preuuer par acte ny instrument d'aucun Notaire, l'heritier du mort n'en sera en rien tenu, ainsi comme dict est.

In haredibus enim socij pro socio actio com-petit quamuis hares sociis non fit: licet enim socius non fit attamen emo-lumenti succes-sor est l. verum pro socio.

Si le marchand qui aura nollisé deuient malade.

CHAP. CCLXI.

Si aucun marchand nollise Nef ou Nauire, & ainsi qu'il aura
nollisé tombera en maladie, & ainsi comme il aura promis au maistre de la Nef de l'auoir despesché à certain iour, & tel marchand
malade dira ou fera dire au maistre de ladicte Nef qu'à l'occasion
de sa maladie il ne luy peut tenir ce qu'il luy aura promis : mais
luy dira, que s'il trouue voyage qu'il puisse faire son profit qu'il le
fasse à cause de ladite maladie, & que s'il n'estoit malade, il ne ma-
queroit de sa promesse : lors si le maistre de la Nef luy demande
les frais & mises qu'il a frayées pour luy, le marchand est tenu les
luy satisfaire : Encores dauantage, pource qu'il ne luy aura faict
asçauoir dans le terme qu'il se deuoit treuuer & demeurer, & encores est tenu de luy tenir ce qu'il luy auoit promis, pourueu que
le maistre du Nauire demeure iusques à ce qu'il soit guary, & ce
pour legitime raison : car par empeschement de Dieu n'est tenu
de rien contredire, mais aussi faut que le marchand qui tombera
en ladicte maladie le fasse sçauoir au maistre de la Nef qui aura
nollisé, & ce dans le mesme terme : autrement s'il passe le terme
qui sera conuenu, ledit marchãd le luy fera asçauoir, & donnera
parolle & cõgé qu'il fasse son profit là où il le trouuera, si tel maistre de Nef a faict aucuns frais & mises auparauant que ledit marchand luy fasse asçauoir, dans ledict terme conuenu & accordé,
ledict marchand est tenu luy rendre & restituer tous lesdicts frais
que ledict maistre du Nauire aura soustenu : mais si autrement ledict maistre de la Nef a soustenu aucun dommage, comme en la
forme & maniere que dessus, le marchand n'est tenu luy payer,
puis qu'ils s'accorderont dudict voyage : & le tout ne se fasse par

Q 3

autre fraude ny deception: mais ſi le maiſtre de la Nef eſt ja malade quand il nolliſera ladicte Nef, & puis demeurera d'aller audict
voyage ainſi comme ils auront entreprins dans le terme entr'eux
côuenu, & accordé, & qu'ayant demeuré il n'y vouluſt aller, ou
que la maladie luy fuſt creuë: mais que le faict par autre fraude ne
deception, il eſt tenu de rendre & reſtituer audict patron du Nauire tous les frais & miſes qu'il pourroit auoir faits, en attendant
ledict marchand, leſquels il doit payer. Et à ce doit eſtre creu par
ſon ſerment, pource qu'il ne le faict par aucune fraude ou deception: Encores dauantage, ſi le marchand ne le faict aſſçauoir audict maiſtre de la Nef qui ne veut point aller audict voyage dans
ledict terme qui luy doit demeurer, & puis paſſé le terme qu'entr'eux ſera accordé, ne luy aura faict aſſçauoir, à cauſe de ce eſt
tenu luy rendre & reſtituer tous les frais, ainſi comme eſt dit cy-
deſſus, & tel dommage doit eſtre cogneu par deux preud'hommes de Mer gens de bien, & de conſcience, que ſuiuant leur aduis parties ouyes en ordôneront côme ils verront eſtre affaire par
raiſon, qu'ils payeront l'vn à l'autre ce que par eux ſera ordonné.
Mais ſi ledict marchand le faiſoit par autre tromperie, ne doit
eſtre remis à perſonne, ains tel marchand doit payer au maiſtre de
la Nef tout ce que ſe trouuera luy auoir promis de nollis ſans aucune remiſſiô, enſemble tout le dommage qu'il en pourroit auoir
ſouſtenu, & en telle forme & maniere eſt tenu & obligé patron
de Nef aux marchands, & tout autrement ainſi qu'eſt contenu au
chapitre cy-deſſus dict.

Du marchand qui nolliſera Nef, & mourra auant qu'elle ſoit chargée.
CHAP. CCLXII.

Si aucun marchand a nolliſé aucune Nef ou Nauire, & auant
que de là charger il meurt, & ſi la Nef eſt chargée de tout ou en
partie, luy ny ſes biens ne ſont tenus d'aucunes choſes au maiſtre
de la Nef: car quand vn marchand meurt, tous les pactes qu'il a
faicts ſont pareillement morts comme le marchand, reſerué s'il
deuoit ou qu'il tint à tort: car tout doit eſtre ſatisfaict de ſes biens
s'il en a, ou en quelque part qu'ils ſoiént trouuez, & pource que
tel marchand aura chargé de tout ou en partie ladicte Nef qu'il
aura nolliſée, il n'eſt tenu au maiſtre de la Nef d'aucuns deſpens
qu'il ait faits quand il eſt mort. Car ce n'eſt ſa faute, puiſque par
la volonté de Dieu les pactes ſont desfaits, mais ſi auparauant ledict temps, il l'auoit chargée, & ledit marchand mouroit, les biens
de tels marchands ſont tenus de ſatisfaire au patron de la Nef
tous les frais & miſes qu'il aura ſoufferts pour raiſon ou à cauſe de

la parolle que ledict marchand auoit donnée audit maiftre , de la
Nef,mais quand il ne luy auroit donné aucune parolle, & qu'il ne
luy euft dit ce qu'il luy auoit promis, mais fi le marchand a chargé la Nef,& aye faict voille,& apres meure,ou fans voille, le maiftre de la nef s'é doit retourner là où il aura chargé la Nef,& mettre la marchandife entre les mains de fes parens & amis, & s'il n'y
auoit aucuns parens prochains,doit defcharger ladicte marchandife en terre entre les mains de quelque homme de bien,qui foit
homme raifonnable pour garder & refpondre de ladicte marchandife en lieu & temps : Et fi les parens de tel homme mort ne
demeurent au lieu là où ils aurõt chargé,le maiftre de la Nef doit
faire faire vne atteftation de la mort dudit marchãd,& l'enuoyer
à fes parens,là où il eftoit habitant,& toutes les allées que couftera ladicte marchandife de defcharger,fe doit faire aux defpens de
ladicte marchandife : Et encores plus,fi l'vn des prochains ou aucun d'iceux qui auroient faicte ladicte commãde, viennẽt au lieu
où le maiftre de la Nef aura faict defcharger ladicte marchandife
de tel marchand qui fera mort , ils font tenus de fatisfaire tout le
dommage , frais & mifes que le maiftre de la Nef aura frayez &
fouftenus. Et s'il ne fe peuuent accorder, doit eftre remis à deux
hommes dignes de foy,qui ouyes les parties,tant par ferment que
autremẽt,pourroit eftimer les frais,mifes & defpens, que tel maiftre de Nef pourroit auoir fouftenu. Et tout ainfi que luy fera ad-
iugé le nollis,ledict patron eft tenu d'en payer aux mariniers pour
leur falaire à fol la liure , mais fi les prochains qui auront faict telles commandes & pactes font au lieu là où ils aurõt chargé ladite
marchandife,& encores fera illec retournée defcharger, fi lefdits
prochains du marchand qui fera mort s'accordoit,que tel voyage
fortira fon plein & entier effect,& fera couftumé,tout ainfi que le
mortauoit conuenu & accordé auec le maiftre du Nauire , il eft
tenu d'y aller, & lefdits prochains de le fatisfaire de tous frais &
mifes qu'il aura faits & fouftenus pour caufe dudict retardement
qu'il aura faict en luy en paffant acte , & inftrument de nouueau,
de luy tenir tout ce que le marchant mort luy auoit promis, & en
faifant ainfi le maiftre du Nauire eft tenu d'aller faire le voyage,
autrement non : mais fi tel marchand qui fera mort a chargé ladicte Nef en terre de Sarrafins ou en autre lieu perilleux,pour aller defcharger en terre de Chreftiens : le maiftre de la Nef n'eft
tenudefcharger,ny retourner au lieu làoù il aura chargé,ains doit
aller defcharger au lieu là où il aura conuenu & accordé auec le
marchand quand eftoit vif,& auparauant que de defcharger ille

doit faire aſſçauoir à la Seigneurie & Iuſtice du lieu là où il voudra deſcharger, requerant en teſmoins les marchands dudiſt lieu.
Et doit faire mettre la marchandiſe en magazins & en lieu qui ne
ſe puiſſe gaſter, & qu'elle ſoit gardée à ceux à qui elle appartient,
& la Seigneurie auec le Conſeiller des marchands doit faire vendre de la marchandiſe vne partie, iuſques à ce qu'il y en aye pour
payer le patron de la Nef ou Nauire, du nollis qui luy eſtoit deub,
& plus pour payer toutes les leurs que pour raiſon de ladite marchandiſe ſeront faiſtes, & pource faut entendre que ſi en ce lieu
ne ſont les prochains du marchand qui ſera mort, ny ceux qui auront faiſt telles commandes, la Seigneurie auec le maiſtre de la
Nef doiuent leur enuoyer aſte d'ateſtation au lieu là où ils ſeront
& feront leur demeure, auec le conſentement des preud'hommes dudiſt lieu là où ils ſeront, & où il aura deſchargé ladite marchandiſe, & illec tenir ladiſte marchandiſe iuſques à ce que ladite
reſponce ſoit venuë, ou les prochains ou autres qu'auroient ladiſte charge de la marchandiſe, ou dudiſt marchand qui ſera mort,
& quãd ils ſeront illec venus ou homme pour eux. Mais ſi c'eſtoit
choſe ou marchandiſe qui ſe puiſſe gaſter, doit eſtre venduë, &
l'argent qui en prouiendra doit eſtre mis en lieu que toutesfois &
quantes que ceux à qui la marchandiſe doit appartenir viendrõt,
le puiſſent auoir, ou homme pour eux, au moins de frais que ſe
pourra faire, & pource le preſent chapitre a eſté faiſt.

De Nef nolliſée, & le patron meurt auant quelle ſoit chargée.

CHAP. CCLXIII.

Si aucun maiſtre de Nef ou Nauire apres qu'il aura nolliſé ſa
Nef à aucun marchand, & meurt auant que la Nef ou Nauire ſoit
chargée : en tel cas n'eſt tenuë ladiſte Nef d'aller au voyage, ſi les
perſonniers auec les prochains de celuy qui ſera mort ne s'accordent, que ladiſte Nef alle au voyage, ſinõ que tous les perſonniers
ou la plus grande partie d'icelles, ſoient eſté quand ladiſte Nef ſe
nolliſoit, & que tous ou l'vn d'eux fuſſent obligez aux marchands
qui auoient nolliſé ladiſte Nef : car homme qui eſt mort ne peut
tenir choſe qui ayt eſté promiſe, ſauf & reſerué s'il doit rien, doit
eſtre payé & ſatisfaiſt de ſes biens s'il s'en peut trouuer, mais ſi ladiſte Nef ou Nauire eſt chargée de tout ou en partie anparauã
que le maiſtre de la Nef meure, ladiſte Nef eſt tenuë d'aller &
acheuer le voyage au marchand qui aura nolliſé. Pource que
quand la Nef ſe chargeoit, leſdits perſonniers ny les prochains
n'ont iamais rien contrediſt, ny quand la Nef s'acheuoit de charger, & les perſonniers ſont tenus d'ymettre auec les prochains du
patron

patron qui sera mort, homme suffisant au lieu du patron de la
nef, en le faisant obliger de tenir toutes choses qui auoient esté
conuenuës auec le patron mort, tout ainsi que s'il estoit vif. Et
pource les prochains & personniers quand ils virent que ledit patron estoit mort, & le marchand chargeoit, ne luy dirent aucune
chose ou ne l'empescherēt point de charger, pource qu'ils auoiēt
doute que le patron allast mourir, à cause dequoy ne pourroit aller audit voyage, si tel marchand ne laisse de charger, & que le
maistre de la nef meure, ladicte nef n'est tenuë d'y aller, ny lesdits personniers, ensemble les heritiers & prochains ne sont tenus de satisfaire aucun dommage au marchand qui auoit nollisé
la nef, pource qu'ils auront chargé ladicte nef apres le denoncement qu'il luy auroient fait. Mais si la nef auoit fait voille, & estoit
partie dudict lieu où elle auoit chargé, faut entendre que si le
maistre de la nef meurt, ladicte nef ne doit demeurer qu'elle n'a-
cheue le voyage qu'elle aura commencé. Et si dans la nef y a aucun personnier prochain au maistre de la nef quãd il sera mort,
tel homme doit estre pris pour maistre, patron, & gouuerneur de
ladicte nef, tout ainsi que le naucher & l'Escriuain, auec le conseil
que tout le commū de la nef cognoistront, pourueu qu'il soit suffisant, & s'ils voyent qu'aucun d'eux ne soit suffisant, si en la nef y
a quelque mariniers de poupe ou proüe qui soit suffisant, l'vn d'i-
ceux y doit estre mis pour Lieutenant, tant seulement à celuy
voyage, lequel ledict marchand auoit affermé auec ledict marchand, & incontinent ledict voyage faict, doiuent remettre telle
nef ou nauire en pouuoir de personniers, & du prochain de celuy maistre de la nef qui sera mort sans y faire faute aucune, &
l'Escriuain est tenu de rendre compte tant du profit que de la
perte, tout ainsi que si le maistre de la nef qui est mort estoit en
vie, & ce au lieu où ladicte nef auoit esté chargée, & là où sont
lesdits personniers & les prochains du patron qui sera mort: Mais
si la nef auoit esté chargée en aucun lieu où n'y auoit aucuns prochains ny personniers, incontinent qu'ils auront faict le voyage,
la doit retourner au lieu où ils auront chargé le voyage, pourueu
que ledit lieu soit seur, & si tel lieu n'est seur, la doiuent conduire
& amener à vn lieu seur, & le naucher & l'Escriuain ensemble
doiuent faire vne lettre ou missiue, & l'enuoyer au lieu où ils
sçauent que sont ses parens & amis, ensemble les personniers de
ladicte nef qu'ils viennent receuoir ladite nef, car le maistre de la
nef est mort, & l'Escriuain & naucher ne l'oseroient desemparer
iusques à ce qu'ils ayent eu responce des marchands & des per-

R

ſonniers de celuy qui ſera mort, & auſſi pareillement iuſques à cĕ qu'ils ſoient ſatisfaits de leurs ſalaires, deſpens, dommages, & intereſts qu'ils auront ſouſtenus,& pource que deſſus eſt dit, le preſent chapitre a eſté faict.

De Nef nolliſée , ſans temps determiné.
CHAP. CCLXIV.

Si aucun marchand ou marchands nolliſent aucune Nef ou Nauire auec inſtrumĕt ou teſmoins qui auront ouy que tels marchands doiuent demĕurer là,iuſques à certain temps,& iour conuenu & accordé,ſi tels marchands allongent & qu'ils n'expediĕt ladicte Nef,ne ſont tenus audict maiſtre de la Nef des frais & miſes,mais le maiſtre de la Nef doit regarder comment il nolliſera, afin qu'aucun dommage ne luy en puiſſe aduenir:mais ſi les marchands nolliſent aucune Nef ou Nauire auec aucun patron , & ne le tiennent ainſi comme ils auront promis,& que par leur coulpe demeure , & le maiſtre du Nauire en ſouſtient aucun dommage, leſdits marchands ſont tenus de luy ſatisfaire & reſtituer. Et encores plus,ſi celle Nef ou Nauire,ainſi comme deſſus eſt dit,eſt nolliſée & doit charger en autre lieu , ſi les marchands ſe peuuent excuſer par bonne raiſon & iuſte empeſchement,qu'eux ne puiſſent deliurer la marchandiſe qu'ils auront nolliſée en ce voyage qu'ils auroient promis la deliurer , puis qu'il n'y a point de leur faute ne luy ſont de rien tenus. Mais ſi leſdits marchands faiſant pour treuuer meilleur marché du nolis ou autre Nef , n'auoient prins celle Nef,ſi par raiſon du meilleur marché qu'ils trouueront laiſſent la Nef qu'ils auront nolliſée , en ce cas ſont tenus de rendre & reſtituer au patron de la Nef tout le dommage, frais & miſes qu'il aura fait à faute que leſdits marchands ne luy ont tenu ce qu'ils luy auront promis , puiſque par leur faute & à meilleur marché auroit nollifé auec vn autre patron. Et en telle façon & maniere eſt tenu le maiſtre de la Nef quand il auroit nollifé auec aucun marchand , & puis la retourneroit nolliſer à d'autres marchands, pource qu'il en auoit plus grand nollis que de l'autre, en tel cas ledict patron eſt tenu aux marchands de tout dommage & intereſts,& doit eſtre contrainct de prendre le voyage qu'il aura premier nollifé,& leur ſatisfaire comme deſſus eſt dict ꞉encores qu'il falluſt que ladicte Nef fuſt venduë,car il eſt raiſon que leſdits patrons ſoient auſſi bien obligez enuers les marchands comme les marchands enuers eux: & pource que deſſus a eſté fait le preſent chapitre.

De Nef nollisée qui pour empeschement ne pourra faire le voyage.

CHAP. CCLXV.

Si aucun marchand ou marchands nollisent aucune Nef ou Nauire en aucun lieu, & incontinent doiuent charger, au lieu mesmes qu'ils auront nollisé, ou bien qu'il deust aller charger en autre lieu, si estant illec vient empeschement de Seigneurie, posant le cas que telle Nef nollisée deust charger en ce mesme lieu où le contract du nollis sera faict, & apres ce demanderont l'vn ou l'autre de canceller l'instrument qui en sera fait, afin qu'il puisse aller faire son profit en aucun autre lieu auec autres marchãds, si lesdits marchands qui auront nollisé ne veulent que tel instrument qu'ils auront faict soit cancellé, ains luy diront qu'ils luy acheueront de charger, & eux luy diront & donneront la charge que nolisée luy auront, si eux peuuent acheuer de luy bailler ladicte charge, lesdits marchands ne sont tenus à aucun maistre de Nef d'aucune chose, sinon tant seulement luy payer les despens qu'il aura faits depuis le dernier iour auparauant qu'il demãdast, vn n'a licence de s'en aller ailleurs iusques au iour qu'ils acheueront de charger : & ainsi se doit faire au moins de frais & mises que faire se pourra, veu que ce n'est leur faute, ains est empeschement qui leur sera venu par la Seigneurie du lieu où ils seront. Et nonobstant luy liureront ce qu'ils luy aurõt promis, mais si tels marchands ne sont en lieu qu'ils puissent bailler au patron de la Nef ce quil luy auront promis, à cause que l'empeschement y sera euident : lesdits marchands sont tenus de payer audit patron tous les despens qu'il aura mis & frayez, ensemble le dommage pour raison du descouuert qu'il y aura, ou pour la malice du temps : mais faut que tel dommage soit estimé par deux hommes bien experts sur Mer, & que bien & deuëment ils sçachẽt l'art & coustume de Mer. Et tout ainsi comme le maistre de la Nef leuera le nollis & accordera auec les marchands, par semblable condition, doit-il proceder auec les mariniers : & si auant que le maistre de la Nef parte du lieu où ils auront contracté pour aller charger en vn autre lieu y estoit venu aucun empeschement : ou les marchãds dirõt au maistre de la Nef qu'il ne demeure point pour crañte d'aller charger au lieu où sera venu ledit empeschement, & à cause de ce lesdits marchands en seront retardez : & sur icelles raisons le maistre de la Nef qui aura nollisé ne pourra charger ce qu'ils auroient conuenu & accordé, ny lesdits marchands ne le pourront faire demeurer, tels marchands sont tenus de payer tous les despens, ensemble le nollis qu'ils luy auoient promis, car ce n'est la la faute du patron, mais des marchands. Et ce ne doit eſtre mis à l'eſtimation de deux preud'hommes de bien & de la marine, ains le maiſtre de la Nef, ainſi qu'eſt contenu en vn chapitre cy-deſſus eſcrit. Toute Nef qui aura faiĉt voile doit auoir tout ſon nollis ſans aucune contradiĉtion, & pource le maiſtre de la Nef ne peut faire aucune conuenance, ſinon que tous les mariniers en fuſſent contents : & par ainſi marchands ne doiuent nolliſer aucune Nef quand ils voyent aucun empeſchement, pour & afin de ſe garder de dommage. Et quand tels marchands auront nolliſé, & auparauant que ce faire ſoient certifiez qu'au lieu où ils vont charger y aura empeſchemĕt, & à occaſion de ce quand le maiſtre en ſouſtiendra aucun dommage, en ſont tenus, enſemble de tous les frais & miſes qu'il aura fait & ſouſtenus, pour raiſon & à cauſe de ce que deſſus. Et ſemblablement auſſi les patrõs, quand de leur coſté ſeroit aduenu aucun dõmage aux marchands, ils ſont tenus les leur payer pour les raiſons que deſſus ſont diĉtes, ſans aucune contradiĉtion.

Comment Marinier ne doit ſortir de la Nef par parole du maiſtre.

CHAP. CCLXVI.

Si aucun maiſtre & patton de Nef donne congé à aucun marinier pour aucune raiſõ n'en doit ſortir par le dire du maiſtre de la Nef, iuſques à ce que le maiſtre de la Nef luy aye oſté ou fait oſter ce qu'il deuoit deuant, & ſi le marinier ſe part de la Nef & s'en va par la ſimple parole du maiſtre de la Nef, ſans que il luy aye oſtée la viande, le maiſtre de la Nef n'eſt tenu de payer ce qu'il luy demandera : mais quand le maiſtre de la Nef donnera congé à vn marinier, il luy doit oſter au prealable les viures & vituailles qu'il auoit accouſtumé de luy donner, ou bien qu'il les luy faſſe bailler auparauant que le voyage ſoit acheué, & ce, tel patron ne le peut faire ſans aucune cauſe ny raiſon : & ſi le voyage n'eſtoit acheué, eſt tenu tel patron luy ſatisfaire le ſalaire qu'il luy auroit promis depuis le temps qu'il auoit accordé, mais ſi tel marinier s'en alloit auec conſentement, le maiſtre de la Nef eſt tenu payer à tel marinier tel ſalaire ainſi que les Nauchier & Eſcriuain cognoiſtront auec ſerment, qu'il pourroit auoir gaigné, ſi le voyage euſt eſté acheué, & s'ils ſont en lieu eſtranger, qu'il ne puiſſe eſtre incontinent entre les mains de ſes amis, le maiſtre de la Nef eſt tenu luy bailler Nef ou Nauire pour s'en retourner au pays d'où il ſera venu auec ledit marinier, & le marinier ne ſe voulãt autrement accorder comme deſſus eſt diĉt, le maiſtre de la Nef n'eſt tenu ſinon tãt ſeulement luy payer ſon ſalaire, ny luy bailler aucune Nef ou

Nauire ny autres. Et par les raisons cy-deſſus dictes , le maiſtre de
la nef ſe doit garder quand il donnera congé à aucun marinier,
qu'il aye iuſte raiſon de ce faire , afin qu'aucun dommage ne luy
puiſſe aduenir : & auſſi les mariniers doiuent regarder quand ils
prendront congé s'ils le prennent à iuſte raiſon, afin auſſi qu'il ne
leur en puiſſe aduenir aucun dommage.

De Marinier qui s'enfuyra.   CHAP. CCLXVII.

Si aucun marinier s'enfuit d'aucun Nauire ou Nef , puis qu'il a
receu ſon loüage auparauant qu'il aye fait voyage comme il aura
promis , mais faut entendre que s'il s'enfuit auparauant que le
voyage ſoit acheué, tout ainſi qu'il fera charger encores que tel
marinier aura ſeruy en partie audit voyage , il eſt tenu de rendre
& reſtituer au maiſtre de la Nef tout le ſalaire qu'il aura receu ſãs
aucune contradiction: & auſſi de ſeruir puis qu'il s'en ſera allé ſans
congé, ſans auoir aucun ſalaire, iuſques à ce qu'il aye ſatisfaict au
maiſtre de la Nef le ſalaire qu'il aura prins ſans ſeruir , enſemble
tous les dommages qu'aura ſouſtenu le maiſtre du Nauire, & à ce
le maiſtre de la Nef doit eſtre creu par ſa ſimple parole, & ſans aucun teſmoins par les raiſons que deſſus ſont dictes.

De charger grains ſans meſure.   CHAP. CCLXVIII.

Si aucuns marchands nolliſent aucune Nef ou Nauire , & le
chargent de grain , & le maiſtre de la Nef ne le mettra dans ladicte Nef auec meſure ou poids, ou homme pour luy , mais tant
ſeulement le leur dira de parole : & les marchands luy diront s'il
veut meſurer ou faire meſurer ledit grain. Et quand ils ſeront au
lieu là où ils doiuent deſcharger, ledict maiſtre de la Nef le peut
faire meſurer , ſans que les marchands luy puiſſent en rien contredire. Et quand ledict bled ou grain ſera meſuré , & le maiſtre
de la nef y en trouuera dauantage ou moins que leſdits marchãds
luy auront donné à entendre, & ce afin qu'ils le puiſſent garder du
nollis qu'ils auoient conuenu : ſi le grain auoit faict aucun accroiſſement, ledit patron doit auoir ſon nollis , auſſi bien de celuy
qui ſera dauantage, comme de celuy qu'ils auoient dict. Et l'accroiſſement du grain qui s'y trouuera doit eſtre diuiſé entre les
marchands, chacun en doit auoir ſa part & portion , ſuiuant la
quantité du grain qui y ſera trouué, & chacun deſdits marchands
eſt tenu de payer le nollis, auſſi bien de celuy qui ſe trouuera dauantage, comme de celuy qui ſera nolliſé, pource que s'il en euſt
trouué moins qu'ils ne luy auoient dict, auſſi bien euſt-il fallu que
les marchands euſſent payé le nollis, comme ſi tout le grain qu'ils
auoient y euſt eſté, & par ainſi s'il s'y en trouue dauãtage, les mar-

chands ne font tenus leur fatisfaire, finon ce qu'il leur auoit nollifé, ou bien qu'il luy veuille faire grace : car auffi bien n'euffe eu
du profit comme les marchands s'il fe fuft fié en leur parole, car
volontiers tels marchands ne fauffent point leur parole. Et dauantage , le grain croift en la nef à l'occafion de l'humidité de
l'eau : Et dauantage, fi ledict patron de nef en trouue moins que
du compte que les marchands luy auront dit, il eft tenu de le leur
faire, & payer, mais faut garder la nature du grain , & par ainfi
quand le maiftre de la nef ne fe trouuera à mefurer, ou homme
pour luy , il n'eft tenu de rien aux marchands , finon comme eft
dit cy-deffus , mais faut que les patrons s'en fient à la parole des
marchands.

De condition de nollis. CHAP. CCLXIX.

Si aucun maiftre de nef ou nauire nollife fa nef ou nauire à
aucun marchand, & quand ils feront au lieu où ils deuront defcharger , luy & les marchands auront entreprins certain iour &
temps exprés, que les marchands auront payé le nollis qu'ils auront conuenu & accordé, & quand cela ne fera fait , le maiftre du
Nauire peut retenir toute lad. marchãdife, & ne la defcharger iufques à ce que les marchands luy ayent baillé affeurance de payer
le nollis qu'ils auroient promis audict patron au iour conuenu, &
fi entre le maiftre de la nef & marchãd ont conuenu certain iour
& temps qu'ils doiuent auoir defchargé & payé le nollis , & que
les marchands luy ayent promis de le fatisfaire : le maiftre de la
Nef ne doit contredire qu'il ne defcharge la marchandife , finon
que le maiftre du Nauire euft crainte que les marchands fuffent
trompeurs, qu'ils le fiffent plaider pour le luy faire perdre : mais fi
tels marchands baillent affeurance pour le nollis dudict patron,
il doit laiffer defcharger ladicte marchandife. Et fi dauanture les
marchands difent au parron de la nef s'il veut prendre de ladicte
marchandife en payement au prix qu'ils la vendent, en payement
du nollis qui leur fera deu, qu'ils la vendront au lieu mefme là où
ils defchargeront, iufques à ce qu'il foit acheué de payer du nollis
qu'ils luy aurõt promis, s'il plaift au maiftre de la nef il le peut faire,
non autrement que les marchands le puiffent contraindre de ce
faire, & fi le maiftre de la nef prend de fon authorité ladite marchandife pour fe payer du nollis qui luy fera deub, le peut faire :
mais s'il y pert la perte eft fienne & doit eftre, & s'il y a du profit,
le profit auffi fera fien, fans que perfonne y ayt rien que voir, finõ
tant feulement de payer le nollis aux perfonniers , ainfi qu'il appartiendra : mais fi tels marchands laiffent leur marchandife au

maiſtre de la Nef ou Nauire pour le nollis qu'ils luy deuoient, le
maiſtre de la Nef eſt tenu de la receuoir. Et ſi par telle raiſon le
maiſtre de la Nef eſt contrainct de receuoir ladicte marchandiſe,
ſans qu'aucun perſonnier y puiſſe rien contredire : car ils doiuent
prendre patience auſſi bien de la perte que du profit : mais ſi par
fortune le maiſtre de la Nef eſt contraint de prendre la marchandiſe pour ſe payer du nollis que leſdits marchands luy deuoient,
& ce par crainte auſſi de Seigneurie: Et ainſi venant le cas, le perſonnier eſt contrainct en prendre, & en payer tant du dommage
que de la perte:mais ſi les perſonniers auoient accordé audict patron de la Nef qu'en quelque lieu qu'il aille ou retourne,qu'il employe tout le nollis qu'il gaignera en marchandiſe,& ainſi l'accordent les perſonniers ou la plus grand partie d'iceux au maiſtre
patron de la Nef, s'ils gaignent ou perdent en ce que le patron
aura employé ſon nollis,les perſonniers doiuét prendre patience
de la perte comme du profit , & en ce cas les perſonniers ne peuuent rien contredire , puiſque par commandement des perſonniers,ou de la plus grand partie d'iceux il l'aura fait:Encores dauantage,ſi le maiſtre du Nauire auoit employé tout ce qu'il aura
eu de nollis ſans le ſceu & mandement des perſonniers,s'il y a du
gain,ils prendront droictement le profit: mais s'il y pert, il faut
qu'il paye la perte , veu qu'il aura faict emplette ſans le mandement & ſçeu deſdits perſonniers : mais ſi quelquefois il employe
le nollis, & d'autresfois non,& quãd il viendra du voyage les perſonniers ne luy diront aucune choſe , mais ſeront quaſi d'aduis
qu'il faſſe ainſi,s'il y auoit perte faut qu'elle ſoit payée communé-
ment,veu que les perſonniers ne luy ont rien dict, tout ainſi comme deſſus eſt dict.

De Nef ou Nauire qui demeurera à charger pendant le mauuais temps.
CHAP. CCLXX.
Si aucun maiſtre de Nef doit charger en aucun lieu, & eſtant
en ce lieu eſt ſuruenu mauuais temps qui l'empeſchaſt de charger. Si ledict maiſtre faict aucune deſpence,frais & miſes,comme
pour loüer excercie pour mettre à la Nef & pour ormeger , les
marchands ne ſont tenus en rien,puiſque ils n'auront rien chargé. Si pourtant ledict maiſtre de la Nef a entreprins le iour qu'ils
deuoient nolliſer , & que de tous les frais & miſes qui pourroient
aduenir,ils en payeront leur part & portion,& ſi par fortune ledit
maiſtre auoit chargé quelque quantité de marchandiſe, qu'il la
deuſt prendre,de la quantité qui ſera chargée , doit prendre &
payer tous les frais & miſes que le maiſtre du Nauire aura faicts

par le cas d'auanture qui fera aduenu au fol la liure parcommun.
Et fi donc entre tous les marchands, ou la plus grand partie, ne
fera entreprins, que fi le cas deffufdit aduenoit, la marchandife qui
demeurera en terre, aydé à celle qui fera chargée : & fi la Nef ou
Nauire eft chargée de tout, s'il aduient le cas que deffus eft dict,
tout le corps de la Nef & du Nauire doit payer la marchandife
en commun par fol la liure. Mais faut entendre que la Nef ou Nauire foit fuffifant & bien muny d'excercie, & fi ladicte excercie
eft fuffifante, & le Nauire eft moindre, lefdits marchands ny ladicte marchandife ne font tenus de faire aucune contribution, ny
demeurer à aucune mife ny frais que le maiftre de la Nef aura
faict ou fera, ains le maiftre de la Nef eft tenu fatisfaire aux marchands tous les dommages que pour raifon de ce en pourroient
aduenir fans aucune côtradiction : mais il ne faut pas que les marchands foient creus par leurs paroles, ains doit eftre mis à la cognoiffance d'oures fur la marine, & s'ils cognoiffent que ladicte
excercie foit fuffifante pour ladicte Nef, ce que par lefdits preu-
d'hommes fera condamné, faut qu'il foit payé & fatisfaict : car ce
n'eft raifon que toutes les fois que tel cas de fortune aduient à ladicte Nef d'en demeurer à la foy des marchands, pource qu'ils diroient toufiours que c'eftoit la faute de l'excercie que la Nef ou
Nauire auoit, pource qu'elle n'eftoit fuffifante & capable au cas
qu'il y viendroit aucun dommage. Mais quand fera veu & cogneu par deux hommes, lefdits marchands ne pourront en rien y
contredire, & pour ce a efté faict le prefent chapitre.

Des Maiftres d'Ache, & Callafats.

CHAP. CCLXXI.

Suiuant ce qu'au chapitre eft deffufdict & declaré, les maiftres
& callafats qui auront prins aucune œuure & befongne à faire,
ainfi qu'ils font tenus & obligez, le maiftre qui les aura prins & en
pouuoir les aura mifes & du maiftre auffi qui aura configné la befongne, & dequoy eft tenu aufdits maiftres, & dequoy non, mais
en cedict chapitre deffufdict, n'eft declaré fi aucuns defdits maiftres permettront de trauailler auec aucun maiftre de Nef ou de
Nauire, fi ce qu'ils luy auront promis ne luy veulent tenir ce dequoy luy ferôt tenus, ne dequoy non. Et par les raifôs deffufdites
les antiques qui premierement allerent par le monde prindrent
telle peine, afin qu'entre les maiftres des Nefs & d'ache ne puiffe
auoir aucun contredict ny procés. Et pour ce, dirent & declare-
rent ainfi que tout maiftre d'ache & calafat, qui promettra de be-
fongner pour vn maiftre de Nef ou Nauire, foit qu'il faffe marché
ou

non,il faut qu'il luy donne tout ce qu'il luy aura promis, & s'il ne
le veut faire,il eſt tenu de rendre & reſtituer tout dommage pour
le retardement que le maiſtre de la ɴef aura ſouffert & ſouſtenu,
à cauſe qu'il ne ſera venu trauailler comme il luy auoit promis:
ſauf & reſeruè que leſdits maiſtres n'euſſent eu aucun empeſchement neceſſaire pour lequel ils n'euſſent faiċt ladiċte beſongne,&
par ainſi meſmes, tout maiſtre de ɴef qui promettra deliurer &
bailler aucune beſongne auſdits maiſtres , & ne leur tiendra ce
qu'il leur aura promis,il eſt tenu de leur dommage, enſemble du
ſalaire qu'il leur auoit promis , & par ainſi s'ils auoient conuenu
d'aucun prix ou ſalaire , il eſt tenu de leur donner autant comme
ils gaigneroiēt auec les aútres maiſtres, en faiſantpareilles beſon-
gnes:& encor es dauantage eſt tenu le maiſtre de la ɴef leur reſtituer tout le temps perdu , ayant égard à la beſongne ſi elle eſt
grande ou petite:enſemble auſſi que ledit maiſtre de la beſongne
n'euſt aucun empeſchement neceſſaire & legitime, & pour leſ-
diċtes raiſons a eſté faiċt le preſent chapitre.

De ſeruiteur de Patron.   CHAP. CCLXXII.

Si les maiſtres de la ɴef tiennent ſeruiteur à temps deputè &
prefix,faut que le ſeruiteur tienne à ſon maiſtre tout ce qu'il luy
aura promis,& eſt raiſon que tout ainſi queles ſeruiteurs ſõt tenus
& obligez de tenir ce qu'ils auront promis à leurs maiſtres , auſſi
les maiſtres ſont tenus aux ſeruiteurs de tenir tout ce qu'ils leurs
promettront:& ſi le ſeruiteur meurt auant qu'il ait acheuè de ſer-
uirle temps qu'il aura promis,le maiſtre de la ɴef eſt tenu de bailler à ſes prochains pour le tempsqu'il aura ſeruy,ſans aucune con-
tradiċtion. Et ſi à l'aduanture le maiſtre de la ɴef mouroit , lediċt
ſeruiteur eſt tenu de ſeruir les heritiers ou prochains , tout ainſi
qu'ils auoient accordè & conuenu auec le patron qui ſeroit mort,
& les heritiers dudiċt & prochains, ſont tenus de tenir audiċt ſeruiteur tout ce que le patron luy auoit promis au temps qu'il viuoit. Mais il faut entendre que lediċt ſeruiteur n'eſt tenu aux heritiers ny prochains , ſinon autant que ladiċte ɴef ou ɴauire demeurera en leurs mains,car s'ils la vendoient à d'autres,& que lediċt ſeruiteur euſt acheuè de ſeruir le temps qu'il auoit conuenu
de ſeruir au mort,il eſt & doit eſtre deliurè dudit ſeruice:ou bien
ſi leſdits heritiers vendoient ladiċte Nef, ſont tenus de payer audiċt ſeruiteur tout le ſalaire que le mort luy auoit promis, ou à
tout le moins ſuiuant le terme qu'il aura ſeruy ſans aucune con-
tradiċtion:& ſi tels heritiers n'ont dequoy ſatisfaire, lediċt ſeruiteur doit eſtre ſatisfait du prix & argent que prouiendra de ladite

S

Nef : & si les heritiers ne le veulent payer, tel seruiteur s'en peut retourner dans la Nef, & illec demeurer iusques à ce que la Nef mesme l'aye satisfait, ou bien prendre quelque chose qu'il pourra tenir iusques à ce que le maistre de qui sera la Nef l'aura payé & satisfaict, car tout homme qui a achepté Nef se doit garder de soy empescher, afin qu'aucun dommage ne luy en puisse aduenir.

De l'Estiue de Gerre ou Boutes. CHAP. CCLXXIII.

Si aucun maistre de Nef ou Nauire nauigue en Barbarie, en Espagne, ou en aucunes autres parts : si quelques marchands mettét en leur Nef ou Nauire estiue de boutes ou gerres vuides pour porter esdits lieux ou autres, si l'estiue y est entiere, & lesdits marchands ont conuenu de prix de ladicte marchandise estiuée, aussi tost que ledict sera venu au lieu où celle estiue sera deschargée, il est à la volonté du maistre de la Nef de prendre le nollis que bon luy semble, ou de prendre la moitié de l'estiue, ou gerres qu'il aura portées, puis qu'ils n'auront conuenu d'aucun prix, mais si ledit maistre de la Nef a faict pacte ou promesse, il faut qu'il soit tenu : mais si l'estiue n'estoit bonne, & bien & deuëment, ains s'il estoit deffaict, le maistre de la Nef y en doit auoir la moitié, encores qu'il n'aye fait aucun prix : mais on peut prendre nollis suffisant, pource que il doit auoir la moitié des boutes rompuës côme des entieres, si aucun prix n'estoit faict : mais si le maistre de la Nef trouue autre marchandise que celles de boutes le peut prendre, en prenant nollis il le peut faire, & au cas qu'il ne la voulust prendre afin qu'il portasse l'estiue, faudra qu'il perde le nollis : & encores plus, car peut-estre qu'il luy cousteroit d'accoustrer plus qu'il ne vaut, ny la marchandise qu'il eust peu charger ne luy eust baillé de nollis, pour raison est ainsi que la mottié de l'estiue soit droicte : ou non soit sienne. Et si le maistre du Nauire est en lieu qu'il tienne autre marchandise, la peut mettre sans faire dommage à l'estiue, & celle qui sera rompuë & deffaicte les lier à chacune part, & la mettre en vn costé de la Nef, & par ainsi luy en doit appartenir la moitié, comme si ladicte estiue estoit toute entiere, & pour ce a esté faict le present chapitre.

Comment marchandise peut estre ou retenuë ou laissée pour le nollis.

CHAP. CCLXXIV.

Si aucun maistre de Nef qui aura nollisé sa Nef ou Nauire pour aller outre Mer en Alexandrie, ou en Armenie, ou autre part, les marchands sont tenus de payer les nollis aux patrons des nauires ainsi qu'ils auront conuenu & accordé : & si lesdits marchands ne

le veulent payer,il peut retenir autant de marchandife que peut
valoir fon nollis : voire dauantage, ou bien l'Efcriuain pour luy,
fuiuant qu'en vn chapitre cy-deffus eft dict & contenu:mais fi les
marchands luy veulent laiffer la marchandife qu'il aura portée
pour le nollis qui luy fera deub, & peut ainfi faire ledict patron,
fauf & referué tous pactes qu'ils euffent faits : Et pource faut entendre que fi la Nef eft nollifée à efcar, & la marchandife ne foit
toute vne,que cefdits marchands qui auront nollifé à efcar y auront aucuns fais de foye ou de faffran, ou autre marchandife :
toute la marchandife qu'ils voudront laiffer ne vaudra le nollis,
s'il ne la veut le maiftre de la Nef n'eft tenu de la prédre:car c'eft la
raifon que le maiftre de la Nef foit payé content,puis qu'il y aura
affez de marchãdife,fauf & referué tout pacte qu'ils euffent conuenu & accordé : & fi lefdits marchands n'eftoient en lieu où ils
peuffent vendre leur marchandife,ny recouurer aucune fomme
d'argent,& ils auront vne autre quantité de marchandife, lefdits
marchands font tenus rendre & reftituer aufdits patrons tant de
marchandife qu'elle foit fuffifante à payer fon nollis s'il la veut
prendre :. & fi le maiftre de la Nef ne la veut prendre,lefdits marchands font tenus de le contenter , encores qu'il falluft vendre
toute la marchandife : car il n'y a rien de plus raifonnable qu'il
faut que le patron foit payé,fauf que tout fe doit faire fans aucũs
frais,ou pour le moins qu'il fe pourra : & fi le maiftre de la Nef
veut faire grace aufdits marchands , & les veut attendre de fon
nollis , iufques à ce qu'ils ayent vendu ladicte marchandife en
quelque autre lieu , il le peut faire fans qu'aucun marinier luy
puiffe en rien contredire : fauf auffi aux mariniers toute promeffe que le maiftre de la Nef leur euft faict : & fi le maiftre de la Nef
leur faict grace en la forme & maniere qu'eft dict , lefdits marchands font tenus de donner au maiftre de la Nef le profit & gain
au fol la liure,tout ainfi qu'ils gaigneront fur le nollis dudict patron,& s'ils ne gaignent rien,font tenus de donner au maiftre de
la Nef tout fon nollis : car il n'eft raifon que pour plaifir il perde
ou fouftienne aucun dommage,& pource que ce ne fera fa faute
qu'ils ne gaignent:car auffi le maiftre de la Nef n'eft tenu de donner profit aux mariniers pour leur falaire , fuiuant qu'il prendra
de marchandife,fauf & referué tous pactes contenus & accordez
entre le maiftre de la Nef, & mariniers. Mais quand la Nef fera
nollifée à quintaux , & fi les marchands nollifent l'vne & l'autre
marchandife pour le nollis au maiftre du Nauire, ne peut ny doit
retenir l'vne marchandife pour l'autre , puis qu'ils ne l'ont ainfi

accordé.Par ainſi tout maiſtre de Nef doit regarder comme il noliſera,afin qu'aucun dommage ne luy en puiſſe aduenir:car il faut
que les mariniers ſoient payez & contents de leurs ſalaires, ſoit
que le maiſtre de la Nef aye ſon nollis ou non , puiſque le marinier aura faict ſon ſeruice , & le voyage ainſi qu'il aura conuenu
& accordé. Et pour les raiſons que deſſus a aſté faict le preſent
chapitre.

De Nef, & de marchandiſe prinſe par Nauires armées.

CHAP. CCLXXV.

Si aucune Nef ou Nauire armée qui entrera en Corſe ou en ſortira,ou y ſera, & rencontrera aucune Nef ou Nauire de marchãds,
ſi icelle Nef de marchandiſe eſt d'ennemis,& ce qui ſera dedans
eſtoit d'ennemis,& fuſt pris,il n'eſt beſoin de dire mot,car chacũ
ſçait comme la Nef ou Nauire ſe gouuerne, mais ſi elle eſt prinſe
d'amis,& la marchandiſe eſt d'ennemis,l'Admiral de la Nef ou du
Nauire armé,peut contraindre telle Nef ou Nauire qu'il aura prins
qu'il luy porte ce qui ſera dans icelle Nef,comme eſt marchandiſe & autres choſes,iuſques à ce qu'il ſoit en lieu qu'il puiſſe le recouurer , & faut que l'Admiral le tienne deuers ſoy , & en lieu
qu'il n'aye crainte d'ennemis,qu'ils ne la puiſſent oſter audit Admiral , en payant au maiſtre de la Nef tout le nollis qu'il y aura,
comme s'il la portoit en autre lieu où il deuoit deſcharger , ainſi
que ſera trouué dans le cartulaire,& ſi aucũ cartulaire ne ſe trouuoit, le maiſtre de la Nef ou Nauire doit eſtre creu auec ſon ſerment,combien de nollis luy eſtoit deu : encores d'auantage , s'il
eſt en lieu que l'Admiral n'y fuſt,ou homme pour luy,ce qu'il aura gaigné ſe peut ſauuer,s'il veut que la Nef luy porte le profit , il
luy doit porter ladicte marchandiſe en port là où ledict Admiral
dira, & faut que tel patron s'en accorde auec luy,ou l'homme qui
le conduira,& les pactes qu'il aura faits auec ledit Admiral,il faut
qu'il luy ſoient tenus. Et ſi par fortune il n'auoit accordé pacte
d'aucun nollis,ledit Admiral ou celuy qui aura la charge pour luy
eſt tenu de luy ſatisfaire tout le nollis comme eſt dict cy-deſſus.
D'auantage faut noter,que ſi par ſerment le maiſtre de la Nef dit
que ladicte marchandiſe eſt ſienne, l'Admiral ou celuy que pour
luy aura chargé luy doit bailler celle qu'il aura,& auec luy facille-
ment s'en meurt ledict carech & marchandiſe,leſdits marchands
ne ſont tenus de payer aucun nollis à ladicte Nef ny audit Admiral qui aura prinſe telle Nef , ains ledict Admiral eſt tenu de leur
rendre & reſtituer tout le dommage que leſdits marchands aurõt
ſouſtenu,à cauſe qu'il ne leur aura voulu faire aucun pacte. Mais

ſi par fortune ledict Nauire ſe rencontre auec les marchands , ou
auec autres Nauires armées, & que leſdits marchands ne puiſſent
auoir ladicte conuenance & pacte : ſi tels marchands ſont connus
& le temps que tel pacte fuſt pour eſtre pourſuiuy, ledit Admiral
n'eſt tenu de leur faire tel dommage ny force, ains s'il le fait, il eſt
tenu de reſtituer auſdits marchands tous dommages & intereſts
qu'ils auront ſouſtenu: mais ſi leſdits marchands ne ſont cogneus, .
& le pacte deſſuſdit ne pourront payer , ledict Admiral les peut
forcer d'aller deſcharger là où bon luy ſemblera.

De Nef qui ſera contrainte d'aller deſcharger par cas fortuit.

CHAP. CCLXXVI.

Si le maiſtre de Nef a chargé tout ou en partie en aucun port ou
plage, & pendant qu'il ſera là où il aura chargé, ou en autre lieu,
luy viendra cas de fortune qu'il ſera contrainct de deſcharger du
tout , ou en partie , eſt à entendre, que ſi par rambry d'eſtoupe,
qu'il ſorte, ou aucune chaiſne ſe perdent , ou autres excercie , à
cauſe dequoy il ſeroit en danger de Nauire armées d'ennemis, &
ſi en ce lieu où le cas de fortune luy aduiendra y a barques pour
deſcharger, & il les puiſſe auoir par argent , il les doit donner iuſques à ce que la Nef ſoit à ſeureté , & iuſques à ce que le mauuais
temps ou ennemis ſoient paſſez , & ſi par fortune il ne trouuoit
barques pour argent, & il trouuaſt aucunes Nefs qui fuſſent vaga-
bondes, & fuſſent ſans voyage , le maiſtre de la Nef à qui tel cas
ſera aduenu , doiuent aduertir les patrons que tel cas fortuit leur
eſt aduenu, & qu'ils leur doiuent donner ſecours, afin que la Nef
ſe puiſſe ſauuer, & prendre ce qui eſt dedans. Et ſi leſdits maiſtres
de la Nef leur veulent ayder, les doit receuoir à moins de frais &
miſes que ſe pourra faire, & garder que tels mariniers ne prennent
aucun dommage, & ſi leſdits patrons de telle Nefs ne veulent ayder à moins de ſalaire & profit , lors le maiſtre de la Nef eſt tenu
leur ſatisfaire ainſi qu'ils accorderont. Mais ſi leſdits patrons &
gouuerneurs luy demandent trop, & les auroient accordez, ils en
doiuent auoir autant comme il ſera dict par deux hômes de bien
de marine, & qui cognoiſtront ce qui leur appartiendra , puiſque
entr'eux ne ſe feront peu accorder : car ſi tels maiſtres de Nef
euſſent demandé la moitié de la marchandiſe de ladicte Nef, il le
leur euſt donnée, afin de venir à port autrement , & par ainſi faut
que ſoit mis en la cognoiſſance deſdits deux hommes de marine
pour taxer ce qu'il leur appartiendra. Faut toutesfois entendre,
que ſi la Nef qui aura fait tel ſeruice prend aucun dommage , le
maiſtre de la Nef de qui ſera le danger n'eſt tenu luy payer, pour-

ce que ne luy aura promis , & si par fortune lesdictes Nef ou Nauire n'ont aucun dommage,tel maistre de Nef s'en doit aller à la
Seigneurie où ils seront , quand ledit cas sera aduenu & auec licence de la Seigneurie,s'en peut seruir sans consentement de celuy de qui elle sera. Et aduenant le cas que ausdits nauires n'y
eust personne pour luy donner ayde ny secours, & que lesdictes
Nefs fussent sans les maistres, & voyant que sa Nef se peut prendre s'il n'a aucun secours , il peut prendre lesdictes Nefs , en se
gardant de faire aucun dommage ny destourbier à celuy de qui
sera lesdictes Nefs,& encores luy donner le salaire qui luy appartiendra à la taxe des experts. Et par les raisons dessusdictes a esté
faict le present chapitre.

De patron qui fera empeschement à la partie pour debtes.

CHAP. CCLXXVII.

Si quelque maistre de Nef ou Nauire doibt, & il soit en ce lieu
où il deura certaines sommes d'argent,& quand illec sera les creanciers luy feront prendre & saisir de leur authorité & sans congé de justice ledict Nauire,ou bien auec justice , & à cause de ce
ledict maistre de la Nef demeurera à faire ledict voyage , & ne
pourra aller en aucun lieu,ny faire son profit & autres , quand ils
verront qu'il ne s'en pourra aller,s'en iront plaindre à la Seigneurie & justice, & voudront exposer clame : mais quand tels marchands voudront exposer telle clame, la justice ne les doit escou-
ter,ny celuy qui aura faict le debte n'est tenu de leur respondre à
cause du destourbement de son voyage où il va pour gaigner de
l'argent,& tel maistre de Nef n'est tenu de leur faire aucun payement,ains le doiuent laisser aller faire son voyage en baillant caution , auec pacte & condition qu'ils ne pourront contraindre lesdictes cautions iusques à ce que le debiteur soit retourné du
voyage,& la caution n'est tenuë sinõ de cautionner pour la crainte que les creanciers auront que le debiteur ne retourne point:&
encores,que telle caution n'est tenuë sinon de cautionner pour la
crainte que les creanciers auront que les debiteurs ne retournent
point,& encores que telle caution cautionnast pour tout le debte
les creanciers ne sont tenus luy faire aucune contraincte , sinon
iusques à ce qu'ils auront discuté le debiteur : & si les biens de tel
principal n'estoient suffisants pour le payement que le debiteur
doit: alors le creancier se prendra auec la caution qui aura cautionné. Mais si les biens du debiteur principal estoient suffisants
pour le payement qui sera deub aux creanciers,les biens de celuy
qui aura cautionné n'en doiuent estre executez, prins & arrestez

mais toutesfois ores qu'il ne trouuast caution , ne le peuuent def-
tourber de son voyage , pourueu qu'il iure qu'il ne trouue point
de cautions : & aussi le doiuent faire iurer que quand il sera retourné dudict voyage,il s'accordera auec les creanciers:& les cô-
tentera de ce que leur sera deub bien & deuëment. Encores d'a-
uantage comme dict est, si le maistre de la Nef ne tient aucunes
cautions,veu qu'ils n'auront faictes aucunes diligences contre ledict debiteur,& auront attendu iusques au dernier iour qu'il voudra partir , car aussi luy sera faict empefchement : les marchands
qui auront mis la marchandise sur ladicte Nef, & leur marchandise demeurera en danger de perdition par la negligence defdits
creanciers qui auront attendu faire ladicte execution iusques au
dernier iour que le Nauire voudra partir,& pource ne le peuuent
arrester,mais que chacun creancier quand il aura aucun debiteur
en tel cas semblable qu'il fasse diligence comme bon luy semblera,sans attendre que tel debiteur soit prest à partir à faire le voyage qu'il aura conuenu, & pource a esté fait le present chapitre.Et
si par infortune le maistre du nauire s'enua mourir auparauãt qu'il
retourne dudict voyage , & reuenu là où il aura baillé aucune
caution,& encores y sera debiteur dudit debte , si la caution est
obligée par tout , qui au retour du voyage vienne ou non, viue,
meure,ou non meure,la caution est tenuë de payer ainsi comme
il sera obligé , sauf & referué tous pactes qu'entr'eux pourroient
estre faits,& aucune autre bonne raison.

De commande que le commandataire doit partir auec foy.

CHAP. CCLXXVIII.

Celuy qui commandera ou aura commandé aucune efpeces
pour faict de marchandise, si celuy qui aura faict ou fera la commande a conuenu auec celuy qui luy aura baillé ladicte commande , qu'il la doit porter auec luy és lieux & voyage qu'ils auront
conuenu & accordé , ledict commandataire est tenu de garder
tout le pacte,& tout ce qu'il luy aura promis & accordé,soit auec
acte ou sans acte,doiuent auoir valeur , pourueu qu'elles fuffent
esté mifes au vray,mais si par fortune n'y a aucun accord ny en-
treprinfe , celuy qui aura prins la commande luy tiendra ou enuoyera ladicte commande sans le sceu & volonté de celuy de qui
elle appartiendra. Si ladicte commande se perd du tout ou en
partie,ledict commandataire est tenu de payer ladite commande
& le gain qu'en telle marchandise peut estre faict. Et pour caufe
qu'il ne luy tient les promeffes qu'il luy auoit faicte quand il re-
ceut ladicte commande. Et si par fortune ladicte commande ne

ſe perd du tout ou en partie, ains ſera ſauuée iuſques au lieu où lé
commandataire l'auoit enuoyée, & ſi ladicte commande demeurant audict lieu ſe gaſte, ou prenne aucun dommage par coulpe
& negligence dudit commandataire, il eſt tenu de rendre & reſtituer le dommage que ladicte marchandiſe & commande aura
ſouſtenu : mais ſi ledict commandataire qui aura prins en charge
ladicte marchandiſe vend à meſpris par negligence, & auſſi qu'il
ſera mauuais marchand, & qu'il ne gardera le profit de celuy qui
luy aura baillée ladicte marchandiſe, tout ainſi comme le maiſtre
de la marchandiſe feroit, ny ainſi comme ils auroient entreprins
& conuenu. Et ſi par fortune celuy qui luy auroit enuoyé la commande ne la vendoit comme elle valoit au lieu qu'il l'aura prinſe,
ſuiuant la qualité de la marchandiſe qu'elle valoit au lieu là où le
commandataire l'auoit enuoyé au temps que ladicte commande
arriua. Si ladicte marchandiſe eſt venduë à moindre prix, celuy
qui aura charge & prix de ladicte commande, eſt tenu de rendre
& reſtituer à celuy qui luy aura baillé ladicte marchandiſe tout le
prix, dommage & intereſts qu'elle pourra valoir , & qui pourra
preuuer qu'il aura ſouſtenu là où ledict commandataire luy aura
enuoyé, mais il faut entendre qu'au lieu où le commandataire a
enuoyé ladicte marchandiſe, pourueu auſſi qu'il euſt eſté conuenu entr'eux. Et ſi leſdits commandataires auoient enuoyé ladicte
marchandiſe qui luy aura eſté commandé en autre lieu, que celuy qu'ils auront conuenu. Tel marchand qui luy aura baillé ladicte marchandiſe en commande, eſt en libertéde prendre le prix
de la marchandiſe qui plus ſera venduë à l'vn deſdits lieux comme bon luy ſemblera, tout ainſi comme ſi ladicte marchandiſe y
auoit eſté arriuée, & ainſi doit eſtre faict à moins de frais & miſes,
qu'y pourroient aduenir. Et celuy qui aura prins ladicte commande eſt tenu ainſi le ſatisfaire à celuy qui luy aura baillé ladicte
commande ſans y pouuoir contredire : pource qu'il n'aura tenu à
celuy qui luy auoit baillé la cõmande, ſinon tout ce que luy auoit
promis pour ladicte marchandiſe, ains faict le contraire : & par
ainſi eſt tenu luy payer tout le dommage qu'il y auroit ſouſtenu,
& par autre raiſon, car il ne doit eſtre trompé ny auoir puiſſance
en ce d'autruy, ſinon ainſi qu'il leur auroit donné charge & mandement, car tel ne doit eſtre dict marchand, ains doit eſtre dict
larron, & contre luy doit eſtre procedé comme larron, & puny de
telle peine comme s'il auoit deſrobé, & larron puis qu'il veut em-
porter la marchandiſe d'autruy, malgré & ſans volonté du marchand de qui ſera ladicte marchandiſe, ſauf & reſerué au com-
                                            mandataire

mandataire, bonnes & juftes raifons s'il les veut alleguer, & prouuer fi elles font raifonnables & excufables. Et auffi tous autres pactes conuenus & accordez, car fouuent les accords doiuent eftre faicts & terminez ainfi que les raifons & empefchements feront valables, & fe pourront pouruoir fans aucun dommage, & pource a efté faict le prefent chapitre.

Comme le Facteur doit eftre creu auec fon ferment.

CHAP. CCLXXIX.

S'ils font ou auront faict aucune commande auec aucun maiftre de Nef ou Nauire d'aucune fomme d'argent ou de marchandife, il faut que ledict commandataire la parte, & auffi qu'il en rende compte tant du principal que du profit & dommage, ledict compte luy doit eftre receu, fauf que ceux qui auront faicte la commande auront aucun doute que ledit compte ne foit raifonnable, ceux qui luy auront baillé ladicte commande le peuuent faire iurer, que le compte qu'il rend eft vray & iufte. Et fi ainfi le jure, ceux qui luy auront baillé ladicte marchandife & commande ne le peuuent de rien contraindre, finon qu'ils luy prouuaffent le contraire, mais ils doiuent receuoir ledict compte. Et fi dans ledict compte fe trouue aucun profit ou perte, il faut que chacun prenne patience de fon cofté, & que la perte foit payée par commun, & le profit auffi foit party & diuifé: mais s'il y auoit perte comme eft dict cy-deffus par faute du commandataire, & qu'il fe puiffe preuuer, doit payer comme deffus eft dict, tout le dommage fans aucune contradiction: mais quand ne luy pourront preuuer le contraire, il faut qu'il foit creu auec fon ferment, & ainfi eft de couftume de proceder au fait de marchandife en quelque maniere qu'aucune commande fe fera, & par ainfi chacun regarde comment il baillera & commandera ladicte marchandife, & pour ce a efté faict le prefent chapitre.

De conuenance entre patron & marchand de marchandife nollisée.

CHAP. CCLXXX.

Si marchand nollifant aucunes marchandifes auec aucun maiftre de Nef ou Nauire, auec inftrument, acte ou tefmoins, il faut que le maiftre tienne aufdits marchands tout ce que fera conuenu & contenu dans l'inftrument, & en prefence des tefmoins. Auffi fera dict & arrefté quand ledict nollifement fera faict: fauf toutesfois que fi le maiftre de la Nef n'auoit veu ladicte marchandife auparauant que de nollifer, ou ce ne fera dans lefdits inftrumens ny acte, ny auffi lefdits tefmoins ne feront ouys: cela fe doit entendre auffi qu'il fe fera fié auec le marchand qui fera homme

de bien. Et ſi ledict marchand nolliſoit à fardeau ou balles, & il
dira ou fera entendre au maiſtre de la nef ou nauire que tels fardeaux ou balles, couſtats ou farcels, il faut ſçauoir la quantité de
balles ou autres choſes en nombre ſçeu & quintalades, & ſi au
maiſtre de la nef eſt aduis qu'il y en aye plus que ledit marchand
ne luy aura dict : ledict maiſtre de la nef luy faict ledit inſtrument
ou leſdits teſmoins l'auront ouy, ledict maiſtre de la nef le peut
faire peſer, & s'il y trouue dauantage que ledict marchand n'aura dit quand il nolliſoit, le maiſtre de la nef peut demander la
marchandiſe qui ſera trouuée, ains peut demander autant de nollis comme il viendra. Encores dauantage, ſi le maiſtre de la nef a
frayé aucuns deſpens, frais ou miſes pour la marchandiſe qui ſera
trouuée dauantage, ledict marchand eſt tenu de ſatisfaire tout le
dommage, frais, miſes, & deſpens qu'ils aura expoſez. Mais ſi le
maiſtre du nauire ne trouue ſinon ainſi que le marchand luy aura
dict, quand il aura nollifé ladicte marchandiſe, s'il fait aucuns deſpens, frais ou miſes, il eſt tenu de le payer du ſien propre, & ſi ledict marchand luy auoit dict, & pource le maiſtre de la nef eſt tenu luy rendre & reſtituer ſans aucune contradiction, puis qu'il en
aura trouué dauantage, ſinon tant ſeulement comme le marchãd
luy auoit dict, & pource le maiſtre de la nef peut faire peſer la
marchandiſe auparauant que de la mettre & charger dedans la
nef, ou bien làoù il fera port pour deſcharger, mais ſi ledit maiſtre
de la nef auoit veu ladicte marchandiſe auparauant que de la
charger ou nolliſer, & deuant qu'il fiſt leſdits inſtruments, pactes,
ou accords ainſi eſt faict, le maiſtre de la nef n'y peut mettre aucune queſtion, reſerué que s'il luy ſemble que ledict marchand y
euſt adiouſté leſdits fardeaux & balles depuis qu'ils auroient nollifé, & encores luy euſt faict ledit inſtrument, ledit maiſtre de la
nef peut contraindre & faire dire audict marchand par ſerment
s'il n'y a rien adiouſté de ladicte marchandiſe auec l'autre. Mais
ſi ledict marchand luy dit qu'il n'y a rien adiouſté, & ledit patron
la peſe, & n'y trouue ſinon la quantité des quintalades ne luy
peut rien nuire, ſinon comme deſſus eſt dict : mais quand ledict
marchand n'aura dict ne dira audict maiſtre de la nef ou nauire,
ſinon tant ſeulement la quantité des fardeaux, couſtats, balles, & il
ne luy aura dict, mais s'il luy dit le nombre deſdictes quintallades
ou faiſſes & fardeaux, le maiſtre de la nef n'eſt tenu les faire peſer : mais s'il a craincte que le marchand y ayt rien adiouſté depuis
qu'il les auoit veuës & nollifées, il peut contraindre ledict marchand comme deſſus eſt dict, & luy faire faire ſerment s'il auoit

aucune chofe adiouftée à ladicte marchandife, & s'il ne luy peut preuuer le contraire, il faut que le maiftre de la nef comme deffus eft dict paye tous les defpens, s'il en y-a. Et quand il fe preuueroit qu'il y auroit aucune chofe adiouftée, ledict marchand eft tenu de doubler le nollis de toute la marchandife qu'il ne luy aura nollifée. Mais faut entendre tant feulement de la marchandife qu'il ne luy aura nollifée, & de celle qu'y fera trouuée. Dauantage, & que tel marchand y auoit adioufté ou l'auátage des quintalades que y feront trouuées. Et auffi demeurer à la mercy de la juftice, pour le faux ferment qu'il aura faict. Mais fi ladite marchandife eft nollifée à quintalades, & par chafcuns quintaux luy fera conuenu le prix, en ce il n'eft befoin de dire autre. Tout ainfi comme ils auront conuenu & accordé, & par les raifons deffus dictes fut faict le prefent chapitre.

D'empefchement de Seigneurie furuenu à la Nef, quand elle fera nollisée.
CHAP. CCLXXXI.

Si apres que les marchands auront nollifé vient aucun empefchement de juftice, le maiftre de la nef eft tenu d'attendre lefdits marchands, pour autant de temps qu'ils auront conuenu & accordé, & auffi lefdits marchands d'attendre le maiftre de la nef: & fi au jour qu'il fera dict les patrons n'eftoient expediez, & viennent ledict empefchement, & fera forty du lieu où ils deuoient charger, le maiftre de la nef eft tenu fans faute que les marchands ne luy font tenus de faire aucun nollis : mais pour ce lefdits marchands luy font tenus d'ayder à payer les defpens, frais & mifes que le maiftre de la nef aura faict pour raifon de la demeure, ainfi que la demeure qu'il aura faicte n'eft raifon qu'il fouftienne tout le dommage, ny auffi lefdits marchands. Mais fi par fortune ledit empefchement n'eft venu ny forty du lieu où ils deuoient charger, ains fera paffé le iour que ledit maiftre les aura attendus : & femblablement lefdits marchands le maiftre de la nef ou nauire, fi ledit jour eft paffé, le maiftre de la nef n'eft tenu de les attendre s'il ne luy plaift, ny les marchands le maiftre de la nef. Vray eft que lefdits marchands font tenus de faire les defpens, & payer ceux que le maiftre de la nef aura faict en les attendant, lefquels doiuent eftre eftimez par deux preud'hommes de Mer, & en ce faifant chacú peut faire fon profit, finon que autre pacte euft efté faict que l'vn deuft attendre l'autre: & quand il n'y aura pacte entr'eux, & ledict empefchement fera aduenu, & les marchands diront au maiftre du nauire qu'il peut charger, mais ledict maiftre de la nef n'eft tenu de leur faire, finon que lefdits marcháds auec

Is peierat qui aftuté violat iufiurandum Clemens Alexand. lib. 2. ftrom An vero puniatur periurium, vix eft definitum iure ciuili nifi aliquot locis l. fi dxo p. vlt, de iurein. l. Alt. de crim. ftell. Cicero lib. 2. de legibuer, ait periurij pœnam humanam, effe de decus, id eft, ignominiam quantum patitur à cenfore.

le maiſtre de la ɴef ne s'accorde, ny leſdits marchands à luy ſinon
comme cy-deſſus eſt dict, & ce du faict des deſpens, frais & miſes,
qu'ils auront faits, ſinon qu'il y aye promeſſe & pacte exprés. Mais
ſi le maiſtre de la ɴef a nolliſé ſa ɴef ou ɴauire auec aucuns marchands, & auront temps ſçeu, accordé & conuenu entr'eux, qu'il
les doiue attendre, & les marchands luy, ſi ledict empeſchement
eſt ſuruenu, le maiſtre de la ɴef n'eſt tenu de les attendre ſinon
qu'il luy plaiſe, ny les marchands luy, ſinon qu'entr'eux l'ayent
promis : ſauf comme deſſus eſt dict les deſpens, frais & miſes, &
ainſi comme les marchands auront acheué ce qu'ils auront affaire pour raiſon dudict empeſchement, ledict empeſchement ſera
ſorty de terre, ſi ledict marchand dit au maiſtre de la ɴef qu'il
peut charger, n'eſt tenu de le faire s'il ne luy plaiſt, ou qu'ils ayent
accordé entr'eux, D'auantage, Nef ou Nauire qui doit attendre
à iour certain, ſuiuant droict & raiſon n'eſt tenu de ce faire: car ſi
Nef ou Nauire eſtoit tenu d'attendre marchands iuſques à ce que
l'empeſchement fuſt paſſé, ce ne ſeroit bien faict, car tant pourroit durer l'empeſchement, que la Nef ou Nauire ſe pourroit du
tout conſommer, ſi les marchands & le maiſtre de la Nef ne s'en
eſtoient accordez. Et pource, ſi les marchands diſoient au maiſtre de la Nef qu'il les attende, lors leſdits marchands ſont tenus
au maiſtre de la Nef qui les attend, de tout dommage, frais & miſes, & deſpens que pour raiſon de la demeure ſouſtiendront. Et
quand ainſi leſdits marchands diront, alors le maiſtre de la Nef les
peut attendre, pourueu qu'ils luy ayent dict, & lors luy ſont tenus
de tous dommages & intereſts, chargeant ladicte Nef ou non ſans
aucune contradiction, & les luy payer. Et pareillement auſſi le
maiſtre de la Nef eſt tenu de ſatisfaire tout le dommage & intereſts que leſdits marchands ſouſtiendront, à cauſe qu'il ne leur
aura tenu ce qu'ils leur auoit promis, encores que pour ce faire
il falluſt que la Nef fuſt venduë, ſoit à Nef ou Nauire, encore qu'il
fuſt chargé du tout, ou de partie, car il y a chapitre comment ils
doiuent prendre leurs voyages : & pource eſt ainſi entendu, que
quand les patrons feront attendre les marchands, & les marchãds
les patrons, qu'à faute que l'vn ne tiendra à l'autre ce qu'il luy
aura promis, il faut qu'il paye les dommages & intereſts ſans aucune contradiction, & par les raiſons que deſſus a eſté fait le preſent chapitre.

Dequoy sont tenus les personniers à patron qui veut faire barque.
CHAP. CCLXXXII.

Si aucun à volonté de faire barque & a accordé & conuenu auec aucuns bons hommes , & luy accorderont de luy faire la part, il est mestier & necessaire quand lesdits bons hommes auront promis ladicte part, la tenir. Si celuy qui fera la barque ne dit si la barque doit estre grande ou petite, ny à ceux qui leur part auront promise, ne leur diront combien pourront couster ou plus ou moins, ny de quelle mesure, ny de quel port, si celuy qui fait faire ladite barque soit grande ou petite, lesdits hômes que les parts luy auront promis de faire , il est besoin qu'ils luy tiennent sans aucune contradiction. Mais si celuy qui fera faire la barque leur donne à entendre la grandeur, façon & qualité dequoy il veut faire sadicte Barque , à ceux qui auront entreprins de faire les parts de ladicte barque, & combien cousteroit ce que dessus auroit dit, si tels marchands entendent ceux qui luy auront promis faire lesdictes parts, s'ils font plus grande barque qu'ils n'auront conuenu lesdits bons hommes ne sont tenus de luy faire aucune jointe , sinon ainsi comme il leur aura donné à entendre : car si ladicte barque est plus grande , & qu'elle coutast d'auantage qu'ils n'aurent donné à entendre, lesdits bons hommes y doiuent auoir ladicte part qu'ils luy promirent de faire , tout ainsi comme s'ils auoient faict l'accomplissement de tout l'accroissemét qu'y aura esté fait, puisque sans le sçeu, volonté, ny consentement de tous les susdits, ou la plus grande partie , ils sont tenus de faire l'accompliment tout ainsi qu'au chapitre cy-dessus est contenu. Et pource si aucun qui voudra faire Barque donne à entendre à ceux qui promettront de la faire, & s'il ne la veut faire, ains fera faire vn Nauire sans le sçeu & consentement de ceux qui luy promirent part dans ladicte Barque , ils ne sont tenus de luy tenir aucune chose qu'ils luy ayent promise, pource qu'il n'aura tenu promesse à ceux cy : & il est raison ainsi comme ils ne tiennent rien, que les autres ne luy tiennent point aussi ce qu'ils leur auront promis. Mais s'il faict Nauire auec le sceu, & consentement, & volonté des personniers, ou de la plus grande partie , sont tenus chascun de faire le compliment de toute leur part & portion qu'il leur aura esté promise. Mais si aucun fait entendre à ceux qui auront faict la promesse de faire part quand il sera , & quand ne fera aucun Nauire, ains sera Nef, s'il l'a faict sans consentement de ceux qui voudrôt & promettront faire part en ladicte Nauire, ils ne sont tenus de luy tenir ce qu'ils leur auront promis , ainsi que s'il eust faict Na-

uire comme il leur auoit donné à entendre , sinon tant seulement
pour le Nauire qu'ils auroient conuenu & accordé faire auec la
volonté & consentement des personniers. Mais si tels personniers veulent frayer & fournir pour la Nef comme faisoient pour
le Nauire , aussi doiuent-ils auoir part à ladicte Nauire autant
comme ils auront fourny d'argent pour leur cotte qu'ils auoient
conuenu ausdits personniers, pour autant d'argent qu'eust cousté
leur part qu'ils eussent peu auoir audict Nauire , quand il ne sera
faict ainsi qu'est contenu au chapitre cy-dessus dit & declaré, ou
faict mention de seruir de Nef ou de Nauire, quand il la comman-
cera de faire, il faut que tout soit obserué ce qu'audit chapitre est
contenu , & faut entendre que de toutes Nefs ou Nauires qui se
feront de neuf, ou d'estoupes, auparauant qu'elle sorte du lieu où
aura esté faicte ladicte Nef , & par les raisons dessusdictes a esté
faict le present chapitre.

De Nef qui iettera.   CHAP. CCLXXXIII.

Si aucun maistre de Nef ou Nauire leue en aucun lieu, ou aura
leué auec volonté des marchands , & demeurant illec se leuera,
ou se mettra temporal, tant fort, que tant seulement ladicte Nef
ou Nauire ne pourra partir dudit lieu, ains sera contraint de jetter vne grande quantité de la marchandise qui sera chargée dedans, & presque toute : & que les marchands mesmes jetteront
ou feront jetter sans le faire asçauoir au maistre de la Nef ou Nauire, ou pourra estre que le maistre de la Nef jettera ou fera jetter
sans le dire aux marchands qui seront dans ladicte Nef ou Nauire:
de tel jet faict par les raisons que dessus sont dictes , lesdits marchands ne peuuent faire aucune demande audit maistre de la Nef
ny le maistre de la Nef ausdits marchands : car tel jet se faict tant
par contraincte & pour sauuer les personniers qu'autre chose : &
le jet qui se fera se doit compter au sol la liure, tout ainsi qu'il sera
faict de la Nef, & la Nef doit mettre en leurs parts ce qu'elle vaudra, si c'estoit jet plain, ne serõt tenus sinõ que pour la moitié de ce
qu'il valoit, & pource il faut qu'il mette les deux parts, pource aussi
que c'est vn naufrage & integradement , ne payeroit ledict naufrage ce qu'il valloit , mais faut qu'il paye les deux parts
comme dit est, & aussi si ladicte Nef ou Nauire perd aucune excercie ou autres, & communes, ou barque, ou aucune autre chose,
audit cas le tout doit estre compté par sol & par liure, à cause que
quand il n'est jet plain, ains est semblant de naufrage, qui se jette
plain fondes : & les Barques qui estoient ormeyades de poupe, ou
au lats de la Nef ou Nauire, & leurs caps se rompoient & perdoiét

feroient perdus au maiſtre de la nef:mais qu'il ſe garde comment
il donnera caps ou fera donner,& s'il eſtoit jet plain, & luy failli-
ront communes , ou ancrés ſe perdoient, ou eſtoient ormegées,
leſdites communes doiuent eſtre perduës au maiſtre de la nef ou
nauire , ſi que aucun marchand n'eſt tenu de rien ſatisfaire , &
pource ſi aucun marchand fait jet,& luy meſme jette ſans le ſçeu
du maiſtre de la nef,que celle nef ſoit faicte,& qu'elle aille auec
voiles,ou qu'ils jetteront ou ferōt jetter,pourra eſtre dit & en verité jet plain,& telle jette que tels marchands auront fait, le maiſtre de la nef n'eſt tenu d'y contribuer , & ſi dans ladicte nef y a
aucuns marchands , & le maiſtre de la nef jettera ſans le ſçeu &
conſentement des marchands,tel maiſtre de nef eſt tenu de rendre & reſtituer aux marchands tout ce qu'il leur aura jetté , ſans
leur ſçeu & conſentement,& la legitime valeur de la marchandiſe : mais il faut entendre qu'il fuſt ou peut eſtre dit jet plain , car
jet plain eſt autant à dire comme grande fortune de temporal,&
que les vns puiſſent auoir conſeils des autres. Et pource quand en
ladicte Nef n'y auroit perſonne , le maiſtre de la nef peut jetter
ou faire jetter auec conſeils de tous les mariniers, ou auec la plus
grande partie d'iceux,s'il n'y auoit empeſchement , à cauſe qu'il
falluſt faire ſi ſoudainement ledit jet par la force du temporal, &
en tel cas le maiſtre de la Nef peut jetter ſans appeller ny obſeruer ce que deſſus eſt dit, pource qu'il ne pourra auoir le conſeil,
& telle ſorte de jet doit eſtre tenu pour faict encores que ladicte
marchandiſe fuſt toute jettée,& tous les marchāds y euſſent promis,puis qu'il la tient en commande : mais ſi ainſi que le jet aura
eſté faict,& le temporal ſera appaiſé du tout ou en partie,& la nef
ſe leuera audict lieu quand le cas deſſuſdict ſera aduenu,ſi ladicte
nef s'en va auec volonté des marchands , & laiſſe auſſi aucune
excercie auec volonté d'eux : mais que dans ladicte nef ſera demeurée exercie,pourueu qu'elle puiſſe aller & nauiguer ſeuremēt
au lieu là où il deuoit deſcharger ou non, l'excercie que ſera demeurée ſe perdra ainſi comme deſſus eſt dit, doit eſtre comptée
ſur la marchandiſe qui ſera demeurée & ſauuée : & le corps de la
nef y mettra pour la moitié de ce que vaudra : mais ſi ladicte excercie ne ſe perd,ains ſe ſauuera auec auaries que l'on aura affaire,ou frayes, telles auaries doiuent eſtre comptées ainſi comme
deſſus eſt dit, & pource faut entendre, pourueu que le jet ne fuſt
plain, ains il faut qu'il ſoit jet ſemblant à naufrage. Et ſi par cas
de fortune ledit jet eſtoit plain,& n'eſtoit ſemblant à naufrage,&
ladicte excercie demeurera comme deſſus eſt dit auec la volonté

defdits marchands , fe perdra du tout ou en partie, que l'on n'auroit faict auaries, l'excercie perduë ou les auaries doiuent eftre
comptées au fol la liure, auec la marchandife qui fera demeurée,
& le corps de la Nef n'a rien , pource qu'elle fe met à l'auanture
pour aller là où les marchands voudront, & ainfi que par le commun de la Nef fera aduifé. Mais fi dans ladicte Nef ne demeure
aucune excercie, à caufe dequoy ladicte Nef ne pourra nauiguer
au lieu où ils deuoient aller defcharger, ains fera contraincte
s'en retourner là où ils auront prins ledict voyage, & y aura contrarieté à caufe dudit jet entre le maiftre de la Nef & marchands,
telle queftion doit eftre decidée & terminée au lieu là où ils auront chargé pour les raifons deffus dictes : mais il faut entendre
que fi ledict cas de fortune leur eftoit aduenu paffé en lieu d'vn
chacun , doit alors eftre determiné au lieu où ils deuoient aller
defcharger, encores que ladicte Nef fuft retenuë au lieu où ils
auroient defchargé ou chargé. Et quand ledict cas fera aduenu
auparauant d'vn chacun du lieu où ils deuoient defcharger,
doit eftre tenu au lieu où ladite Nef aura chargé , fi auec ce que
fera demeuré y eft retraict. Mais fi ledict maiftre de la Nef demãde nollis, tant de la marchandife qui fera perduë, comme de celle
qui fera demeurée, doit eftre baillée & payée : car auec ledit nollis payera la marchandife qui fera perduë à l'occafion dudict jet,
& s'il ne la demande ny la prend, il n'eft tenu de rien frayer audict
cas. Et pareillement, fi le maiftre de ladicte Nef prend le nollis, il
eft tenu d'accomplir le voyage de la marchandife qui fera demeurée, ainfi cóme il auoit promis aux marchands : mais fi ledict
patron ne veut ledit nollis , ainfi comme eft dit cy-deffus de la
marchandife qui aura efté perduë, ny de celle qui fera fauuée, ledict maiftre de la Nef n'eft tenu d'accomplir le voyage s'il ne luy
plaift, à caufe que le maiftre de la Nef a affez perdu, quand il aura
confommé fa perfonne, & perdu fon temps, & les defpens qu'il a
faits : fauf & referué que les marchands ne foient en lieu dangereux ny perilleux, & qu'ils foient en terre d'amis, & auffi qu'ils fuffent en lieu qu'ils peuffent trouuer Nef ou Nauire pour leur porter la marchandife qui fera demeurée pour argent. Et tel pacte
que le maiftre de la Nef faict auec les marchands, ainfi eft-il tenu
de le faire aux mariniers. Et pour les raifons deffus dictes, a efté
faict ce prefent chapitre.

De Nef ou Nauire qui par cas fortuit fera contrainĉte de partir.
CHAP. CCLXXXIV.

Si aucune Nef ou Nauire qui fera nollifée pour aller charger
en aucun lieu, & ainfi comme elle fera en ce lieu & deura charger
& demeurant illec fe leue temporal tant fort qu'il faudra que la
Nef s'en alle auparauant que leuer la marchandife, fi lors y venoit
Nauires armées d'ennemis, ou vienne nouuelles qu'elles doiuent
venir : fi telle Nef eft contrainĉte de s'en aller par l'vne defdiĉtes
raifons, auparauant qu'il n'aura leué le carechier qui deuoit charger, & s'en retournera au lieu d'où elle eft partie, & fut nollifée, fi
le maiftre de la Nef contrediĉt auec ceux qui auront nollifé, qu'il
n'y voudra retourner quand ils auront bonnes nouuelles, ou bien
que lediĉt temporal fera laffé & appaifé, ains leur demandera le
nollis qu'ils luy promirent bailler: lediĉt maiftre de la Nef eft tenu
de retourner, & s'il ne veut retourner, il doit eftre contrainĉt de
ce faire: & s'il ne le veut faire, les marchands pourront nollifer vn
autre Nef femblable à la fienne, & fi elle coufte d'auantage que
l'autre, tel patron eft tenu de payer le furplus de ce qui couftera
dauantage, & s il ne le veut payer, la juftice le doit contraindre à
ce, encore qu'il falluft que la Nauire & Nef fuffent venduës. Encores plus, lefdits marchands ne font tenus de luy payer aucun
nollis, puis qu'il n'aura porté leur marchãdife : fauf & referué que
ceux qui luy auroient nollifé fa Nef ne luy auront tenu ce qu'ils
auoient nollifé, & luy auoient promis. Et auffi par coulpe & negligence des marchands s'en fuft retourné fans leur marchandife
& lors lefdits patrõs ne font tenus d'y retourner, ains lefdits marchands font tenûs de luy payer fon nollis, pource qu'ils l'ont faiĉt
retourner fans luy faire charger ladiĉte marchandife : mais fi par
fortune n'eftoit la coulpe des marchands, & le maiftre de la Nef
y voudra retourner, & les marchands contrediront, ne le peuuent
faire, puifque par leur coulpe ne fera lediĉt maiftre de la Nef reuenu, & auffi pour les raifons deffufdiĉtes. Referué auffi que fi le
maiftre de la Nef auoit laiffé aucune excercie à aucuns perfonnages en terre, en quelque lieu qu'il les faluft leuer pour les caufes
deffufdiĉtes, eft tenu de mettre excercie au lieu de celle qui fera
laiffée: & fi le maiftre de la Nef le veut faire, lefdits marchands ne
font tenus d'y retourner s'il ne leur plaift, ny le maiftre de la Nef
ne le veut faire, lefdits marchands font tenus d'y retourner, s'il ne
leur plaift, ny le maiftre de la Nef ne les peut contraindre, puis
qu'il ne leur aura tenu ce que deffus eft diĉt, & pource a efté faiĉt
le prefent chapitre.

V

De conſerue & garde. CHAP. CCLXXXV.

Si aucun maiſtre de Nef fera ou aura faict conſerué auec aucũs maiſtres de Nef ou Nauires, ſoient grands ou petits, & ſemblans à la ſienne Nef ou Nauire, tout ce qui aura eſté pactiſé & conuenu dudict conſeruage, doit eſtre paſſé par eſcript ou par teſmoins de parole, & pource il faut entendre que pacte fait par ledit conſeruage ſoit & puiſſe eſtre vray, c'eſt qu'il ſoit mis en eſcript & teſmoins, & receu par Notaire juré, ſuiuant la volonté des contractans, & y doit eſtre mis les an & iour qu'il ſe paſſe, enſemble le lieu où ledit acte ſera fait, & auſſi doit eſtre mis au fonds & fins de l'acte, les ſeels du lieu où ils feront paſſez à barres & inſtruments, auſquels ne feront tenus mettre, ſinon tant ſeulement leſdictes volontez de ceux qui font telles contraintes, tout ainſi que ſera paſſé. Ledit conſeruage doit auoir valeur de parole, tout ainſi comme s'il auoit eſté receu par Notaire & Tabellion Royal : & pareillement comme s'ils auoient eſté mis dans le cartulaire de la Nef, mais que par teſmoins ſe puiſſe prouuer, & ſi ainſi eſt conuenu & accordé, n'y peuuent mettre aucune contradiction: mais ſi en autres parties viennent les pactes pour raiſons dudit conſeruage fait par eſcrit ou autrement, quand ils ne tiendront leſdictes choſes que pour raiſon de ce auront eſté accordées: celuy qui fera à l'encontre, eſt tenu de payer à l'autre tous les dommages & intereſts, ſans aucune contradiction, ſauf en toutes juſtes raiſons d'empeſchement, que leſdits pactes ne puiſſent eſtre tenus tout ainſi comme ils auoient eſté promis, pourueu auſſi que tel empeſchement ne puiſſe eſtre vray. Et ſi aucuns vrays empeſchements n'y auoit, ſont tenus de faire tout ce que deſſus eſt dit ſans aucune contradiction.

De Nef commandée par deux perſonniers à quelque autre. CHAP. CCLXXXVI.

Si quelques bons hommes ou marchands ont faict aucune partie d'aucune Nef ou Nauire, comme auront fair leſdictes parts & forades leſdits bons hommes, leſdits marchands commanderont, ou feront cõmander à ceux qui auront faict leſdictes parts, & ſi aucun d'eux qui aura part à ladicte Nef, & commandera qu'il aye à nauiguer en toutes parts là où ſera, ou bon luy ſemblera, ſauf tout pacte & tout commandement que de par leſdits bons hommes ou marchands leur ſera fait, depuis le iour que luy commanderent ladicte Nef, ſauf & ſi celuy auquel ladicte Nef aura eſté commandée gaignera, il eſt tenu de rendre ou bailler auſdits bõs hommes ou marchands, tout le profit que ladicte Nef ou Nauire

aura fait, sauf le droiĉt qu'il doit auoir de sa part qu'il y aura , il se
peut retenir tout ce que luy pourra appartenir, comme maistre &
Seigneur de la Nef : si tel Seigneur de Nef ou commandataire ne
porte gain , ains portera consommément , lesdits bons hommes
qui luy commanderent ou firent part , le maistre de la Nef doit
prendre en compte lediĉt consommement , s'ils ne luy peuuent
preuuer par lediĉt côsommement, qu'il soit fait par sa faute, c'est à
sçauoir qu'il eust joüé ou despendu auec putains, ou en autre maluersation , & si ainsi luy peuuent preuuer , lediĉt patron de Nef
commandataire est tenu de tout dommage & consommement
qui aura esté fait, & le satisfaire à la volonté & cognoissance desdits bons hommes, & si telle faute ne luy pouuoient prouuer, ains
qu'il aura fait tout ce qu il aura peu , & que par coulpe de luy ne
sera rien demeuré qui n'aye porté profit, tout le dommage qu'il
aura souffert luy doit estre tenu en compte ainsi qu'il aura faiĉt,
veu que de ce en fera apparoir par l'Escriuain & cartulaire de la
Nef qui sera escrit , suiuant le serment que l'Escriuain en aura
fait, quand il aura esté receu. Bien est vray que les personniers le
peuuent faire iurer, si ce qu'est contenu en son compte , contient
verité. Et si ledit Escriuain iure qu'il est ainsi comme il a escrit , il
doit estre creu auec son serment, quand ils ne luy pourront prouuer le contraire : & quand il se prouueroit le contraire , doiuent
estre punis de la peine qu'est contenuë au chapitre dessus escript.
Et ledit maistre de la Nef ou commandataire de leur restituer le
consommement auec ceux desquels sera ladiĉte Néf. Et si lesdits
Escriuain ou maistre commandataire n'a dequoy satisfaire, lediĉt
maistre de la Nef en est tenu à cause qu'il y aura promis tel Escriuain, & s'il ne leur preuuent le contraire , le maistre de la Nef &
Escriuain ne sont tenus de restituer aucun dommage, ny consommement , puisque par coulpe d'eux ne sera faiĉt , mais si ausdits
maistres luy faut Escriuain , ou l'Escriuain n'aura iuré, mais ledit
maistre luy fera escrire toutes les mises qu'il aura faiĉtes : si lesdits
personniers qui luy auront commandé ladiĉte Nef le tiennent
pour suspeĉt , & ils ne peuuent auoir serment que ce qu'il dira
contienne verité, que les frais & mises qu'il aura faits seront vrays
tout ainsi qu'il a escrit dans le compte , si le contraire ne luy est
prouué : & s'il luy est prouué, il doit restituer tout ledit consommement qui sera trouué à ladiĉte transaĉtion de ceux que dessus
est dit : & si le contraire luy est prouué, il doit estre creu comme
dessus est dit, & ledit compte doit estre creu , soit qu'il porte gain
ou perte, & est raison que quand lesdits personniers luy firẽt part

V 2

ſe fiaſſent de luy , il faut auſſi qu'ils luy fient le profit, & la perte
comme le gain : ſoit qu'il aye mené Eſcriuain ou non , tout luy
doit eſtre paſſé, encor que l'Eſcriuain iure ou non, & ce pour grãd
allegement: car tout maiſtre de Nef le doit demander pour euiter
tout dommage, & pource a eſté fait le preſent chapitre.

Si Nef chargée de marchandiſe ſe rencontre auec Nef d'ennemis.

CHAP. CCLXXXVII.

Si aucune Nef ou Nauire chargée de marchandiſe ſe rencontre auec autre Nef d'ennemis, & en ladite Nef de marchandiſe y
a aucuns marchands , le maiſtre de la Nef leur doit demander s'il
veut qu'ils ſe prennent à combattre auec ladicte Nef ou Nauire
armée d'ennemis, & ſi ainſi ils s'accordent, tous ou la plus grande
partie, le maiſtre de la Nef le peut faire : car pour aucun dommage ny intereſts que leſdits marchands ſouffrent , n'eſt tenu de ſatisfaire aucun dommage, puis qu'il ſe ſera mis en deffence des ennemis, de volonté & conſentement deſdits marchands. Mais ſi le
maiſtre de la Nef fait ce que deſſus eſt dit , ſans le ſçeu des marchands, & la volonté de tous, ou de la plus grande partie, ſi leſdits
marchands ſouſtiennent aucun dommage, ledit maiſtre de la Nef
eſt tenu de leur ſatisfaire tous les deſpens dommages & intereſts
que leſdits marchands pourroient ſouſtenir ou auroient ſouſtenu
encore qu'il falluſt que là Nef fuſt venduë, ou ſes biens , quelque
part qu'ils ſeroient trouuez, quand ladicte Nef ne ſuffiroit à ſatisfaire ce que deſſus eſt dict pour ce qu'il aura faict , ſans le ſçeu des
perſonniers ny des marchands, ou de la plus grand partie d'iceux,
& ſi par fortune le maiſtre de la Nef l'auoit ainſi faict commencer
auec la volonté deſdits marchands, ou de la plus grande partie
d'iceux, pour raiſon du gain qu'ils eſperoient de faire : car il faut
que le maiſtre tienne aux compagnons tout ce qu'il aura promis,
& ſans aucune contradiction : & ſi par fortune le maiſtre de la
nef & les marchands, ou la plus grande partie, faiſoient le pacte &
accordoient entr'eux pour raiſon du profit qu'ils feroient ou eſperoient de faire, pour telle raiſon comme deſſus eſt dit, doit eſtre
faict & party, en telle façon que le maiſtre de la Nef auec le corps
du Nauire ou Nef en doit prendre le tiers, & les marchands auec
leur marchandiſe enſemble, en doiuent prendre le tiers , & le
Nauchier & Mariniers, & tous ceux qui ſont tenus prendre ſalaire, l'autre tiers : & tout ce que deſſus doit eſtre prins & leué deſdits trois tiers , de ce que doiuent eſtre marchands & meliorez
ceux que de la Nef ſont tenus, & ledict meilleurement doit eſtre
baillé au dire des marchands, de l'Eſcriuain de la Nef, & du Nau-

chier,& auffi de l'vn des peur & deux proyers , tout ainfi que le
gain fera grand ou petit,fe doit partir. Mais quel que foit le profit,
petit ou grand,le maiftre de la Nef auec le corps d'iceux n'en doit
auoir finon le tiers,& le demeurant doit eftre party par teftes à la
cognoiffance des deffufdits.Et faut que le maiftre de la Nef commance ce que deffus eft dit,fans le fçeu & volonté des marchãds,
ou de la plus grande partie d'iceux,pourueu que lefdits marchãds
ne fouftiennent aucun dommage, ledit maiftre de la Nef ne leur
eft tenu autrement de leur bailler le tiers , mais il eft tenu de leur
donner ce que bon leur femblera à la cognoiffance du Nauchier,
de l'Efcriuain,& de deux Proyers, lefquels doiuent partir ce que
lefdits Seigneurs deurent donner & bailler aufdits marchands
fuiuant la raifon & bonté que chacun defdits marchands aura en
foy, que ce fera affez de ce qu'ils auront, de ce que leur baillera
le maiftre de la Nef ou Nauire,à la cognoiffance des deffufdits : &
s'obliger aufdits marchands de tout dommage qu'il leur pourroit
aduenir : mais fi dans ladicte Nef n'y a aucun marchand , ledict
maiftre de la Nef pourra commancer ce que deffus eft dit : car fi
bien luy en prend fera valable , s'il recognoift lefdits marchands
qui dans fadicte Nef auront ladicte marchandife, & pource fera à
fa volonté,s'il le veut faire ou non:mais fi le contraire aduient en
ce que ledit maiftre de la Nef aura aucune aduanture, & comme
le maiftre de la Nef ou Nauire : encores fes biens en demeureront
obligez aufdits marchands, quand aduiendroit le cas qu'ils y auroient aucun dommage,ainfi comme deffus eft dit : pource que
quand ladicte Nef eftoit aux marchands par autre raifon , car en
tel cas le maiftre de la Nef n'a puiffance fans le fçeu & confentement defdits marchands: car il n'eft raifon qu'il aye tout le pouuoir , puis qu'il a pouuoir de la marchandife en faict de jet & de
naufrage. Si doncques lefdits marchands ne font prefens en la
Nef,fi cas de jet ou de naufrage aduenoit, & pour ce le maiftre
de la Nef pourra monftrer & mettre en verité ce que deffus eft
dit qui par cas fortuit fera aduenu , & le cas de fortune eft tel que
le maiftre de la Nef ou Nauire ne puiffe fuyr , & faut entendre
que ladicte Nef ou Nauire d'ennemis luy vint deffus , & qu'il fe
print auec eux , & par telle raifon ladicte marchandife fouftient
aucun dommage & interefts aufdits marchands , veu que par fa
faute aucune n'en puiffe aduenir , & pource a efté faict le prefent
chapitre.

V 3

De pacte & conuenance faicte par commandataire de Nef.
CHAP. CCLXXXVIII.

Si aucun commande ou a commandé sa Nef ou son Nauire à quelque autre, soit à quelques autres mariniers, & auront accordé aucun pacte entr'eux pour raison de certain faict qui appartienne à ladicte Nef ou Nauire qu'il auoit faicte, s'il ne tient ce qu'ils auront promis à celuy qui ladicte promesse a esté faite ne soustiendront aucun dommage, celuy qui aura baillé ladicte Nef en commande est tenu de tout le dommage, & le restituer. Encores que la Nef ou Nauire vint à estre venduë pource qui seroit aduenu par la faute & coulpe de celuy auquel il auoit baillé la Nef en commande, pour raison aussi de ladicte promesse qui appartienne à ladicte Nef, & si celuy qui tiendra la Nef a aucun dommage pour faute de la commande qu'il luy auoit esté baillée, s'il a aucuns biens il est tenu le satisfaire à celuy qui luy aura baillé la Nef en commande, & s'il n'a dequoy satisfaire, doit estre mis és mains de justice, & mis en prison iusques à ce qu'il aye le tout satisfait, ou bien qu'il soit d'accord auec celuy qui aura soustenu le dommage, sans aucune contradiction. Et pource, si celuy qui a commandé sa nef ou nauire faict aucun accord ou promesse auec aucuns, & par sa faute demeurera qu'il ne luy tienne ce qu'il luy aura promis, ny celuy qui ladicte nef aura commandée ne soustiét aucune amande, celuy à qui ladicte promesse aura esté faicte, puis que par coulpe ne sera faicte, n'est tenu de luy tenir : mais qu'il aye ses registres auec celuy qui auoit fait le pacte, & que chacun regarde à qui il baillera son vaisseau par commande, afin qu'aucun dommage ne luy en puisse aduenir.

De Nauire prins & recouuert.   CHAP. CCLXXXIX.

Nef ou Nauire qui aura esté prins par ses ennemis, si aucune autre nef d'amis se trouue auec celle des ennemis qui auroient prins ladicte nef ou nauire, ladicte nef ou nauire qui auec lesdits ennemis se rencôtrera, & ostera par force ou autrement ladite nef ou nauire ausdits ennemis qui ainsi comme dessus est dit l'auoiét prinse & ostée, tout ce qui sera dans ladicte nef doit estre gardé à celuy de qui il aura esté, si celuy qui l'aura ostée aux ennemis est en vie, il luy sera donné trouuailles competantes, suiuant la peine qu'il en auroit eu & souffert. Mais il faut entendre que si lesdits amis l'auoient ostée aux ennemis dans la Seigneurie, & la Mer du lieu où ladicte Mer sera, au lieu là où les ennemis n'eussent aucune chose, & pource si lesdits amis auoient osté ausdits ennemis ladicte nef au lieu où ils n'auroient rien, ne leur doit donner trou-

madures s'ils ne le veulent faire:ains leur doit tout appartenir pro-
prement,fans que la Iuftice ny aucune perfonne y puiffe aucune
chofe contredire. Encore plus, fi aucuns ennemis ont ofté aucunes Nefs ou Nauires , ou ont véu d'vne autre Nef de laquelle les
ennemis euffent crainte,& par ladite crainte laiffent & defemparent ladicte Nef ou Nauire qu'ils auroient prins, & prendront &
emmeneront ladicte Nef que lefdits ennemis auront laiffé par ladicte crainte,ladicte Nef doit eftre renduë à celuy de qui elle fera
s'il eft en vie,ou à fes proches parens fans aucune contradiction,
en donnant à ceux qui auroient prins ladicte Nef, & mené à fauuement,trouuadures fuffifantes comme deffus eft dict , & s'ils ne
s'en peuuent accorder , il faut que foit remis à deux hommes,de
Mer. Mais fi aucuns defemparent leur Nef ou Nauire par doute
& crainte de fes ennemis,& aucune autre Nef la rencontre à caufe
qu'elle fera defemparée& n'y aura aucun marinier,& il la menera en lieu de fauueté , il faut entendre que ceux qui auront ame-
né ladicte Nef,& l'ayent oftée aux ennemis, & les ennemis ne les
auront eux , & que les ennemis ne l'euffent oftée à celuy de qui
elle eft,& qu'elle doit eftre telle Nef ou Nauire, enfemble la marchandife qui eft dedans : elle ne doit eftre de ceux qui l'auront
trouuée,mais fuiuant la couftume de Mer, ils peuuent demander
trouuadures,& fi par fortune entr'eux ne fe pouuoient accorder,
le contredict & queftions doit eftre remis à deux hommes que
moderement pourront taxer les trouuadures , afin qu'il n'y aye
perfonne qui aye dommage , & tout fe doit faire aux moins de
frais & mifes que faire fe pourra , afin que telle peine n'endom-
mage l'autre, qui luy mefmes eft plus endommagé que perfonne,
veu que l'on ne fçait là où on a aduenir : car paraduanture celuy
qui demandera trouuadures eft pour fe trouuer en femblable
danger,& que l'autre luy pourroit rendre la pareille:mais fi aucun
fçait qu'aucune Nef foit allée en aucun lieu où il y aye doubte
d'ennemis,ceux deffufdits armeront leur Nef ou Nauire pour faire
dommage à ladicte Nef ou Nauire, ou aux autres , pource qu'ils
puiffent gaigner lefdictes trouuadures,afin qu'ils ayét en puiffance pour auoir ladicte Nef ou Nauire , ou bien la marchandife qui
fera dedans.Si ceux que pour les raifons deffufdictes auront armé
& ainfi fe pourra prouuer pour faire les raifons deffufdictes , ne
doiuent auoir aucunes trouuadures, ny ladicte Nef, ny marchandife de tout en partie , encores que celuy qui eftoit l'aye aban-
donné:encores auffi que les ennemis l'euffent oftée,& fi ceuxque
deffus eft dict le peuuent monftrer en verité qu'ils auroient armé

leur Nauire expreſſément pour les raiſons que deſſus ſont dictes, & qu'il ſoit prouué qu'ils alloient en forme d'ennemis pour faire leſdictes choſes porter ledit dommage, & qu'ils ſe rencontraſſent en forme d'ennemis par quelque raiſonque ce ſoit, n'y ameneront aucune Nef ou Nauire, enſemble la marchandiſe, ou ſans marchandiſe qu'ils auront oſtée aux ennemis, ou trouuée comme deſſus eſt dit, n'en doiuent auoir aucune choſe, ains doiuent eſtre gardez à celuy de qui elle ſera, & ceux qui auront armé en la forme & maniere doiuent eſtre prins pour larrons, & mis entre les mains de la Iuſtice, s'ils ſont trouuez & ſe peuuent prendre, & contr'eux proceder comme larrons, ſi ainſi leur eſt prouué : mais s'ils ne leur peuuent prouuer qu'ils auroient comme pour les fins que deſſus eſt dit, & s'ils ont prins ou oſté aucuns Nauires, ou autres Nauires armées, & trouué ainſi que deſſus eſt dit, leur doit eſtre gardé tout le droit qui leur peut appartenir: mais s'ils ſe doutent qu'ils euſſent armé pour les raiſons deſſuſdictes, il faudra qu'ils preuuent ce qu'ils diront, & pource que auec eux n'y auoit aucunes perſonnes qui preuuent ledict dommage, ains auoient tous part à tels actes, pour eſpoir deuoient quelque prix, car ils ne pourroient faire teſmoignage en leur cauſe propre, meſmement perſonnes qui ſont auaricieux, que l'on ſe doute qui depoſeroiét pour argent, mais quand leſdits ennemis auront prins aucune Nef ou Nauire, ou autres marchandiſes, s'ils laiſſent ladicte marchandiſe qu'ils auront prinſe, enſemble la Nef & Nauire par leur volonté, & non par crainte qu'ils euſſent eu d'aucune nef ou nauire armée, ſi aucuns de ladicte nef ou nauire robbe que leſdits ennemis auroient laiſſé, ainſi comme deſſus eſt dit, auront trouuée ou trouueront en lieu qu'elle ſoit ſauuée, & la mettront & amenerõt ne doit eſtre à eux, mais leur doit eſtre baillé trouuadures ſuffiſantes à la cognoiſſance des bons hommes de Mer, du lieu où ladi e nef ou nauire, ou eſt ladite marchandiſe ſera eſté amenée, ſur les raiſons & conditions que deſſus ſont dictes. Et pource, ſi à ladite nef ou nauire, ou eſt marchandiſe, dans vn temps cõpetant ne ſera venu aucun maiſtre, ceux qui ladicte nef auront trouuée, doiuent auoir pour leurs trouuadures la moitié de ce qu'elle vaudra, & l'autre moitié doit eſtre miſe ainſi qu'au chapitre qu'eſt cy-deſſus eſcrit, & fait mention expreſſément : mais ſi paraduanture emmenent aucune nef ou nauire, enſemble la marchandiſe, & leſdits ennemis qui laiſſeront ladicte nef ou nauire, ou marchandiſe par leur volonté, ains l'auront laiſſée par temporal, ou par crainte d'aucunes autres nefs ou nauires de leurs autres ennemis,

doit

doit eftre faict de telle ɴef ou ɴauire & marchandife, ainfi que de celle que les ennemis auroient laiffé par leur autre voye, en telle mefure forme & maniere, & ce aux moins de defpens & frais que faire fe pourra, & fi par aduanture les ennemis viennent ou de-meurent en aucun lieu, auquels ils receuroiét aucune ɴef ou ɴa-uire, & marchandife qu'ils auroient prinfe, ceux qui l'auront redi-mée font tenus de la rédre à ceux defquels elle aura efté, en bail-lant ou retenant ladicte rançon, & auffi en leur donnant profit, fi prendre en veulent, & ainfi que lefdits ennemis auront prinfe ladicte ɴef ou ɴauire & marchandife, ils feront ou auront faicte donnation à aucun pour recouurer ladicte marchandife, telle donnation ne peut ny doit auoir afficace ny valeur, mais fi les en-nemis la donnent ou retiennent à celuy de qui elle fera efté, fans vouloir prendre aucune rançon, telle donnation vaut & doit eftre valable fans aucune contradiction : mais fi lefdits ennemis difent audit maiftre de la ɴef ou ɴauire auquel ils feront grace, nous te rendons ta Nef franche de toute rançon, mais nous voulôs auoir rançon de la marchandife qu'eft dans ladicte Nef, cefte donna-tion ne vaut, pource que lefdits ennemis ne l'ont fauué: car pour-roit eftre qu'auparauant qu'ils l'euffent en lieu qui fuft affeuré, l'auroient perduë, & par aucune raifon ladicte donnation n'eft valable, combien qu'ils peuffent mettre à fonds, ou la faire brufler s'ils le veulent faire, car marchandife depuis qu'elle eft bruflée ou gaftée n'eft bonne, ny perfonne n'en peut faire fon profit, foient amis ou ennemis, & auffi bien eft perduë aux vns comme aux au-tres, de ladicte Nef, & ainfi le faut entendre. Et fi paraduan-ture la marchandife qui fera dans ladicte nef ou nauire, les amts des ennemis la receuront, enfemble les marchands & maiftre de la Nef, les amis d'eux feront tenus de mettre à ladicte rançon par fol la liure, ou par pefant, d'autant que la Nef vaudra, & ainfi fe doit faire fans aucune contradiction, tant de la Nef que de ladicte marchandife : mais fi lefdits ennemis tiennent ou auront tenu lefdictes Nef ou Nauire, & marchandife en lieu qu'elle foit fauu-ée, c'eft affçauoir qu'ils ayent jettée de la Mer deffous les enne-mis entre les mains des amis, ainfi comme lefdits ennemis la tien-dront deuers eux : fi ladicte nef ou nauire & marchandife, qui à fes ennemis auront oftée comme deffus eft dit, & auront faicte ou feront donnation de vente à aucun de ladicte nef ou nauire & marchandife, telle vendition & donnation doit auoir valeur fans que la juftice ny autre perfonne que ce foit y puiffe auoir rien que dire : fi donc celuy qui aura faicte ladicte donnation né

X

veut faire grace à celuy de qui fera ladicte marchandife, ou aura
efté, il le peut faire s'il luy plaift:car s'il le veut faire, juftice ny autre perfonne ny peut rien contredire, ny la contraindre à ce faire,
pourueu qu'il n'y aye aucune fraude, deception, ny par iufte raifon ne le pourra monftrer, & fi ladicte fraude n'eft vraye, ladicte
donnation ne fera valable en aucune maniere : ains peut mettre
en telle maniere & condition qu'à celuy à qui ladicte donnation
aura efté faicte, doit eftre prins par juftice, & condamné à peine
corporelle, fuiuant le merite qu'il aurafait, ainfi qu'il fera prouué:
& ce fait, doit ladicte nef ou nauire eftre rendu, enfemble la marchandife à celuy de qui elle aura efté, fans aucune contradiction.
Et fi lefdits ennemis font, ou ont fait à aucun ou à aucuns de ladicte nef ou nauire, enfemble de la marchandife qu'ils auoient
prinfe, ladicte vente vaut & doit auoir valeur en telle façon que
ceux que lefdictes nefs, nauire, ou marchandife auront acheptée,
puiffent monftrer que ladicte vente leur foit efté faicte defdits
ennemis, en lieu qu'il n'euft aucun danger, & qu'il la tinffent deuers eux, & fi tels difent auoir achetée ladicte marchandife par
iuftes raifons & par vray monftrer, ne pourront ladicte vente par
eux faicte auoir aucune valeur, ains fi en ladicte Nef & marchandife y a aucun demãdeur qui puiffe prouuer la nef & nauire eftre
fienne, enfemble la marchandife, luy doit tout eftre rendu, mais il
faut que la queftion foit remife à deux preud'hommes, ou en juftice, là où foit fait, & fi ladicte fraude eft prouuée, la partie contre laquelle ladicte fraude fera prouenuë, eft tenu de rendre &
reftituer à celuy qui aura fouftenu ladicte fraude, tous frais, defpens, dommages & interefts: encores la partie qui en ladite fraude confentira, doit eftre mis en puiffance de juftice. Mais fi le
maiftre de la nef, ou homme pour luy recouure ladicte nef & nauire, & la marchandife, par quelque raifon que ce foit il eft tenu
de reftituer & recognoiftre à tous ceux qui auoient part quand
lefdits ennemis la luy ofterent, & luy baillant chacun la part des
frais & mifes qu'ils auront coufté, ainfi que à chacun montera à
fol la liure:mais quand le maiftre de la nef recouure aucune marchandife, & fera aucun pacte & accord, afin qu'il puiffe recouurer
ladicte nef, nauire & marchandife, auec volonté des perfonniers
ou de la plus grande partie, ledit maiftre de la nef peut faire contraindre les perfonniers, tout ainfi qu'ils feront obligez, & tout
ainfi qu'ils ont promis faire part en aucune nef ou nauire qui fut
nouuellement promis, & par ainfi fi le maiftre de la nef auoit
conuenu & accordé, & pactifé fans le fçeu de tous les perfonniers

ny de la plus grande partie , lefdits perfonniers ne font tenus de
luy faire, ny tenir aucun pacte, puis qu'ils n'eftoient à ce appellez,
ny ledict maiftre de la Nef n'eft tenu de les recognoiftre , des
parts ny droits qu'ils auroient audict Nauire, veu que lefdits ennemis l'auroient prins, fauf fi la coulpe y entre , le maiftre de la Nef
ou Nauire que lefdits perfonniers auroient affaire auparauāt que
ladicte Nef fuft prinfe, pour la raifon defdictes parts qu'ils auoient
auparauant que les ennemis prinffent ladicte Nef , mais s'ils veulent recouurer ladicte nef, & lefdictes parts, & ledit maiftre de la
nef ne leur fera aucune contradiction , à ce faire le peuuent contraindre par juftice : pource que par aucune iufte raifon ne s'en
peuuent excufer, qu'il ne leur rende leur parts de ladicte nef, ou
nauire, enfemble de la marchandife, tout ainfi comme ils auoient
auparauant ; en payant comme eft dit cy-deffus chafcun pour fa
cotte des frais & mifes qu'ils auront fouftenus à recouurer ladicte
nef. Mais il faut entendre, que fi le maiftre de la nef ou nauire recouure, ou homme pour luy ladicte nef ou nauire, & marchandife que luy fouloit appartenir, des mains des ennemis, ou d'autres,
que les ennemis l'euffent euë par jufte raifon , fi ceux qui partie
auroient ne vouloient payer ainfi comme deffus eft dit, le maiftre
de la nef qui aura racheté, ou homme pour luy, doit auoir fait dire
aux perfonniers plufieurs fois , s'ils veulent contribuer au recou-
urement de ladicte nef. Et fi les perfonniers luy difent qu'ils n'y
veulent entendre, le doit faire crier à fon de trompe auec authorité de Iuftice, & celuy qu'y donnera dauantage , doit auoir les
parts des perfonniers qui n'y voudront recouurer, & fi par fortune les parts que tels perfonniers auoient en ladicte nef ou nauire, & marchādife vallēt dauantage, que ne vallēt lefdictes nef &
marchandife , ou la rançon qu'elles coufteroient à recouurer, le
plusqu'y fera trouué doit eftre rendu & reftitué à chafcun defdits
perfonniers fuiuant leur cottité: mais fi ledit maiftre de la nef leur
veut faire grace, autrement ne leur eft tenu, s'il ne luy plaift : que
le maiftre de la nef, nauire & marchandife, & que par luy l'auront
retenuë, en doit auoir l'aduantage qui fera preferé à tout autre,
au prix qu'vn autre en donnera , tout ainfi que la Trompette en
trouuera : & fi par fortune ne trouue autant de ladicte nef ou nauire & marchandife, comme la nef couftera de rançon , fi ledict
maiftre de la nef, ou homme pour luy fans volonté des perfonniers, les perfonniers ne luy font tenus dudit mefcap & folie qu'il
aura faicte, finon qu'il leur plaife de leur vouloir luy rendre , car
ils le feront pour fruftrer l'vn l'autre, & ne doiuent auoir aduan-

tage l'vn plus que l'autre:ſauf toutesfois ſi l'vn de ceux qui auoiẽt part la veullent retirer,ils ſont tenus de payer ainſi comme deſſus eſt dit,leur cottité des frais & miſes ſans aucune contradiction,au moins de frais que faire ſe pourra.

De charge de ligneame.   CHAP. CCXC.

Si aucune Nef ou Nauire charge ou aura chargé ligneame pour apporter en aucun autre lieu : ſi entre les marchands & maiſtre de la nef ou nauire ne ſont conuenus de nollis aucunement , ledict maiſtre de la nef peut prendre la moitié du ligneame pour raiſon de ſon nollis, s'il luy plaiſt , ſans que marchands ny aucune autre perſonne,ny juſtice l'en puiſſe garder , pource qu'il eſt ainſi de couſtume,depuis le commencement du monde iuſques à preſent: ſauf ſi ledit marchand de qui ſera ledit ligneame dira au maiſtre de la nef auparauant qu'il chargeaſt , qu'il vouloit conuenir de nollis pour le port dudit ligneame , & ledit maiſtre de la nef luy aura dit qu'il ne leur faut faire prix,pour raiſon dudit ligneame,car il ſera tout ce qu'ils voudront : ſi ſuiuant leſdictes parolles leſdits marchands chargent, & pource qu'ils auront chargé ainſi ſuiuant la parolle dudit patron,ne ſont tenus d'en bailler la moitié audict patron:car s'il ne leur euſſe dit les parolles que deſſus,ils n'euſſent chargé : mais tant ſeulement les marchands ſont tenus de payer nollis ſuffiſant audit maiſtre de la nef,tout ainſi qu'eſt accouſtumé de donner aux lieux là où ils ſeroient:& s'il ne ſe peuuent accorder doit eſtre remis à deux preud'hommes,& ce qu'ils diront doit eſtre payé,ſauf auſſi que leſdictes parolles peuſſent eſtre preuuées,quãd leſdits maiſtre de la nef ne leur dit,tant par acte,& teſmoins : & s'il n'eſtoit vray , les marchands ſont tenus d'en bailler la moitié audit maiſtre de la nef,pour raiſon de ſon nollis.

De promeſſe & accord.   CHAP. CCXCI.

Si aucune promeſſe a eſté entre aucuns par quelque raiſon que ce ſoit faicte,& qu'elle ſoit bonne & bien entenduë,doit eſtre obſeruée,& tenuë entre ceux par qui elle aura eſté faicte , pourueu qu'elle ſoit eſté faicte en lieu commode : & ſi ladicte promeſſe a eſté faicte en aucun lieu commode par juſte raiſon , bonne & attenduë,doit eſtre tenuë & gardée entre ceux qui l'auront faite,& ſi aucun de ceux entre leſquels aura eſté faicte ladicte promeſſe n'eſt tenuë à l'autre, & celuy qui la gardera & obſeruera ſouſtient aucun dommage,celuy qui aura rompu ladicte promeſſe & pacte doit payer à l'autre tout le dommage & intereſt,ſans aucune contradiction, ſauf & reſerué que celuy qui n'aura tenu ladicte promeſſe n'a eu quelque legitime empeſchement,qui à cauſe de cet

empefchement n'aura peu tenir ce qu'il auoit conuenu, accordé,
& promis: & qu'il puiffe ainfi prouuer le legitime empefchement
qu'il auoit. Et fi par coulpe de celuy qui aura fait ladicte promeffe
il ne tient ce qu'il luy aura promis, & qu'il ne luy pourra preuuer
aucun empefchement legitime , & par fa faute & negligence
n'aura tenu ledict pacte , il eft tenu de fatisfaire à celuy qui aura
tenu ledit pacte, les dommages qu'il en aura fouffert, fans aucune contradiction.

De marchandife encamerade ou fauffe.   CHAP. CCXCII.

Si aucun marchand vend ou a vendu à aucun marchand aucune marchandife en cefte qualité, que fi le marchand que ladicte
marchandife acheptera, ne la verra ny aura veu, ains s'en fiera en
la foy du marchand qui la luy vend, qui luy dira ou fera entendre
qu'il luy vend fa marchandife , & qui la luy vend pour bonne &
pour fine, fi ledit marchand qui ladicte marchandife aura achetée
& l'aura receu fur les conditions deffus dictes, fi ladicte marchandife n'eft auffi bonne & ferme comme il luy faifoit entendre, ains
fe treuuera mal encamerade en quelque lieu, & celuy qui ladicte
marchandife luy portera, & fera trouuée gaftée, quand elle eftoit,
encamerade, & le marchãd qui ladicte marchandife aura venduë,
fous les conditions que deffus dictes, il eft tenu de rendre & bailler au marchand qui ladicte marchandife luy auoit achetée, tant
d'autres marchãdifes femblables à celle qu'il luy auoit promis, &
de mefme nature & condition, ainfi qu'il la luy auoit venduë, &
ce au lieu là où ledit marchand l'auoit apportée : encores luy eft
dauantage tenu, fi par raifon de la fauffe parolle ou de l'encamerament aucun dommage, frais & mifes, eftoit fouftenu de le luy
rendre & reftituer , fans aucune contradiction. Encores luy eft
plus tenu, que fi ledit marchand qui ladicte marchandife aura
achetée, prend aucune faute qu'il ne puiffe auoir ny recouurir fes
deniers pour raifon de la fauffe marchandife , ou de l'encamerament deffus ledit marchand qui ladicte marchandife aura vendu
fous les conditions deffufdictes, eft tenu de fatisfaire au fol la liure
pour raifon de ladite fauffeté & encamerament, pource qu'il n'en
aura peu recouurer fon argent , & tout ce qu'il dira par fon ferment qu'il n'y a perdu , fuiuant le prix qu'il auoit vendu ladicte
marchandife, tout ainfi comme fi le faux encamerament n'y euft
efté, & ne doit eftre faict moins de tous frais : mais fi celuy qui
vend ladicte marchandife dit à celuy qui luy achetera, ou luy
aura dit qu'il la veut ainfi comme elle eft, voye-là ou non , ou la
voir, & prennes-la, ou la laiffes, fi celuy qui ladicte marchandife

acheptera, foit qu'il la voye ou la faffe voir, s'il la reçoit aye gain ou perte, en telle condition ne luy eft tenu quand il y auroit aucuns dommages , mais que chafcun prenne garde comment il acheptera, afin qu'il n'y ayt aucun dommage, & pource a efté fait le prefent chapitre.

De mefconte alleguée par perfonniers, contre les heritiers du Patron.
CHAP. CCXCIII.

Si aucun maiftre de Nef ou Nauire a rendu compte, ou l'Efcriuain pour luy aux perfonniers, ou à la plus grand partie, du profit qu'il a fait, ou de la perte qui foit aduenuë en quelque maniere que ce foit , le maiftre de la Nef eft tenu de rendre compte aux perfonniers, & la plus grande partie auront receu ledit compte, & s'en tiendront pour payez & contents , fi le maiftre de la Nef vient long-temps, ou peu apres qu'il aura rendu compte aux perfonniers en aucun lieu où il ne nauiguoit point, & chacun voyage il viendra au lieu là où feront les perfonniers, & leur rendra compte : & ainfi qu'il aura rendu au bout de certain temps , & apres il va en aucun lieu & voyage, & par volonté diuine meurt, & quand ladicte Nef ou Nauire fera venuë dudit voyage, là où ledit patron fera mort, lefdits perfonniers ou la plus grand partie diront qu'ils ont trouuez qu'ils fe font mefcontez , & ont failly en la reddition des comptes, & qu'ils y auront trouué erreurs, & tous lefdits perfonniers ou la plus grande partie voudront ou feront demande dudit mefconte, & erreur aux heritiers & biens tenans dudit deffunct , fi ledit deffunct a fait teftament depuis que ledit compte eft rendu, fi audit teftament eft trouué que le patron mort aye fait mention dudit mefconte , ou faute defdits comptes cognoiffant qu'il fift aucun tort aux perfonniers, tel mefconte doit eftre reftitué aufdits perfonniers fans aucune contradiction : encores qu'il falluft vendre tous les biens dudit deffunct, que l'heritier n'y peut contreuenir , fauf toutesfois les mariniers s'ils ne font payez de leurs falaires, feront payez premierement : & fi par fortune ledict deffunct a fait teftament comme deffus eft dit , & n'aura faicte mention dudit mefconte , lefdits heritiers ne font tenus aufdits perfonniers de leur reftituer aucune chofe : fauf auffi fi au cartulaire ou ledit deffunct faifoit fes comptes quand il viuoit aufdits perfonniers : & fi illec eftoit trouué dans ledit cartulaire, & que encores l'Efcriuain foit en vie, qu'il afferme que ledict cartulaire contient verité, & que le mefconte foit trouué euident que ledict cartulaire foit traffé , ainfi que pourront prouuer promptement par la rayeure & traffeure, & ainfi ledit Efcriuain l'endurera, que

ladicte traffeure & rayeure contenoit verité,& que d'icelle n'en
auoit efté rendu compte , les biens dudit deffunct & les heritiers
font tenus de payer aufdits perfonniers ledit mefconte qui ainfi
fera trouué. Et fi par fortune ledit deffunct n'a fait aucun teftament depuis qu'il auroit rendu ledit compte , fi le cartulaire fe
trouue traffé ainfi comme cy-deffus eft dit, & ledit mefconte eft
trouué & iuftifié,auffi doit eftre reftitué aufdits perfonniers , &
s'il n'a fait aucun teftament,& ne fe trouue aucun mefconte audit cartulaire,& à occafion de ce y aye queftion & debat, tel procés & queftion doit eftre remis à deux preud'hommes de Mer,&
autres ayant charge d'ames,& doit eftre cherché fi ledit deffunct
auoit efté confeffé, & auoit ledit Confeffeur en ce lieu, le tout
doit eftre remis au Confeffeur dudit deffunct,& en ordonnera &
defchargera la confcience du mort , ainfi que luy aura donné
charge ledit deffunct , & s'il n'y auoit efté trouué aucun Confeffeur,la contradiction doit eftre remife aux preud'hommes,& faut
qu'il y en aye de religion qui foient gens de bonne vie & hon-
nefte conuerfation , & quand lefdits bons hommes auront entendu la queftion & matiere de laquelle fera queftion , chacun
d'iceux auec ferment faut qu'ils difent verité du mefconte ou
faute qu'ils y auront trouué, mais auffi lefdits bons hommes doiuent auoir efgard au bruit & bonne renommée des perfonniers,
s'ils font gens de confcience: car ils ne doiuent croire les perfonniers s'ils ne baillent aucuns tefmoins qui foient ouys fur ladicte
queftion,fans eftre aucunement fufpects,& qu'ils n'euffent aucun
profit ny dommage à ladicte queftion : car fuiuant toute difpofi-
tion de droict,homme ne peut eftre tefmoin quand il a interefts à
aucun fait,& ce que lefdits bons hommes ordonneront fur ladite
queftion,doit eftre payé & fatisfait.

De Nef qui manquera ou laiffera excercie apres qu'il aura chargé.

CHAP. CCXCIV.

Si aucun maiftre de Nef ou Nauire a chargé en aucun lieu aucune marchandife,fi ledit maiftre de la Nef en ce lieu mefmes a
chargé, ou en autre lieu, allegera ou laiffera excercie ou autres
marchandifes , fera mettre & jetter hors ladicte Nef & Nauire, &
en fera jetter voiles ou autres chofes, & auant que foit ladite Nef
ou Nauire defchargée,prend aucun dommage , fi'l eft prouué au
maiftre de la Nef qu'à faute de l'excercie qui jettée en aura , fera
venu ledit dommage,il eft tenu de fatisfaire aux marchands fans
aucune contradiction , & fi audit maiftre de Nef ne font trouuez
aucuns biens,qu'il n'aye dequoy fatisfaire ledit dommage aufdits

marchands , doit eſtre prins & mis entre les mains de la juſtice, comme commandataire, car tout maiſtre de nef doit eſtre dit & creu pour marchand, & pour commandataire en tous les negoces qu'il aura affaire auec marchands pour raiſon de ſa nef & nauire, & ce par pluſieurs raiſons qu'il ne faut dire , & pource a eſté faiĉt le preſent chapitre.

Comment ſe doit payer nollis en faiĉt de jet.

CHAP. CCXCV.

Comme l'opinion de beaucoup de gens en diuerſes manieres de nollis, comme ils doiuent payer en fait de jet & comment, l'opinion eſt d'aucuns de tout le nolis que le maiſtre de la nef reçoit de ſes marchands qui la nef ou nauire aura jetté en ce voyage, que par tout ledit nollis doit payer le maiſtre patron de la nef.

Item eſt l'opinion d'autres, que ſi le maiſtre de la nef ou nauire prend nollis de la robbe & marchandiſe perduë comme de la ſauuée, il doit payer tant ſeulement autant de nollis comme il reçoit de la marchandiſe jettée.

Item eſt l'opinion d'aucuns , que ſi le maiſtre de la nef prend nollis de la marchandiſe jettée, il ne doit payer du nollis qu'il aura receu le jet , & chacun des marchands ou autres perſonniers qui ſont deſdiĉtes opinions, le penſent auoir dit de bon eſcient, & bon entendement, & iceux leur doit eſtre prins, & pource les anciens predeceſſeurs qui allerent en diuers lieux , entendirent les opinions deſſuſdiĉtes, & ſe conſeillarent & accordarent entr'eux qu'en quelle maniere ils pourroient oſter leſdiĉtes opinions, & ce pour oſter toutes conditions qui en pourroient aduenir entre les maiſtres patrons des nefs & les marchands, & auſſi autres perſonniers qu'ils euſſent à faire, & pource ne plaindront leurs peines & trauaux, pour auoir le merite & grace des gens au temps aduenir, & pour oſter toutes contradiĉtions & opinions deſſuſdites, diſent & declarent tout ainſi comme s'enſuit. Premierement , que tout nollis qui ſera promis par marchands ou autres perſonniers au maiſtre patron de la nef ou nauire, luy doit eſtre payé ſans aucune contradiĉtion, ſuiuant les paĉtes & promeſſes qu'ils auront enſemble, & les patrons des nefs ſont tenus payer en fait de jet par tout, & autant comme leur demeurera de nollis qu'ils auront receu deſdits marchands & autres perſonniers en cedit voyage : mais il faut entendre que les maiſtres des nefs ou nauires doiuent rabatre & oſter deſdits nollis le ſalaire des mariniers, les viures & toutes deſpences qui ſe trouueront eſtre faiĉtes & raiſonnables, & tout ce que deſſusdit, doiuent compter les maiſtres patrons des
nefs

Nefs & Nauires,ou homme pour eux,auec les marchands & autres chofes,& perfonnages nollifants auec eux , & s'ils le veulent
faire en leur foy,cela doit demeurer à la volonté des marchands,
& auffi les maiftres patrons des Nefs & Nauires de mettre & payer
en jet pour tout ce qu'il leur demeurera de nollis qu'ils auront
receu defdits marchands pour ledit voyage où ledit jet fera efté
fait par fol pour liure, ainfi comme fera la marchandife fauuée à
la jettée : & fi par fortune y a aucuns marchands ou tous , qui diront que le maiftre de la Nef mette & paye en cedit jet par le
trurij qu'il aura : c'eft affçauoir du nollis que ledict patron aura
des autres marchands,ou d'eux mefmes,ou d'autre marchandife,
ou de ladicte marchandife mefme , fi auec luy s'en accordent,les
maiftres de Nefs ne font tenus pour aucune raifon, puifque le jet
fera compté de l'autre voyage. Mais parce que la marchandife
que portoit ladicte Nef au retour n'eft obligée,ny les marchands
defquels n'eft par aucune raifon , & auffi par les raifons deffufdites,& encores par beaucoup d'autres, n'eft tenu au jet qui aura
efté faict au premier voyage , du nollis qu'il aura du retour par
aucune raifon,& par les raifons deffufdictes a efté fait le prefent
Chapitre,& autres contenuës à plufieurs Chapitres.

De Patrons & Mariniers qui voudront demeurer de n'aller
en voyage.

CHAP. CCXCVI.

Si aucun maiftre de Nef ou Nauire s'accorde, ou aura accordé
mariniers pour aller en aucun voyage, lequel fera entr'eux declaré & certifié quand ils feront ledit accord , les mariniers font
tenus d'y aller,& fuiure ledit voyage fuiuant la façon & maniere
qu'ils auroient accordé, & fi lefdits mariniers n'y veulent aller,ils
ne s'en peuuent ofter par aucunes raifons & conditions,finon par
celles qui font ja cy-deffus declarées , lefquelles conditions
nous doiuent eftre faictes au moins de frais & mifes : & fi par fortune ainfi comme le maiftre de la Nef aura accordé lefdits mariniers,luy mefmes voudra demeurer & ne point aller audit voyage qu'il aura accordé de fon vouloir & authorité,fans aucune autre raifon legitime ny excufe,fi ledit voyage où ledict maiftre de
la Nef aura nollifé,& encores aura accordé les mariniers, & fera
en lieu dangereux qu'il craindra,fi ledit maiftre de la Nef demeure d'aller audit voyage,ainfi que cy-deffus eft dit, auffi bien mefmes s'en peuuent demeurer & ofter les mariniers s'ils le peuuent
& s'ils veulent:mais fi le maiftre de la Nef demeure à iufte raifon
& legitime excufe qu'il aura donné à entendre quand il les aura

loüez,alors il peut bien demeurer , & lefdits mariniers ne fe peuuent excufer qu'ils n'allent audit voyage par aucune raifon , fauf
par les raifons que cy-deffus font dictes, & pource fi le maiftre de
la Nef demeure , ou voudra demeurer par legitime raifon & excufe,lefdits mariniers iront au voyage,& y voulant aller , le maiftre de la Nef eft tenu de leur bailler homme fuffifant de tenir
fon lieu : encores faut qu'il foit tenu & obligé aufdits mariniers
de leur tenir tout ce qui leur aura efté promis,& tel empefchement legitime faut qu'il foit manifefté par celuy qui accordera
lefdits mariniers,& celuy qui par patron entrera en la Nef auquel
lefdits mariniers font tenus d'obeyr , & faire tout ce qu'il leur
fera commandé par luy,pourueu qu'il foit iufte & de raifon , tout
ainfi comme feroient autre maiftre qui les y auroient loüez s'ils
y eftoient prefent,& faut qu'il leur die. Ie vous mets à mon lieu
vn tel qui eft icy prefent, par ainfi faictes tout ce qu'il vous commandera,comme vous feriez fi moy-mefmes y eftois prefent , &
le vous commande: & s'il dit lefdictes parolles aufdits mariniers
fans aucune retention , ledit maiftre qu'il aura mis en fon lieu &
place eft obligé, & lefdits mariniers doiuent tenir ce qu'ils auront promis pour ledit voyage , & celuy qui leur aura efté mis
pour maiftre : mais pour ce,fi lefdits mariniers tiennent ce qu'ils
auront promis pour ledit voyage , & celuy qui leur aura efté mis
pour maiftre,mais pource fi lefdits mariniers ne tiennent à celuy
qui pour maiftre leur aura efté baillé, les pactes qu'ils auront
conuenus & accordez pour faire ledict voyage, tel maiftre de Nef
leur peut demander & faire demander toutes & quantesfois que
bon luy femblera : & fi par fortune lefdits mariniers tiennent
tout ce qu'ils auront conuenu & accordé à celuy qui a efté mis
pour patron au lieu de l'autre, & fi tel maiftre & patron faict auec
lefdits mariniers aucune autre pacte,ou non , & que lefdits mariniers en faffent auec luy, fi entre luy & lefdits mariniers y auoit
aucune queftion & demande par raifon dudit contract & pacte
qu'ils auroient conuenu, fi celuy qui de patronage de ladicte Nef
fera defpencé de s'y auoir mis,celuy qui la contraincte aura faict
nouuellement le met en poffeffion , encores fe deffaifi des mariniers, & mis pour maiftre,celuy qui aura contracté nouuellement
s'en va mourir, & y aura queftion & demande contre les mariniers pour raifon dudit nouueau contract,& non de fon propre,
ne le doit, ny peut faire par aucune iufte raifon , ny lefdits mariniers ne luy font tenus de refpondre,ny aucune perfonne,ny juge
ne les peut forcer : mais fi celuy qui luy aura baillé en comman-

de ladicte Nef ou Nauire, luy baille ou aura baillé son lieu, il
peut faire ladicte question au lieu, & non de celuy qu'il auoit mis
en son lieu, mais non point en sõ propre: s'il fait ainsi cõme est dit,
lesdits mariniers sont tenus de luy respondre, autrement non :
mais si celuy qui faict commande de ladicte Nef fait aucune chose qui porte dommage à ladicte Nef, celuy qui aura baillé sa
commande luy peut faire demande, & pour ce chacun prenne
garde comment il commandera comme est dit cy dessus, & à cause de ce a esté fait le present chapitre.

Fin des Loix Maritimes.

ORDONNANCES
en faict des armes de Mer.

DE TOVT VAISSEAV QVI SOIT ARME'
POVR ALLER EN COVRS, ET DE TOVTE
armée qui se faict sur Mer.

Et premierement de l'Admiral, & gens-d'armes.
CHAP. CCXCVII.

PREMIEREMENT doiuent jurer l'Admiral,
le Capitaine, & les Gens-darmes de la Nef ou
Nauires, & des Galleres, ou de sayetes du profit que faict la Nef, & comme se paye les viures & autres choses empruntées, comme aux
autres choses qui se font pour le profit de la
Nef: & comment la doiuent payer, & ce qu'ap-
partient à aucun Nauire en telle forme, mesmes se payent les autres frais & mises, & si en la Nef y auoit aucun homme qui au
nom de la Nef eust emprunté ou fait obligation par commandement de l'Admiral, & des gens-d'armes, qui eust emprunté ou
cautionné sur ses biens, ledit Admiral le luy doit rendre & faire
payer du premier profit & gain que la Nef fera : ou les Nauires

qui vont auec elle, & pource a esté faict le present chapitre : car
beaucoup de Nefs se desarmeroient quand aucuns gouuerneurs
emprunteroient & feroient controuue & escrire, & les Nefs, fust
leur voyage.

Comment se doit compter les frais mis, & le profit de Nef armée.
CHAP. CCXCVIII.

Encores doiuent sçauoir comme se fera d'hommes qui viennent en Nef, & comme on gagne, & que les hommes qu'y viennent est besoin qu'ils payent aussi bien leurs parts desdits frais &
mises, comme s'ils y auoient demeuré toute leur vie, & suiuant la
qualité de l'homme doit auoir melieurement & peyorement :
d'autant qu'il y aura demeuré, là où il aura demeuré, comme si vn
homme entre en la Nef & n'y demeure plus haut que de dix iours
ou vn mois ou deux, ou pour temps qu'il y demeure, & les autres,
& y auront demeuré vn an ou dauantage, & sera necessaire de ra-
fraischir la Nef deux ou trois fois du profit qu'il aura gagné, ou
des emprunts : ceux qui auront plus demeuré, doiuent dauantage auoir de meilleurement, mais en ce fait il faut que l'Admiral,
les Capitaine & Nauchier, grand Clameures & Escriuain, doiuent
auoir meilleure part, ayant esgard sur leur sermet, qu'ils le doiuét
arbitrer suiuant l'estat & suiuant la forme & qualité de l'homme,
car il pourra estre tant sçauans audit scruice de marinier, qu'ils
pourront donner dauantage de salaire, ou tant bonne partie,
comme s'il y auoit demeuré toute sa vie, pource qu'il aura bien
fait son deuoir.

De Comite ou maistre de Gallere, ou de fuste non armée.
CHAP. CCXCIX.

Si aucun va pour soy-mesmes auec Gallere ou Sagete seul, qui
allé sans aucune Nef, ou d'arme d'aucun maistre, Capitaine, doit
auoir là quantité, & tous les hommes sont tenus de faire son commandement, comme au Comite. Encores s'il va derriere vn, ou
qu'il soit accompagné de Nef, ou la Nef aye pour soy de Nef ou
autre Nauire par estreme de dix besants, le Comite en doit auoir
trois, & si est de cinq besants doit en auoir deux, en telle forme
qu'est de cinq besants en bas, sont du Comite deux besants, & vn
besant du Capitaine, & les deux besants du Nauchier de la Nef,
& s'il monte dauantage de cinq besants, doit venir au pouuoir de
l'Admiral, & du commun de la Nef : mais toutesfois les trois reser-
ués au Comite, sauf aussi s'ils sont plus de cinq besants, & s'ils
sont plus ou moins, en telle forme en doit auoir encores : mais si
ledit Comite prend Nauire de bataille, ou que soit autres Nauires

armées, doit auoir les armes de l'autre cofté , encores qu'il peut
changer les armes pour d'autres meilleures, iufques au bout du
voyage , encores que ce foit de toutes Nauires , Galleres , qui fe
prennent en bataille, en doit auoir vn autre, & la Seigneurie : encores doit auoir de refraifchement vne partie & demie , & tous
ceux qui font dans le Nauire ou Galere, faut qu'ils faffent le commandement du Comite.

De Comite.   CHAP. CCC.

Comite doit iurer, faire hommage à l'Admiral & commun de
la Nef, & de n'en partir fans fa volonté, & l'Admiral fur peine de
fa perfonne, & defdommager le chef de la Nef fi le rayere ne luy
prenoit le Timon, & s'il luy faifoit dommage il doit au plus bref
qu'il pourra retourner, & fi pour autres raifons il le fait, il eft tenu
pour fauffaire & defloyal, & doit perdre la main , & s'il endom-
mageoit ou faifoit endommager par aucune raifon qui luy peuffe
eftre prouenuë, doit eftre mis en vn pal par le bas, & qu'il luy forte au chef.

De pactes & accords.   CHAP. CCCI.

Commençons premierement de la Nef & des Nauires , de leurs
vituaillés, & fournitures, que l'Admiral & les Gensd'armes, le Capitaine , & ceux qui armeront la Nef feront fuiuant qu'ils commanderont, & fuiuant le departement: mais le Capitaine & l'Admiral le doiuent manifefter s'il leur eft demandé , & s'il ne leur
eft demandé ne font tenus de le dire , & d'autant que l'Admiral
doit donner puiffance à l'Efcriuain, qu'il le manifefte , & qu'il le
die aux hommes de terre, en Nef pour foy accorder, ainfi comme
les gensd'armes armeront la Nef ils peuuét mettre, & fuiuant cõme ils penferont, & ainfi qu'ils s'accordent gardent d'aller ou non.

Des parties que doiuent faire de la Nef armée.
CHAP. CCCII.

Encores doiuent fçauoir combien de parties doiuent faire à la
Nef, ou quantes non, fi la Nef eft auec Galeres ou Nauires armées
s'ils font mille perfonniers doiuent faire fix mil deux cents parts,
encores fi la Nef à cinq cens perfonnes auec Nauires armez, doit
faire trois mille cent parts, encores deux cents cinquante perfonnes doit faire 1500. parts : dauantage, fi en la Nef y a cent cinquante hommes, doit faire fept cents feptante-cinq parts : ainfi
comme croiffent les hommes, auffi peuuent croiftre les parties,
& auec les parts fe meilleurent les hommes, fuiuant les officiers
& fuffifance , & ce faut que les Capitaines iurent, Nauchier,
Mayour, Clauaire, & Conneftables en ladicte forme, qu'il y doit

auoir trois Nauchiers les meilleurs qui ſoient en la Nef, & trois
Proyers, deux Clauaires, & deux Balleſtiers, enſemble le Conneſtable, & deux hommes derniers, auec leurs Conneſtables qui ne
puiſſent rien faire par parantage, ny par aucune autre amitié : Et
auſſi auec la volonté de tout le commun de la Nef, tant d'vne
part que d'autre, qui partent bien & loyallement en preſence de
l'Admiral, & celuy qui appartiendra à melieurer ſera melieuré,
& auſſi doiuent melieurer l'Admiral ſur les ſiennes parts, comme
les autres, s'il merite leſdits meilleurements, & qu'il ſoit ſuffiſant
d'eſtre meilleuré, & encores auſſi aux trois Clauaires, Nauchiers,
& Baleſtiers, & tous hommes derniers: mais à perſonne ne peuuét
rien oſter de leurs parts, ſoit Proyer ou Arbaleſtier, ou autres
hommes ainſi qu'il doit auoir.

Des Nauchiers, & autres Officiers du partage.

CHAP. CCCIII.

En toute Nef de corps, de cent mariniers doit auoir ſeize Nauchiers, & vingt-quatre Proyer, ſoit qu'il y aye mille perſonnes, &
s'il y en a cinq cents, doit y auoir douze Nauchiers, & s'il y en a
deux cens cinquante, il y doit auoir huit Nauchiers & l'Eſcriuain,
& le Nauchier majeur doit auoir meilleurement par Nauchiers,
ſauf les parties qui auront eſté conuenus auec l'Admiral, & auec
le Nauchier, que s'il luy arment mille moratins ſur les dix parts, il
les doit auoir, encores que le Capitaine ſoit allé commencer, &
l'Eſcriuain majeur, pourueu auſſi que le Nauchier ſoit ſuffiſant, &
s'il n'eſt ſuffiſant le peuuent jetter & en mettre vn autre : l'Eſcriuain doit auoir dix parts ainſi comme le Nauchier, & le Capelan,
& Medecin autant, & iceux ſont ceux qui doiuent auoir part
comme le Nauchier en la Nef : mais ſi par fortune depuis que le
Nauchier ou Proyer euſt conuenu, ou autres hommes en la Nef,
& qu'il ne ſçeuſt faire ſon office ainſi comme dit eſt des Nauchiers
doit eſtre fait des Proyers, encores il faudra qu'ils retournent les
parts qu'ils auront prinſes, & leurs viures, & ſe peuuent faire les
maiſtres de la Nef, ou l'Admiral, & enſemble les Capitaines & les
Gensd'armes, doiuent auoir fait inquanter par huit iours ſur peine de perdre leurs parts, & doit eſtre parti ainſi comme luy quand
ſera fait en quatre iours, & pource a eſté fait le preſent Chapitre :
car les Admiraux, Capitaines, & autres gensd'armes feroient tant
demeurer les gens en terre qu'ils en auroient dommage, & deſ-
tourbier encores, doit donner l'Admiral à l'Eſcriuain puiſſance,
enſemble au Nauchier majeur, qu'ils puiſſent prendre toutes les
robbes & marchandiſes qu'ils y pourroient mettre, iuſques à ce

qu'ils viendront inquanter ladicte Nef, afin que l'Escriuain puisse eftre affeuré du gain & profit : & auffi afin que les hommes fe peuffent feruir & fournir de manger,& viures,iufques à ce que la Nef a fait tant de profit qu'elle paye les debtes empruntées, & ce qui demeurera de refte,l'Efcriuain & le Nauchier doiuent donner ordre , & prendre robbe que tous les hommes puiffent auoir à manger,& fe veftir comme ils verront qu'il y aura de profit,pour-ueu auffi que ledit gain foit fuffifant à ce qu'il dict cy-deffus : & telle puiffance doit auoir l'Efcriuain,deux millerofes, & la moitié eft deub au Nauchier,& l'Efcriuain eft tenu de faire albara ou in-ftrument à chafcun de ce qu'il aura prins. Et fi les hommes pren-nent plus qu'ils ne doiuent,l'Efcriuain n'eft tenu: car pource font donnez deux millerofes à l'Efcriuain & au Nauchier , & l'Efcri-uain & le Nauchier doiuét tenir loyal compte pour tous les hom-mes qui feront dans la Nef,& par les gens-d'armes, & à qu'elle ba-taille & charge,ou l'Efcriuain & le Nauchier , en fait de corps ou de Mer armée,ou autres Nauires.

D'Admiral.   CHAP. CCCIV.

L'Admiral peut faire meilleure part à celuy qu'il voudra de deux parts,de cinq ou de fix,ou de trois iufques à dix , & icelles doiuent eftre de cinq hommes iufques à huit.

L'Admiral peut faire Conneftables,& les peut melieurer d'vne part fur les autres , & ce à la cognoiffance de ceux qui auront multiplié les parts.

L'Admiral peut melieurer tous Officiers,pourueu qu'il foit fuf-fifant,auec la volonté & confentement d'vn commun de la Nef, tout ce ainfi comme deffus eft dit,fut fait & affirmé,ainfi comme les autres Chapitres.

Ordonnances du corps, ou des vaiffeaux qui n'ont point de rames.
CHAP. CCCV.

Entre les couftumes des corps de Nef ou Nauires de rames, foit Nauire qui rame,ou qui aye gabia,ou cage,fait tel Capitaine com-me Nef,fut ainfi eftably,comme font l'Admiral , lequel premiere-ment doit iurer aux gensdarmes qu'il fera feal & loyal,obferuant en toutes chofes qui conuiennent à la Nef & aux perfonniers qui armeront:c'eft d'excercie qu'il promettra & aura affignée aux ar-madeurs:& fi aucun eft prins par Admiraux ou la Nef foit fienne, la doit demander au Nauchier , auec peine de ferment qu'il doit dire & manifefter tout ce qui appartient à la Nef , & au corps pour ayder de tout ce qu'elle aura meftier:& ledict Nauchier ma-jeur,auec les Panefes,lefquels font appellez, les Nauchiers y doi-

uent aller en corps,auec trois iufques à huit. Et ceux qui auec ledit Nauchier doiuent manifefter à tous ceux de la Nef à l'Admiral auec ferment , afin qu'ils puiffent dire la verité quand ils feront par ferment interrogez,enfemble les autres Nauchiers,& ce
qu'ils auront dit auec ferment, le doiuent faire affçauoir aux ar-
madeurs,qui pareillemēt par leur ferment ne fe fauffafsēt,ny plus
ny moins que de la verité : & fi l'Admiral le fait , il doit perdre
deux de fes parts,& doiuent retourner au commun de la Nef, foit
la Nef fienne ou non , encores le ban qui fera en la Nef à celuy
qui fe parjurera : c'eft de la peine qui fera donnée à vn chacun
par ferment faux qu'il fera , & doit payer la peine qu'il aura en-
couruë,ou quelque autre plus grande. Si le Nauchier auoit faict
auec luy aucun pacte,qu'il deuft de l'excercie,ou des autres cho-
fes:ledit Nauchier quand fera le contraire doit perdre fes parts,&
toutes les armes qui doiuent eftre du commun de la Nef. Encores dauantage , l'Admiral peut faire efcrire en pouuoir des gens-
d'armes ou armadors,ce que le Nauchier aura dit de l'excercie &
des autres chofes , & fi le Nauchier ne veut dire la verité , doit
eftre puny de la mefme peine. Et femblablement , l'Admiral doit
faire aux marchands qui doiuent tenir à l'Admiral ce qu'ils luy
auront promis & conuenu fur double peine,l'Admiral eft tenu de
dire au Nauchier,& à tout homme, combien il prend pour la Nef
& pour les viures, & comme il emprunte s'ils luy demandent : &
dauantage,l'Admiral ne doit mettre aucun fien parent pour Nauchier majeur fur ladicte peine , finon que ce fuft auec volonté &
cōfentemēt des perſōniers & armadors,& du Capitaine : car Admiral ne peut mettre Capitaine,ny Capitaine Admiral,finon auec
volōté des armadors, ny autres officiers,ny jetter homme hors de
fon office s'il n'a fait quelque mefchanceté ou malverfation , que
tout le monde de la Nef l'euft cogneu qu'il fuft fuffifant, & en tel
cas on l'en peut jetter & y en mettre vn autre , s'ils ne faifoient le
tout auec le confeil de ceux de la Nef, & l'Admiral doit iurer ce
qu'il aura promis tenir à toute perſōne,foit perfonniers,armadors
Nauchier ou Conneftable , homme d'armes ou feruiteurs , foit
Marchand,Sarrazin,Chreftiens,ou Iuifs, & tout ce qu'il promettra à la Nef ou à fes officiers le doit tenir, ainfi comme il leur aura
promis:fauf qu'il fçache faire ce qui fera conuenu faire auec l'Admiral,& s'il ne fçait faire,dire ny obferuer ce qu'il aura conuenu,
auec l'Admiral,ne luy eft tenu d'aucune conuétion,ny pacte qu'il
luy aye promis luy tenir par gré,& mette auffi bien , car ce font
ceux qui doiuent auoir part de Nauchier en la Nef, & ne fçeuft
faire

faire, ou qu'il ne fuſt ſuffiſant , comme dit eſt, doit eſtre faict des Nauchiers, comme des Proyers : encores dauantage , l'Admiral doit demander conſeil ainſi qu'il doit partir d'aucun lieu à tout le commun de la Nef.

Item s'il emprunte rien dans la mer ou prend aucune choſe de ſes amis à treſtat, encores ſe doit faire vne farrude à treſtat, encores ſi changeoit Nef à treſtal, & ait faict termes à treſtail, encores ſoit d'excercie ou aucune autre choſe à treſtails.

Admiral qui va à part peut rafraiſchir ſeur, ſans que les perſonniers & armadors le veulent. Encores l'Admiral ou maiſtre de Nef ne peut donner ne vendre excercie de cinq beſants en ſus, ſans le ſçeu des armadors, & des perſonniers, & ſi elle môte moins de cinq beſants, il faut que tout le commun en demande, & s'il y en a vn ſeul plus d'vn coſté que de l'autre qui die ouy, encore que l'autre partie die non, l'Admiral le peut faire, & autant peut faire de celle part qui dira non : mais ce doit iurer par les Nauchiers, Proyers, tous les armadors & perſonniers qui ſont enſemble auec eux, ou bien la plus grande partie : l'Admiral doit encores auec la cognoiſſance & volonté des Nauchiers, Proyers, Maiſtres, Clauaires, Balleſtiers, & hommes d'armes, c'eſt vn Nauchier & vn perſonnier, vn armador & Proyer, vn homme d'armes, de lance , ou Balleſtier , & ce auec la plus grand partie , qui à ce s'accordent, ſoient faits les Clauaires , & Eſcarcelados autant comme de Clauaires.

Admiral peut mettre Proyer à la cognoiſſance du Nauchier, pource que le Nauchier cognoiſt les mariniers.

Admiral peut mettre & oſter Conneſtable des Balleſtiers auec volonté du Capitaine.

Admiral peut leuer Guaformier, auec volonté du Capitaine.

Admiral peut leuer gardiens des Sarrazins & Eſclaues de la viande.

Admiral peut leuer Gabies, Thinirumes, & ſous gardiens.

De Nauchier.   CHAP. CCCVI.

Nauchier doit auoir cette preeminence, c'eſt qu'il prend aucunes armes, il les peut tenir iuſques au bout du voyage , en toutes parts qu'il ſoit donné de viande doit eſtre ſienne, & en peut prendre, & toutes choſes qu'ils prennent en vne autre Nef qui vaille de cinq beſants en bas eſt ſien , & en tout carnage peut prendre vne beſte de meilleurement.

Nauchier peut commander toutes choſes qui concernent l'affaire de la Nef.

Z

Nauchier doit auoir cet honneur que de faire rafraifchir la nef & en prend vne part & quarte.

Nauchier doit auoir dix parts, & puis doit choifir du refte des parts qu'ils feront.

Nauchier peut prendre de l'inquant moins vn befant.

Nauchier doit auoir vne voille de demne qui foit en enthene, prendre celle que bon luy femblera.

De Proyers.   CHAP. CCCVI.

Les Proyers doiuent eftre au commandement des Nauchiers de poupe, & doiuent garder & fauuer toute l'excercie, & doiuent auoir vne, encore vne commune, la meilleure qu'ils trouuent attachée à l'ancre , & fi par fortune n'y a gumene ou aucun ferce d'ancre, doiuent prendre la meilleure qu'ils trouueront en la Nef, & doiuent auoir chacun cinq parts: & des parts feront meilleuremét le Nauchier & les deux Proyers, & deux Clauaires qui ne doiuent iurer , par argent, ny par parantage , ny par amitié ne diront que ceux qu'il faut meilleurer , & fi Proyers n'y ont mis leurs armes, qu'ils y doiuent mettre l'Admiral auec le Capitaine les y peuuent mettre pour luy, en tel prix que bon leur femblera, en la paye que luy feront.

Baleftiers.   CHAP. CCCVII.

Baleftiers doiuent auoir ainfi que leur auront promis l'Admiral & Capitaine, doiuent auoir deux arbaleftes, & deux pens, & vn deftrau, & trois cens paffades, & vn pourpoint de cuiraffe , & faffent craytel, cuypere, & vn chapeau de fer, deux crots , & fi celle comment, & non met eft à mercy de l'Admiral, le peut acheter & mettre pour luy auec le confentement & à la volonté dudiét Admiral & du Capitaine , & des armados. Baleftier doit auoir cinq parts, & s'il fe doiuét meilleurer, faut que ce foit à la cognoiffance de trois Baleftiers, ou de deux Conneftables , enfemble auec lefquels doiuent iurer tout ainfi comme le Nauchier iurera par les Mariniers & le Capitaine, en doit dire par fon ferment qu'il aura faiét: Baleftiers doiuent auoir tous les cairels qu'ils trouueront en la couuerte de la Nef, & que tous les crocs qui auparauant y feront.

Hommes d'armes.   CHAP. CCCVIII.

Les hommes d'armes qui ont promis à l'Admiral & à fes compagnons, doiuent mettre finon par le chef là où font les Arballeftiers, & foit à la volonté de l'Admiral. Les hommes d'armes doiuent tout ce qu'ils pourront ofter aux autres hommes d'armes qui tiennent au chef à l'efuair : mais puifque la Nef fera efuaide ne doiuent rien prendre, & ont quatre parts : mais tout ce que l'Admiral leur promettra pour esuair, ou pour vniter, ou pour faire armes, leur donner, ou le Capitaine, ils doiuent faire ainsi qu'ils ont conuenu par leur pacte que l'Admiral leur a faict. Et sur les conuentions sont tenus de garder sa personne mort ou vif, & si eux ne leur tiennent, aussi eux ne sont tenus de leur tenir.

Gabiers. CHAP. CCCIX.

Gabiers sont tenus d'auoir tout ainsi comme ils auront empris & conuenu, & doiuent estre deux à prouë, & deux au milieu, & doiuent auoir les armes des autres gabiers.

De poix & mesure. CHAP. CCCX.

Si aucun homme tient faux poix ou mesures fausses, ou mettra eau dans le vin depuis qu'il aura crié, doit perdre la boite du vin, & tout ce qu'il en aura eu, & le doit prendre des Consuls & le donner au commun de la Nef, & si les Consuls y consulent, doiuent estre marquez au front d'vn fer chaud.

Sous-gardiens. CHAP. CCCXI.

Sous-gardiens doiuent estre huit, & doiuent auoir pour chacun huict besants pour homme, & les arcx, les solliers de celuy que l'on prend enter seigne & esperdeurs.

Thimoniers. CHAP. CCCXII.

Thimoniers doiuent auoir ainsi comme l'Admiral & le Capitaine, le Nauchier emprendront auec eux, & Admiral est tenu de les faire payer sauuant leurs parts.

Barbiers. CHAP. CCCXIII.

Barbiers auront comme les Thimoniers & Senteniers, ainsi comme ils se pourront mettre.

Gaffaniers. CHAP. CCCXIV.

Gaffaniers doiuent auoir cinq besants par Gaffaniers, & s'il y auoit Seigneurie en prouë ou en la Nef, ce qu'ils prendront doit estre leur.

Barquiers. CHAP. CCCXV.

Barquiers doiuent auoir tous les cousteaux de ceux qui rament, & tout le demeurant des bestes qui mangent en refrechement en la Nef.

Esuedeurs. CHAP. CCCXVI.

Esuedeurs doiuent ce que l'Admiral leur promettra, ou besants, ou cent, ou dix, & doiuent auoir tous ceux de la Nef par ferme.

Affarradeurs. CHAP. CCCXVII.

Affarradeurs doiuent auoir cinq besants, & tous les rompe garilles qui sont en la chaisne de l'autre Nef.

De la garde de l'Admiral. CHAP. CCCXVIII.

Tous les hommes de la Nef faut qu'ils foient loyaux à l'Admiral de le garder de mourir, & tout ce qu'ils luy promettront en lieu & en hommage, autant comme auec luy demeureront au voyage, & foy mettre qu'ils foient au corps, & l'Admiral eft tenu à eux de tout ce qu'il leur promettra tenir de fa puiffance, pourueu qu'ils foiét fuffifant. Et fi l'Admiral ne leur tient ce qu'il leur auoit promis, pareillement ne font tenus de luy tenir aucun pacte qu'ils ayent faict ny conuenu entr'eux, puis qu'il leur rompt leur pacte, finon qu'il peuffe eftre excufé par legitime excufe.

Efcorcalhiadors. CHAP. CCCXIX.

Efcorcalhiadors doiuent auoir dix befants par homme, & s'ils portent amitié à aucun doiuent auoir leurs parts encouruës, pourueu auffi que l'on leur puiffe prouuer, & doiuent auoir de toute monnoye qui fe trouue en l'efcorcoz, de cent befants cinq cens melhiarofles, & de cent cannes de toille cinq, & fi par fortune ont faict aucune maiftrife, & qui diront qu'ils ne l'auroient veu, & qu'ils fiffent qu'en autre part gardaffent, & qu'ils laiffaffent paffer doiuent perdre vn œil.

Seruiteurs. CHAP. CCCXX.

Seruiteurs doiuent auoir deux parts, & doiuent penfer les Sarrazins malades, & les malades de la Nef, & efcouber la Nef, & fi le feruiteur eft homme d'armes, doiuent auoir meilleurement, & le capitaine auec fa loyauté, ainfi comme ils auront iuré.

Maiftre d'Ache. CHAP. CCCXXI.

Maiftre d'Ache doit auoir les ferrements de l'autre maiftre d'Ache, auec lequel clauera.

Baleftier. CHAP. CCCXXII.

Baleftier doit auoir tous les fers des autres balleftiers, & eft tenu de faire les cordes & d'accouftrer balleftes aux balleftiers de la Nef, & demonftrer balleftes aux balleftiers de la Nef, & demonftrer comme faifoient les autres qui ne le fçauront faire, ce qu'appartient à faire aux balleftiers d'empener à faire eftes, cordes, & ferrailles, & pource doit auoir les fers du balleftier qui fera en l'autre Nef ou Nauire, & le fien pareillement qui appartient à vn balleftier,

Calafat. CHAP. CCCXXIII.

Calafat doit auoir les fers des autres callafats, & vne guoncelle, ou vne cotte des autres callafats.

Roy de feruiteurs. CHAP. CCCXXIV.

Roy de feruiteurs, doit auoir les meilleurs fers qui feront en la

Nef,& vne chaudiere entre luy & les enfans , & doit ledict Roy
prendre cinq parts,& ne doit vendre fans volonté des enfans. Et
fi ledit Roy fe veut ny doit aucun homme mettre dedans en fa
table,& fi aucun n'y met il l'en peut jetter.

Confuls.   CHAP.   CCCXXV.

Si l'Admiral veut mettre confuls, il le doit faire auec le commun de ladicte Nef, & doit iurer de tenir ce que les capitaines
auront faict & dit,& que de tout fon pouuoir foit tenu & doiuent
auoir des peines,& auant mois la moitie.

D'accords.   CHAP. CCCXXVI.

L'Admiral doit tenir & bailler tout ce qui aura efté conuenu
aux officiers ou autres hommes de la Nef, & s'il luy tient , auffi
l'autre eft tenu de tenir audict Admiral ce qu'il luy aura promis
faire audict voyage , foit à la mort ou à la vie , & ayder & deffendre enuers tous & contre tous,tant en guerre que dehors guerre,
& fi l'Admiral ne tient , & qu'il rompe fon pacte, auffi ne luy eft
tenu de rien , & ainfi fut ordonné que l'Admiral tienne ce qu'il
aura promis,puis qu'il eft fuffifant à faire l'office qu'il aura en charge,& fi ne le fçait faire l'Admiral n'en eft tenu.

L'Admiral & le capitaine doiuent leuer du premier profit,doi-
uent payer & fatisfaire tout ce qu'ils auront emprunté, foient viures,excercie,ou autres chofes , & ce fans demander au commun
de la Nef.

Si l'Admiral & le capitaine ont prins aucune marchandife , ou
homme de la Nef ou Nauire,font tenus de la rendre , finon qu'i-
celuy proue qu'il l'aye perdue,& lors font tenus de la luy rendre,
pource qu'ils peuuent leuer des parts autant comme ladicte marchandife vaudra , la peuuent prendre du premier profit que la
Nef fera,& fi les demandeurs principaux n'y font, la doiuent garder iufques à ce qu'elle leur fera demandé,& doiuét enuoyer lettres là où ils fçauront, afin que ceux de qui elle fera viennét prendre ladicte marchandife,ou autres chofes,& s'ils ne le font, la Seigneurie leur peut donner rompement, puifque tous enfemble les
y auront laiffées,& les autres les auront prins, toutes les chofes
que l'Admiral aura defpenduës pour nauiguer,la compagnie qu'il
tiendra depuis qu'il commence à aller au voyage, & qu'il fuft leué
l'Admiral en tel voyage,tout fe doit payer d'vn commun iufques
à ce que la Nef ait defarmé.

L'Admiral peut faire juftice d'ofter les oreilles,ou de courrir la
Nef ou Parithar qui foit petite,ou foit la Nef furte, & qu'il n'y aye
aucune Seigneurie.

L'Admiral ne doit mettre l'Efcriuain fans en auoir parlé aux armadors.

L'Admiral doit faire clauaire, & faire tenir chacun en les chambres & aux coffres fermures.

L'Admiral peut justicier tout homme qui rompra coffre, ou balle, ou fardeau de marchandife.

L'Admiral peut faire justice des hommes qui ne feront le commandement des officiers qui feront mis en la Nef.

L'Admiral doit auoir vingt parts iufques à quarante, ainfi qu'il mettra auec les armadors de vingt, vingt-cinq, ou trente, ou de quarante, tout ainfi comme fera conuenu.

L'Admiral doit auoir quand la Nef fe prendra vn garniment ou veftement qu'il luy plaira, ou le meilleur homme vifte qui fera en la Nef quand elle fera prinfe.

L'Admiral doit auoir vn lict de robbe de chafcune Nef qui fera prinfe.

L'Admiral doit auoir vne couppe d'argent de la Nef qui fera prinfe.

L'Admiral doit auoir tous les efcrits, fauf ceux des gabiers.

L'Admiral doit auoir l'anneau, fi aucun homme de la Nef en a en la main, qui foit de la valeur de dix befants en bas.

L'Admiral peut auoir joye fans dommage de l'armée de vingt befants en bas, & fi monte dauantage de vingt befants, doit retourner au commun de la Nef.

L'Admiral eft tenu au maiftre de la Nef, de le faire payer ainfi comme luy & fes compagnons auront conuenu, quand la Nef aura gaigné.

L'Admiral quand la Nef aura fait capitaine, doit auoir honorablement furles parts auec confcience & volonté du commun, & doit iurer quand la Nef aura faict voile & partira du port là où elle aura arriué, de tenir bien & loyaument ce qu'il aura promis, fauf fi l'homme n'eftoit fuffifant de faire la chofe qu'il aura promife.

L'Admiral doit prefter ainfi comme il empruntera aux gens, & s'il emprunte le leur doit faire affçauoir. Et les mariniers & tous les hommes du comual de la Nef le doiuent fuiure iufques à ce qu'il defarme, puis qu'ils font à part.

Et fi les mariniers le fuiuent peuuent rechercher en toutes parts autant comme il voudra. Et fi le marinier le fuit iufques à fa volonté & defarme, il ne peut rien dire aux mariniers ny aux hommes ny leurdemander aucune chofe qu'il leur aye prefté, en-

.cores qu'en aucuns lieux à fa volonté ayent rafraifchy , & qu'ils
ne demeurent par les hommes,mais s'il y auoit aucun qui vouluft
fortir auparauant que la Nef defarmaft , doit rendre tout ce qui
aura efté par eux prins,& laiffer toutes les armes en la Nef, & ne
fe peut faire fans la volonté de l'Admiral iufques à ce qu'il aye rafraifchy deux fois par armes de neuf, & depuis que deux fois aura
armé de nouueau, il le peut faire ainfi comme eft dit cy-deffus,
qu'il rende les deniers,& qu'il laiffe les armes:& pource a efté fait
le prefent chapitre,que preuedeurs de deniers ne doiuent rien
rendre à l'Admiral, comme ledict Admiral ne rend rien aux pre-
ftadors quand a emprunté,c'eft de vn demy deux, ainfi comme il
reçoit des armadors,& ainfi le rend l'Admiral aux armadors.

Que doit le Capitaine.   CHAP. CCC.XXVII.

Capitaine eft tenu de tenir tout ce qu'il aura promis & conuenu d'ayder en la Nef,tout ainfi comme il pourra faire iuftice.

Capitaine doit faire affçauoir à l'Admiral & aux armadors toutes chofes qu'il fçeuft que luy pourroit porter dommage à la Nef,
& doit eftre remis à la iuftice:comme à tous ceux de la Nef de
leur faire tenir tout ce qu'il leur promettront, à l'Admiral & au
capitaine.

Capitaine doit faire ou bailler compte à l'Efcriuain, le iour que
la Nef aura faict voile d'aller là où il aura armé ou refraichy,fi l'on
ne veut auoir compte,& tel compte fe doit faire auec quatre Nauchiers,& quatre clauaires auec quatre proyers,& trois balleftriers
& deux hommes d'armes.

Capitaine doit dire & remonftrer tout ce que l'Admiral doit
faire à vn homme qui eft en la Nef, fi l'Admiral luy faict tort
que luy auec le commun de la Nef luy en doit remonftrer , & les
doit faire payer iufques à ce que foit faict chapitre : auffi doit garder la part en la Nef des moindres comme des plus grands , que
chacun aye fon droict, & doit garder que les confeils & les officiers qui font en la Nef ne puiffent rien faire qu'aucun dommage
ne puiffe aduenir à l'Admiral.

Capitaine doit enuoyer Nauires en toutes parts auec confeils
de l'Admiral, s'il n'eft en la Nef il a toute puiffance.

Capitaine doit enuoyer Nauires en toutes parts, , auec confeil
de l'Admiral,& par fon commandement.

Capitaine doit aller parler par l'Admiral,& par foy , & par le
commun de la Nef à toutes Nefs pour fçauoir qui feront , & ce
qu'il fera fera tenu pour fait.

Capitaine doit mettre és Galleres & en autres Nauires , chef tel qu'il voudra en son lieu , & puis le mener deuant l'Admiral, & ce qui luy sera commandé faut qu'il soit fait.

Capitaine doit partir des hommes auec les Nauires armez , & peut mettre & jetter ceux qu'il luy plaira.

Capitaine doit faire autant de rames & voiles aux Nauires, comme y en aura besoin.

Capitaine doit faire donner viande ainsi comme il luy plaira, & pour tant de iours.

Capitaine doit establir les batalles de tous les lieux de la Nef & de tous les hommes.

Capitaine doit auoir response du conneſtable , & se donner garde, & s'il ne le font bien, il le doit monſtrer à l'Admiral , & ce qu'il en dira faut qu'il soit faict.

Capitaine doit faire monſtrer, appareiller & departir les armes qui sont communes en la Nef.

Capitaine doit jetter les hommes quand ils vont en terre sans licence, & tel pouuoir a és hommes quand eſt dehors la Nef comme a l'Admiral en la Nef, car l'Admiral la luy doit donner.

Capitaine a autant de puiſſance comme l'Admiral, quand l'Admiral n'y eſt veu, qu'il tient son lieu, en faisant aſçauoir qu'il n'eſt en la Nef.

Capitaine doit mettre les guafourniers au lieu là où il verra faire besoin.

Capitaine doit faire reueler les gens & les deſtregne.

Capitaine doit auoir le quart des juſtices & des bans qui se font en la Nef.

Capitaine doit eſtre commun auec les consuls, que si d'vn conſuls a aucune queſtion ou l'autre, il les doit iuger.

Capitaine doit garder les accouſtrements du mort à ses amis & à sa femme, & quand se perdra aucune choſe il le doit payer aux amis du mort.

Capitaine peut faire vendre la robbe des morts quand il luy plaira.

Capitaine doit regarder aux portions & rafraiſchiſſement que font en la Nef.

Capitaine peut meilleurer le seruiteur d'armes auec volonté de l'Admiral de demie part.

Capitaine doit partir les draps & veſtir, si homme fait veſtures & autres choſes conuenuës qui soient à donner, auec volonté de l'Admiral & des armadors.

Capitaine doit faire faire loyaux poids & meſures aux conſuls,

&

& s'ils ne le font loyaument en doiuent estre marquez au front s'ils confentent en aucune mefchanceté, & pour ce a esté faict le prefent chapitre qu'ils foient loyaux au commun de la Nef.

Capitaine eft tenu de toute execution qui fe met en fait en Nef, enfemble des tauernes où il y a de viures, & ne laiffer vendre iufques à ce que la Nef forte de corps.

Capitaine eft tenu qu'aucun homme de Nef ne vende ny chair, ny autre chofe, fans que ledit capitaine ne l'aye veu, & qu'il voye le prix & la mefure, & s'il la trouue fauffe, le capitaine luy peut ofter auec les confuls, & les confuls le doiuent mettre en commun de la Nef.

Capitaine eft tenu que fi la Penoyre qui fera misviures ne vaut, il la doit faire valoir, ainfi que la Nef s'enquentera, & qui aura gagné le luy faire reftituer, afin qu'il n'y perde.

Capitaine eft tenu de faire venir les confuls quand aucune eau fe met au vin qui fe vend en la Nef depuis qu'il fera crié.

Capitaine doit auoir vingt-cinq parts & dauantage, fi ainfi eft accordé auec les perfonniers au commencement du voyage, & auec le vouloir de l'Admiral, mais les vingtcinq parts ne luy peuuent faillir.

Capitaine doit auoir toutes les efpées de la Nef ou Nauire qui fera prins, mais faut entendre que efpée qui foit liée en balle ne doit eftre fienne, ains doit eftre venduë, & les autres que porteront pour faire armes doiuent eftre fiennes, finon qu'ils les apportent pour leur armement.

Capitaine doit auoir toutes les feignées où il y a corde lignage ou fillet d'agulie, encores doit auoir de chacun Sarrazin demy befant par tefte, tant du grand comme du petit, encore mais de Sarrazin qui rame, mais de cent befants en demeure cinq befants en bas, deux.

Item doit auoir toutes les cappes, c'eft à entendre gelebres & athimars, & cappes que portent Sarrazins.

Capitaine peut prendre aucunes armes s'il luy faillent, ou que puiffe meilleurer, en mettant les fiennes au commun de l'armée, c'eft à entendre coufteau ou cuiraffes, ou chappeau de fer, ou autres armures.

Chapitre où fe traicte de l'Efcriuain.
CHAP. CCCXXVIII.

Efcriuain doit eftre loyal à vne partie comme à l'autre, & le doit ainfi iurer en prefence de l'Admiral & gefdarmes qui font en mer, qui auront fait voile, doit iurer en prefence du commun de la Nef.

Eſcriuain doit rendre compte aux Proyers, Nauchiers, Balleſtiers, & aux hommes d'armes, ainſi qu'auront faiꞓte voille, & les
Nauchiers en doiuent mettre quatre, & les Proyers quatre, & les
Balleſtiers trois, les hommes d'armes trois, & les clauaires quatre,
& iceux doiuent rendre compte pour tout le commun de la Nef.

L'Eſcriuain doit tenir le cartulaire, & homme n'y peut eſcrire,
lire, ny tenir, & ſi aucune perſonne le tient hors luy, le cartulaire
ne doit rien valoir, & l'Eſcriuain doit perdre tous ſes gages &
parts qu'il pourroit auoir en la Nef, & ſi luy eſt prouué, doit perdre
la main, & eſtre mis hors de la Nef.

L'Eſcriuain eſt mis à la meilleure loyauté & teſmoins, car l'Eſcriuain eſt creu pour quatre teſmoins, & tout ce que l'Eſcriuain
fait eſt tenu pour fait.

L'Eſcriuain doit eſtre preſent quand l'Admiral promet aucune
choſe à aucune perſonne de la Nef, & tout ce que promet l'Admiral quand l'Eſcriuain l'oyt, il le doit eſcrire, & ne doit rien mettre ſinon ainſi comme ſera diꞓt, quand le cas aduiendra qu'il y auroit aucune queſtion ny procés, quãd il ſera appellé pour teſmoin
il doit dire la verité de ce qu'il aura veu & entendu, & ainſi doit
faire en marchandiſe comme en corps, car tous les teſmoins de la
Nef viennent à l'Eſcriuain.

L'Eſcriuain ne doit rien eſcrire en la Nef, ſinon que ſoit en
Proyers, c'eſt quand il eſt en Mer ne ſeroit tenu pour faiꞓt.

L'Eſcriuain eſt mis en lieu de loyauté, & tout ce qu'il faiꞓt eſt
tenu pour fait, tant noliſer, achepter, vendre, donner aucune viande à aucuns hommes, car depuis qu'il a iuré doit eſtre creu par ſa
ſimple parolle.

L'Eſcriuain a tant de priuilege que s'il n'eſt en la Nef n'eſt tenu
d'aucune paꞓte ny conuenance quand il n'eſt preſent, encores
que l'Eſcriuain ſoit ſeul, & il oyra vne partie, l'autre encores que
la Nef ſoit au profit le peut, & eſt tenu l'eſcrire. Et ſi l'Eſcriuain
menoye aux gardiens de la Nef ne doiuent rien receuoir ny bailler ſans billette de l'Eſcriuain, car s'il ſe perdoit ne ſeroit en rien
tenu. Encores dauantage, que ſans volonté de l'Eſcriuain le maiſtre de la Nef ne peut rien donner à perſonne, & qu'il ne baille ſon
ſignet ny aucun marinier n'y peut rien toucher ſur les peines qui
ſont en le capitolle: encore s'il y a aucun nollis fait auec le maiſtre
de la Nef n'en eſt tenu s'il ne luy plaiſt, & ſi l'Eſcriuain n'y eſt &
l'oyt tout ſeul, il vaut, & le peut eſcrire.

L'Eſcriuain peut accorder tout marinier tout ſeul, & le maiſtre
de la Nef luy eſt tenu comme s'il y eſtoit preſent, que luy meſmes
l'eut accordé.

L'Eſcriuain doit eſtre preſent en toutesles choſes qui ſe portent à
la Nef,ſoit viures ou autres choſes,& ſi par fortune vient aucunes
viandes preſent, l'Eſcriuain le peut faire partir à ſa volonté , &
peut meilleurer ceux qu'il luy plaira.

L'Eſcriuain peut prendre le meilleur terme , & faire faire à ſa
volonté de la porte deuers prouë,& peut auoir l'Eſcriuain deſſous
luy vn ſeruiteur, mais le ſeruiteur ne peut ny doit tenir le cartulaire,car il ne faut qu'il aye la peine cy-deuant dicte.

L'Eſcriuain doit auoir en Nef armée ſuiuant l'an des Paneſes
qui ſont appellez Nauchiers dix parts:encores doit auoir tous les
Liures qui vallent moins de cinq beſants, & s'il eſtoit qu'il valluſ-
ſent moins de cinq beſants,& que les Liures fuſſent en balle , &
tous papiers ſoit en coffre ou en autre lieu ſont de l'Eſcriuain,&
de tous les tinciers & de toutes les plumes qu'eſtoient de l'autre
Eſcriuain.

Item , ſi l'autre Eſcriuain de la Nef euſt prinſe aucunes armes
meilleures que les ſiennes,il les peut changer auec les ſiennes.

Item doit auoir à tout inquant deux millerolles par perſonnes,
qui receura cinq meleroſes en toutes parts qu'il ſoit , depuis qu'il
ſera mis Eſcriuain,la Nef luy doit ce qu'il aura beſoin à luy , & à
ſon ſeruiteur,de manger & boire,& de ſouliers.

L'Eſcriuain peut,depuis qu'vn meſchant homme a acheué ſon
terme luy donner congé,& auſſi ne le peut retenir par force,puis
qu'il luy ſera conuenu,& l'on le contentera quand on le jettera de
la Nef,& cela eſt certain.

L'Eſcriuain eſt tenu & veut prendre du premier profit que la
Nef fera ce qu'il aura emprunté pour ſatisfaire ce que la Nef aura
rafraiſchy,& ne doit rien payer iuſques à ce qu'il aye ſatisfaict ce
que luy aura eſté emprunté aux creanciers , & tel eſt la promeſſe
de l'Eſcriuain.

De Clauaires. CHAP. CCCXXIX.

Quand Clauaires ſeront prins en la Nef, ils ſont tenus loyaument auec l'Eſcriuain de garder & faire eſcrire,& chacun en doit
auoir vn eſcrit,chacun doit auoir ſa clef, & que l'vn ſans l'autre
ne puiſſe ouurir,mettre ny jetter que l'Eſcriuain n'y ſoit : & ſi par
fortune n'y auoit perſonne qui prinſt ou baillaſt par commandement de l'Admiral ou d'autres qui fuſſent en la Nef, ſans le ſçeu
des compagnons & de l'Eſcriuain,doit perdre la main & eſtre mis
dehors,& eſtre jetté de Clauaire à l'arbitre du commun de la Nef,
neantmoins perdre les ſiennes parts. Clauaires ont vn marc d'argent en leur corps : Clauaires ont de chaſcune Nef vn coffre, le

meilleur qu'il ſoit, moins de robe, ſeul de fuſtage : Clauaires ont
toutes les lancedures qui ſont en la Nef ou Nauire qui ſera prins:
Clauaires ont toutes les cordes des fardeaux : Clauaires ont tous
les aguts qui ſont dans la Nef, qui ne ſont en lien, balle, ou fardeau en eſporte: Clauaires ont de chacun Sarrazin deux millare-
ſes, & doiuent bailler les clefs auec quoy ils clauent les cormes :
Clauaires ont les eſcarpres qui ne ſont de maiſtre d'Ache, & doiuent bailler cordes à lier fardeaux, iuſques à ce qu'ils enquantent,
& clauer & deſclauer les priſonniers, & doiuent bailler cordes à
lier lespriſonniers & mathaſiens au beſoin de la Nef, quand il
n'y en aura point.

Nauchier majeur.　　　CHAP. CCCXXX.

Nauchier majeur de la Nef eſt tenu à l'Admiral, au capitaine
& au commandeur de la Nef eſtre loyal, & ne faire les cauſes
qu'ont de beſoin en haſte qui ſe pourra faire en vn iour que n'y
mettent autres, pource que chacun iour la Nef armée eſt en eſperance de ſuiure ſon amy ou ſon ennemy ſi beſoin luy eſtoit: car
le Nauchier doit faire au pluſtoſt & ſagement ce qu'il aura affaire,
& ce doit iurer.

Item que pour parantage il ne doit demeurer qu'il ne commande à tous que bien pourront faire le pluſtoſt, & ce doit iurer loya-
lement faire.

Item que par mal-veillance qu'il aye auec aucun homme qu'il
ne le mette là où il ſçache que l'autre ſera meilleur que luy, &
ainſi le doit iurer.

Item doit dire toutes magagnes qui ſont en la Nef d'arbre, entennes, d'excercie, & de toutes autres choſes, & s'il preuuent qu'il
le cele, il doit perdre ſa part & ſes armes.

Item s'il voit rien deſrober ou raſe ou bande de fer, le doit manifeſter & chaſtier, & s'il en vouloit eſter, le doit manifeſter à
l'Admiral ou capitaine.

Item qu'il ne faſſe homme accorder en la Nef s'il ne le cognoiſt
qu'il ſoit marinier, & s'il le louë doit payer tout le dommage que
la Nef ſouſtiendra pour raiſon de ce, & ſi la Mer luy faiſoit mal
qui ne s'en puiſſe ayder, qu'il en falluſt mettre vn autre, le Nauchier faut qu'il le paye.

Item, il doit faire toutes choſes qu'il ſçache, ſi par fortune il ne
le ſçauoit faire, & qu'il falluſt qu'il louäſt vn homme, pendant
qu'il ſoitfait, il doit payer, c'eſt tout ce qu'en la Nef appartient
par Nauchier, car à autre choſes fort nauiguer n'en eſt tenu: mais
le Nauchier majeur eſt tenu de tout ce que luy aura promis, au-

trement luy doit tenir ce qu'il aura promis , auſſi luy ce qu'il luy
promettra.

Item qu'il ne doit ſortir ny entrer en port ſans volonté de l'Admiral & du capitaine,& de tout le commun de la Nef , & de tout
ce doit iurer encores par amitié de l'Admiral ny du capitaine, ny
aucun homme ne doit celer ce qu'ilverra que ſera beſoin de faire
qu'il die ce qu'il faudra faire,& qu'il faſſe & faſſe faire tout ce qui
ſeroit profitable en la Nef : & s'il luy eſtoit prohibé le doit dire à
l'Admiral & au Capitaine, leſquels ſont tenus de luy ayder à tout
le profit de la Nef,& s'il ne luy aydent & ne luy tiennent ce que
luy auront promis,le Nauchier ne leur eſt tenu de rien, ainſi que
le conſeil de luy & de l'Admiral ſera baillé, enſemble du capitaine & des preud'hommes de la Nef , il doit faire aller & mettre
voiles en la Nef,comme le Nauchier cognoiſtra qu'il ſera beſoin
de faire,& commander de ſortir du port iuſques à ce qu'il ſoit en
pleu dehors.

Item que toutesfois que la Nef doit muer, il doit commander à
poupe,& donner ſauuement & coller.

Item quand il voudra prendre voile , il doit demander à l'Admiral,au capitaine, & aux Panaſons , & ainſi qu'ils ſeront accordez
qu'il les faſſe miner.

Item,à l'entrée d'aucun port,il doit commander de mettre vne
ancre de ça , & l'autre de là, où ſont le lieu là où il aura baillé le
iour de commander.

Item,ainſi qu'il verra que faſſe aget & coller de demy ſi beſoin
eſt,& mis l'autre voile,qu'il conoiſſe qu'il ſoit beſoin qu'il le faſſe
faire,& s'il faict joindre aucune voile,il la peut joindre , & s'il la
faut diminuer,il la doit diminuer ſans licence.

Item,qu'aucune ancre ne ſe doit donner en la Nef qu'il ne luy
ſoit demandé.

Item , ſi aucune commune ou aucun garpiel faict attacher ou
joindre,il le peut faire.

Item,la Nef ne ſe doit muer ſans le commandement du Nauchier, ny oſter aucune ancre ny proyers, ny aucune marque ſans
ſon cõmandement, meſmement de nuict,& s'il s'en va le doit faire aſſçauoir au capitaine:& le Nauchier doit partir aux autres ſes
compagnons,& commander la vente,& faſſent aſſçauoir au Nauchier ce qu'ils feront. Nauchier doit eſtre arbitre des parts, pource qu'il cognoiſt les mariniers,& doit iurer de payer bien & loya-
lement à chaſcun ſa part. Nauchier majeur n'eſt tenu de faire
moins qu'il faict,plus là où il ſera allé en la Nef vn moins qu'il ac-

cordera,il amene par authorité de la Nef,Nauchier peut changer
ses armes auec d'autres si meilleures s'en trouuent, s'il prend Nef
& les peut tenir iusques à ce que la Nef se desarme, & puis qu'il
les retourne au commun de la Nef, car il doit estre armé quand il
demeure à poupe,mais vne armure doit estre sienne.

Item,doit auoir la quarte part du meilleurement de la viande,
& de toute Nef que receura dix besants & de Nauire cinq besants.

Item, doit auoir de toute voile qui se partisse auec les autres
Nauchiers vne part & quarte,& peut demander de refrechemēts
vn besant à toute Nef & Nauire. Nauchier est tenu de demeurer
en la Nef iusques à ce que tous ceux de la Nef s'en soient allez, &
ne partir de là iusques à ce que soit à sauuement,& qu'il s'en partent auec volonté du maistre,c'est assçauoir que la Nef soit desar-
mée , & si la Nef auoit son cabaut n'en est tenu le Nauchier qui
s'en veut aller,puisque la plus grande partie s'en sont allez.

De Consuls.　　CHAP. CCCXXXI.

Consuls doiuent iurer en pouuoir du commun de la Nef & des
Nauchiers & des Proyers,& des Nauchiers,Ballestiers,& hommes
d'armes que pour aucun maistre qui soit en la Nef , pour parent
ny pour autres,qu'ils ne feront sinon que loyauté & auec conseil
qu'il appartiendra , & doiuent faire faire loyalles mesures de vin,
& de tout ce qui se vend en la Nef, & doiuent auoir quinze besants par consul , doiuent donner au capitaine de la Nef le tiers
des iusticies de leur part,& l'vne part à l Escriuain.

Item doiuent auoir la moitié des iusticies ,& doiuent auoir de
chascune Nef vn tapis.

Item,doit auoir de chacune Nef deux besants pour homme,par
consul,& par les contraints des hommes qu'appartient.

Item,est tenu chascun consul faire loyaument , & s'il est con-
sentant à meschanceté doit perdre les siennes parts du consulage
& doit estre marqué au front.

Les gardiens qui sont Senefchaux doiuent iurer qu'ils donneront autant de viande à l'vn comme à l'autre,& sera auec l'Admiral trois parts , & au capitaine & Nauchier majeur vne part vn
quart de part,les gardiens doiuent auoir les peaux des bestes qui
se mangent en la Nef de refrechement , & doiuent auoir les sacs
& sarriens du pain,si la Nef gagne.

Item doiuent auoir de chacun Sarrazin quatre meilleurofes, &
les doiuent garder clauez & desclauez , si les Sarrazins se reme-
nent,doiuent en auoir vn besant.

Item les gardiens doiuent auoir les parts ainſi qu'elles feront,&
ſi les Sarrazins fuyent ils en ſont tenus.

Comment ſe prennent & leuent les quintes.

CHAP. CCCXXXII.

Si aucun arme Nef, Nauire, ou Gallere, ou autre vaiſſeau &
couſte d'armer dix mile fouts,ou plus ou moins,ſi leſdits vaiſſeaux
gagneront du cabal & profit,doiuent eſtre prins deux quintes, &
l'vne quinte doit eſtre de l'Admiral & des Nauchiers , & l'autre
doit eſtre partie entre ceux qui auront part aux fuſt.

Item,ſi aucun arme & ne gaigne rien,ſinon acabalera , faut leuer & prendre deux quintes dudict cabal, & parties ainſi comme
deſſus eſt dict.

Item, ſi aucun arme & ne gaignera ny acabalera de tout ce qui
portera,ſoit petit ou moins,auſſi bien doiuent auoir deux quintes
& parties,comme deſſus eſt dict.

Item,ſi aucun Nauchier prend aucun qui luy arme ſa Naucherie , s'il la luy arme ainſi comme il ſera conuenu entr'eux à demy
ſignet & demy plain,ſi le vaiſſeau où armarent gaigne le profit de
deniers qu'il armera,doit eſtre meſlé auec ce qui appartiendra au
Nauchier de la Naucherie,& doit eſtre party demy par demy,& ſi
ledict vaiſſeau ne gaigne , ledict Nauchier eſt tenu de donner à
celuy qui l'aura armé la moitié de la Naucherie.
Item s'il arme à tout plaine ou à tout ſignent ſi le vaiſſeau gaigne,
le profit des deniers doit eſtre tout de celuy qui armera,& auſſi le
gain que le Nauchier fera en ſa Naucherie , & ainſi l'armée n'eſt
tenu au Nauchier de rien,ny le Nauchier à l'armée, ſoit que telle
Nauire gaigne ou perde,puiſque ledict armemant ſera faict, ainſi
comme deſſus eſt dict.

Icy finit le Liure vulgairement appellé le Conſulat , où ſont les bons Cha-
pitres & Ordonnances,& bonnes Loix que les anciens ordonnerent pour les
faicts Maritimes & marchandiſes, & les faicts des corps & armade , leſ-
quels furent authoriſez & confirmez par les tres-puiſſants Princes cy apres
nommez.

EN QVEL TEMPS ET OV FVRENT
concedez les preſents Chapitres, & Ordonnances du faiĉt de la Mer & des marchandiſes.

Rome.

'AN de la Natiuité de Noſtre Seigneur 1075. le premier iour de Mars, furent octroyez à Rome, dans Sainĉt Iean de Latran , & iurez par les Romains, d'eſtre touſiours obſeruez & gardez.

Achie.

L'an 1102. & le premier iour de Septembre, furent octroyez par le Roy Louys & le Comte de Tholoſe en Acre ſur le paſſage de Ieruſalem, & jurez par leſdits Sieurs.

Maiorica.

L'an 1112. ceux de Riſe ont concedez & jurez en la Majorque.

Piſe.

L'an 1118. furent concedez à Piſe dans S. Pierre de la Mer, de la puiſſance de Ambrois Millars, & par luy iurez.

Marſeille.

L'an 1162. au mois d'Aouſt, furét octroyez à Marſeille à l'Hoſpital, en preſence du Seigneur Geoffroy Autax & jurez par luy.

Almeric.

L'an 1175. ont eſté octroyez en Almerie par le Comte de Barcillonné, & par les Geneuois, & jurez par eux meſmes d'eſtre obſeruez.

Genes.

L'an 1186. ont eſté concedez dans Gennes ſous la puiſſance du Seigneur Pinet Milliers, & du Sieur Pierre Ambroiſe, du Seigneur Iean de S. Donat, du Seigneur Guillaume de Cauoiſiu, du Seigneur Baldon, & du Seigneur Pierre des Arenées , leſquels iurerent *al capo del moliro* de touſiours les obſeruer.

Brand.

L'an 1187. le premier de Feurier furent octroyez en Brand par le Roy Guillaume, & iurez par luy.

Rhodes.

L'an 1190. furent concedez en Rhodes par le Galet, & iurez.

Moree

L'an 1200. furent octroyez par le Prince de la Moree , & iurez par luy.

Conſtantinople.

L'an 1215. furent concedez par le commun de Veniſe en conſtantinople dans l'Egliſe Sainĉte Sophie par le Roy Iean incontinent que les Princes en furent hors , & ſemblablement iurez par eux.

Allemagne.

L'an 1224. furent concedez en Allemagne par le Comte, & iurez par luy.

Meſſine.

L'an 1225. furent concedez à Meſſine dans l'Egliſe Sainĉte Marie,

Marie, Nouem, en presence de l'Euesque de Catan, par l'Empereur Frideric, & iurez par luy.

L'an 1250. furent concedez par Iean de Beaumont par la volonté du Roy, lequel pour lors n'estoit pas sein : & en presence des Cheualiers de l'Ost, & des Templiers, & des Hospitaliers, & de l'Admiral de Leuant, pour estre gardez à tout iamais. Paris.

L'an 1262. ont esté concedez en Constantinople dedans sainct Ange, par l'Empereur Paliologue, lequel iura de les garder tousiours. Constantinople.

L'an 1270. furent concedez en Surie par Frideric Roy de Cypre, & en Constantinople par l'Empereur Constantin, & iurez. Surie & Constantinople.

L'an 1270. furent concedez par feu de bonne memoire Iacques Roy d'Aragon, de Valence, de la Majorque, Comte de Barcelone & d'Vrsil, Seigneur de Pollus, dans la Cité de Mayourque, lequel iura les faire obseruer tousiours par tout só Royaume. Majorica.

Chapitres du Roy, & de l'Empereur.

NOVS Empereur par la grace de Dieu Roy d'Aragon, aux Nobles & amez nostre Procureur general, & portant veu du Gouuerneur au Royaume de Sardaine, de Corsegue, & à tous les autres Officiers nostres audict Royaume, & aux Baillifs generaux de Cathalonne, de Valence, Viguier & sous-Viguier, Baillif de Barselonne, & non rien moins au Viguier, & Iusticiers, & sauuement maritimes & iurez, ausquels à chacun lieu des Regnes d'Aragon, Valence, Sardaine, Corsegue, & Comté de Barselonne, & aux Consuls quels qu'ils soient par nous constituez, & doresnauant à constituer & à tous autres Officiers, & nos sujets presents & à venir, Salut. La discretion humaine par conjectures des choses passées, considerant les aduenir, & pour éuiter malheur, choses & cautelles, comme auons ja veu & cogneu par experience iusques icy, pource que les Nauires & autres vaisseaux maritimes n'estoient regis ny gouuernez par dignes personnes seuls, estoient perduës à cause de ce plusieurs robbes & marchādises en faisant beaucoup de meurtres, voulant à ce tant que possible nous est, obuier & euiter les perils des personnes & biens, & pouruoir à la seurté des naniguants, à cette cause auons faict les Chapitres suiuants.

CHAP. CCCXXXI.

PREMIEREMENT, Tout Marinier, seruiteur, & tout autre qui s'accordera ou loüera en aucune Nef ou Gallere, ou autres Nauires & vaisseaux, sont tenus de garder, obseruer, & accomplir au patron desdits vaisseaux ainsi comme ils promettront, &

s'accorderont ainſi le marinier, arbaleſtier, ou autres, accordé auſdits vaiſſeaux s'il aura prins payement ou preſt de ſon patron , du
Lieutenant de patron, qu'il doiue faire le voyage qu'il aura promis, s'il n'auoit autre neceſſité ny malice, ou qu'il prenne femme,
ou auſſi ſi aucune heredité luy eſt prouenuë depuis qu'il ſoit accordé, ou qu'il vienne malade. Incontinent que tels empeſchements luy feront aduenus, il le doit faire aſſçauoir, & demeurer
au patron qu'il aura accordé, & luy rendre ce qu'il aura prins de
luy, & celuy qui contreuiendra aux choſes ſuſdictes, doit eſtre
prins & detenu iuſques à ce qu'il aye ſatisfaict au patron ce qu'il
luy aura eſté baillé. Et neantmoins pour la faute par luy commiſe
à cent ſols, ou demeurer priſonnier cent iours au Chaſteau, &
ſemblablement tout autre patron qui l'accordera quand il ſçaura
que tel marinier aura accordé cent ſols, ainſi que l'Eſcriuain ou
autre vaiſſeau, en l'accord que le Patron ou ſon Lieutenant firent des Mariniers, Balleſtiers ou ſeruiteurs, doiuent mettre leurs
ſalaires en eſcrit au cartulaire dudict accord, & que l'Eſcriuain
auant qu'il commence d'vſer de l'office faſſe ſerment en pouuoir du Baille de Barſelonne, ou de ſon Lieutenant, du lieu là où
le patron mettra l'Eſcriuain en ladicte Nef ou autre vaiſſeau, de
bien & loyaument vſer de ſon office.

Item, tout Marinier ou Balleſtier, ou autres qui ſera accordé,
s'enfuit ou deſempare la Nef pour crainte des ennemis : ſi le patron les deſempare, la Nef n'eſt tenuë la deſemparer, & quand
fera le contraire, doit eſtre pendu par la gorge : mais ſi le Patron
ou ſon Lieutenant deſemparent la Nef ou autres vaiſſeaux, que
auparauans qu'il ſorte de ladicte Nef ou autres vaiſſeaux, que en
preſence de ceux qui y ſeront, doit dire qu'ils deſemparent tel
vaiſſeau, & qui ſe pourra ſauuer ſe ſauue, car il en donne licence,
& tel deſemparement faut qu'il le faſſe faire à l'Eſcriuain, s'il eſt
dans le vaiſſeau.

Item, que tout Marinier ou Balleſtiers, ou autres hommes accordé en la Nef, qui fera prendre voulte à la Nef, alors qu'il alle
en terre ſans volonté du Patron ou de ſon Lieutenant, qu'il ſoit
pendu par la gorge.

Item, que tout Marinier ou Balleſtier, ou autre accordé qui
fuyra de la Nef, vaiſſeau, ou autre Nauire, depuis qu'ils ſeront
partis de la plage de Barſelonne, ou d'autre lieu où ſera accordé,
& n'aura ſeruy le temps qu'il ſera tenu : s'il eſt trouué, & qu'il ſoit
prins, il doit rendre tout ce qui ſe trouuera qu'il aura prins de la
Nef ou autre vaiſſeau, & il perdra tout ce qu'il aura ſeruy dans la

Nef,& que soit du patron,il faut qu'il paye cent sols d'amande,ou qu'il demeure cent iours en prison.

Item,que tout Marinier ou Balestier,ou autre accordé de quelque condition qu'il soit,que mogue barrille en Nef ou en Galere, en Nauire ou autre vaisseau , doit estre prins par les autres accordez:si le Patrõ ou son Lieutenant leur cõmande de par le Roy,& le doiuent mettre aux ceps, & illec demeure iusques à ce qu'ils soient en terre de Roy,& que soit deliuré à sa Cour,& paye deux cents sols,& qu'il ne compte son salaire quand il demeurera aux ceps,& soit du patron : & si les mariniers ne le veulent prendre, chacun paye de peine cent sols d'amande:mais si par ladicte barrille s'ensuiuoit maffre ou maffres, ledit barrillam doit auoir ladicte peine qu'est d'vsage & de droict , suiuant la qualité des actes.

Item,que tout patron de Nef ou Nauire,Balestier ou autres qu'il aura loüé,est tenu luy bailler tout ce que luy aura promis quand ils auront paracheué le voyage,dequoy sera tenu au patron : mais si le patron luy donnoit parole de congé deuant qu'il eust acheué de seruir son temps,le patron est tenu de luy payer tout son salaire,comme s'il auoit acheué de seruir,& s'il ne luy donnoit congé, deit estre prins comme larron prouué,ou par batralle, ou par caballe, sinon demeureroit par commandement de son majeur , & aussi qu'il ne luy soit donné parole de congé en terre de Sarrazins.

Item,que si le Marinier ou autre accordé prend coup en la Nef en faisant le seruice de la Nef deuient malade, doit prendre son salaire comme s'il estoit sain,tãt qu'il demeurera dans le vaisseau: & le patron luy doit payer ce que luy aura promis quand il a accordé,& pource s'il estoit en voyage de là la Mer,le patron est tenu de le retourner, luy contant son salaire iusques à ce qu'il l'aye rendu au lieu là où on l'aura prins.

Item,que tout Marinier ou Ballestier de Nef ou Nauire, ou autre vaisseau qui prenne salaire de Nef , est tenu de mettre armes : c'est assçauoir bonnes cuirasses,gorgerins,chapeaux de fer,espées & cousteaux,deux bonnes ballestes,& vn croc, deux cents traicts ou passadors , encores qu'il les doiue emprunter, il faut qu'il les monstre,toutes les fois qu'il en sera requis par son majeur pour la deffence de la Nef ou Nauire , & qui contredira payera par chascun ban chacune fois vingt sols,& si tel marinier ne met les armes dessusdictes en Nef ou Nauire,ou autre vaisseau qui sera accordé quand requis en sera , au cas qu'il le fera, doit perdre tout ce qu'il aura seruy,& doit estre au patron.

B b 2

Item, que tout Marinier ou Baleſtier de Nef ou de Nauire qui ſoit accordé pour aller en voyage de la Mer , aye commancé de prendre paye, doit coucher dans la Nef depuis que la Nef ou Nauire aura commancé de charger , s'il en eſt requis par le patron & les marchands, ainſi que de quatre muéts n'y a qu'vne auec ſes armes: & ainſi faut que ſe faſſe , & compte que la quatriéme partie couche en la Nef chacun veſpre, & faut la nuiét qu'il compte ſon ſalaire qu'il prendra le mois , & s'il eſt en voyage & la nuiét aye douze heures , il faut qu'il aye douze deniers Braceloneſes , s'il n'eſt conuenu quand s'accorderent qu'ils doiuent coucher dans la Nef, autrement n'y doiuent demeurer , ſinon que depuis que la Nef commance d'ormejar pour aller en voyage, & qui fera le contraire payera d'amande vingt ſols pour chacune fois.

Item, que toute Nef ou Nauire, ou autre vaiſſeau aye commancé ou non, commance de charger , s'il ne voit Galeres ou autres vaiſſeaux d'ennemis ou Corſaires , ſeront en lieu où la Nef ſera , que tous les Mariniers , Balleſtiers accordez qui ayent prins payement eſt faiéte, ſi aucunè requeſte à eux par le patron ou l Eſcriuain, ou autres au lieu de ceux, doiuent entrer en la Nef ou Nauire, en leurs armes pour deffendre, & illec doiuent demeurer autant comme il plaira au patron, ou ſon Lieutenant, en comptant ainſi le ſalaire, & ſi tels mariniers ne veulent payer, doiuent payer vingt ſols.

Item, que tout Marinier ou Baleſtier, ſeruiteur ou autres, accordé en aucune Nef ou vaiſſeau , doit demeurer au mandement & obeyſſance du Patron ou de ſon Lieutenant, ainſi qu'ils ſeront accordez , & ſi aucuns d'eux contrediſent par malice qu'ils auront auec ledit Patron, ou auec ſon Lieutenant, tel marinier & les autres accordez, prennent ceux qui feront tel bruit, & qu'ils les mettent aux ceps, & illec les tenir iuſques à ce qu'ils ſoient entre les mains de la juſtice, pour illec les deliurer & les faire condamner ainſi qu'ils auront merité, ſuiuant la diſpoſition du droiét, & ledit accordé comptera ſon loüage pendant qu'il demeurera au ceps.

Item, que tout Marinier ou Baleſtier ſe doit retirer le iour que le patron luy aura dit, quand la Nef ou Nauire ſe deſarmejera, & incontinent que ſera retiré, doit compter tout ſon ſalaire, ſi aucun marinier ou balleſtier eſt trouué en terre quand la Nef ou Nauire aura fait vóile, doit payer vingt ſols tournois d'amande.

Item , Marinier , Balleſtier ou ſeruiteur, qui partira ou ſortira d'aucune Nef, Nauire ou autre vaiſſeau , ſans volonté du Patron ou Nauchier, ou de ſon Lieutenant, payera d'amande par chacune fois cinq fols, ou il demeurera cinq iours en prifon.

Item, fi aucuns Mariniers, Balleftiers ou feruiteurs partent de la Nef ou Nauire fans licence & volonté du Patron, ou du Nauchier, ou fon Lieutenant de Barque, qu'il paye par chacune fois, fi eft Barque de Panefcal de Nef, c'eft chacun d'eux vingt fols d'amande, fi eft autres Barques que de Nef ou d'autre vaiffeau, qu'il paye pour chacune fois dix fols pour amande, & s'ils ne le peuuent payer, faut que chafcun feul demeure vn iour en prifon.

Item, fi aucun Marinier conuient auec le patron ou fon Lieutenant pour demeurer en la Nef ou Nauire, demeurant en plage ou en aucun autre lieu, & que tel marinier forte de la Nef fans volonté du Patron ou fon Lieutenant, payera par chacune fois vingt fols & neantmoins perdra le falaire qui luy fera deu iufques à tel iour.

Item, fi aucun marinier ou autres qui fe fera accordé, eft trouué endormy à fon guet, s'il eft marinier faut qu'il paye chafcune fois deux fols, & s'il eft de prouë vn fol.

Item, fi aucune Nef ou autre vaiffeau, par fortune de mer & de vents viendra à terre à foude, que les mariniers, feruiteurs & balleftiers, & autres qui feront accordez en la Nef, font tenus d'ayder continuellement à fauuer la Nef ou Nauire, ou les harnois d'icelle, enfemble les robbes & marchandifes, ainfi comme les autres marchands, mariniers & feruiteurs, content toute heure leur falaire du voyage, iufques à ce que le patron leur en die, ainfi que les feruiteurs & mariniers s'en partirõt & s'en efloignerõt ainfi, qu'ils n'ayderõt à fauuer les Nefs ou Nauire, exercie, armes d'icelles, ou la robbe ou marchandifes qui feront en icelles, qu'ils ayent à cõpter du temps qu'ils auront feruy, ains faut qu'ils rendent tout ce qu'ils auront prins & receu du patron, neantmoins fi les mariniers ou feruiteurs ne veulent ayder & auront robbes, harnois dans ladicte Nef ou vaiffeau, & feront fauuez, & n'ayderont à fauuer le demeurant de la Nef, lefdits harnois & marchandifes feront confifquées au Roy, & auffi peuuent eftre prins & mis en prifon iufques à ce qu'ils ayent payé & fatisfait tout ce qu'ils auront prins & receu du patron.

Item, fi aucun marinier ou feruiteur eft accordé pour raifon de la Nef ou Nauire, ou autre vaiffeau, & par l'Efcriuain de ladicte Nef ou Nauire, duquel accord le patron ou l'Efcriuain doiuent eftre creus, ainfi que le Patron & Efcriuain mit en faict pardeuant aucune Cour d'aucun lieu, & requera le marinier de tenir, garder, felon qu'auront conuenu enfemble, ils doiuent prendre incontinent le feruiteur ou marinier & le debteur, iufques à ce qu'ils ayẽt satisfaict au patron ce qu'il dira auoir conuenu & accordé quand ils firent leur accord.

Item, aucun Barquier ou Marinier ne doit tirer, jetter de iour de nuict aucune marchãdife, comme eft grain ny autre chofe, defcharger ny jetter fans congé & licence du patron de la Nef, ou de fon Lieutenant, & ceux qui feront le contraire doiuent eftre mis en prifon,& illec detenus iufques à ce qu'ils ayent fatisfait au dire dudit patron,ou de fon Lieutenant.

Item, que fi aucun faict faire Nef ou Nauire, Barque, ou autre vaiffeau en plaige de Barcelonne, & au befoin de la conftruction d'icelle,achetera fufte,eftoupe,clous,coutonnes,ancres, & autres fournitures neceffaires aufdictes Nef ou Nauire & Barque, pour lefquels deura argent aux perfonnes de qui il les aura acheptées, ou fera deub par iournées aux maiftres qui trauaillent à ladicte conftruction de telle Nef ou Nauire, cependant mourra ou s'abfentera,& à caufe de ce ladicte Nef ou Nauire ne pourra nauiguer qu'il fera cõtrainct la vendre à quelques perfonnes qu'il fera deub ancres, aftoups, fuftes, & autres fourniments achetez pour faire ladicte Nef,& tels foient premiers & puiffants en droict, & le prix qu'aura efté de telle Nef,enfemble auec les autres perfonniers de telle Nef ou Nauire:la femme ne pouuant eftre preferée en priorité de temps par aucune raifon, & à telles perfonnes que fera deub par les raifons que deffus, & s'ils attendent que ladicte Nef aye faict voile du lieu là où aura efté conftruicte fans aucun empefchement d'aucune defdictes perfonnes par ladicte raifon leur fera deub,& s'il y auoit contredict & empefchement par lefdictes perfonnes à qui fera deub,qu'il faudra que ladicte Nef fe vende, & le prix qui en prouiendra.faut qu'il vienne aux premiers de tel droict fuiuant l'ordre, fauf toutesfois les perfonniers qui feront preferez en leurs parts, que tous autres crediteurs que telle Nef auront conftruit.

Item,qu'aucun Barquier ne doit jetter d'aucunes Nefs,Nauires ou autres vaiffeaux,mariniers ou feruiteurs,fans licence & volonté du Patron,ou de fon Lieutenant, & qui fera le contraire, il faut qu'il paye cent fols d'amande.

Item,qu'aucun Exaneguer Pefcheur,ny autres, ne doit mettre ny laiffer Nances à prendre Nef auec feigne,ny aucune autre maniere dans la Mer de fonds de vingt-cinq paffées en bas,c'eft ainfi comme du mar de la dexercaue iufques aux mers de S. Daniel, pourquoy luy mefmes feignaft,& qui fera le contraire payera par peine cent fols d'amande, & neantmoins que le Patron ou fon

tierte, finon que ce fuffent marchandifes ou autres chofes qui fuffent dedans les coffres.

Item, eft permis au Patron ou fon Lieutenant d'aucunes Nefs
ou Nauires de fon pouuoir, retenir marchandife qu'il portera en
la Nef qui fuffife à payer le nollis ou jet, ou aucuns d'iceux.

Item, que fi aucune Nef, Nauire ou autre vaiffeau eft prins par
Corfaires, ennemis ou amis, il faudra qu'il le rachepte pour les
falaires & loüages.

Item, fi aucune Nef, ou couche, ou autre grand vaiffeau del fot-
mefes du Roy, nauiguant à la ville rencontrent Galeres ou
couches, ou autres Nauires armées d'ennemis ou de Corfaires, &
telle Nef ou couche, ou grand vaiffeau, entendra de fe deffendre
des ennemis, les Patrons pour euiter les perils puiffent confondre
& mettre à fonds, fi ainfi fe doit faire, par le confeil des mariniers
ou de la plus grande partie, & toutes autres Nefs ou vaiffeau qui
nauigueront vn peu enfemble, aura fait premierement denoncia-
teur aux autres nauiguants de l'autre Nauire, auec l'efcriture fi-
gnée de l'Efcriuain, & y fera mis comme les mariniers & patron
fe veulent deffendre des leurs, & tels ennemis pour fauuer leurs
perfonnes, fans ce qu'ils foient tenus en aucune peine ny fatisfaction de telles barques terrides, ny des robbes & marchandifes qui y feront: & pource, fi les tarides & autres Nauires, Barques
petits eftât fortis, & illec mefmes aurõt couchés & autres grandes
Nauires, les ennemis & Corfaires furuiennent audit lieu là où lefdits petits vaiffeaux feront fortis en fe voulant deffendre, & qu'il
eft permis au patron de ladicte couche & autre grand vaiffeau de
demeurer aux autres patrons des terrides & petits vaiffeaux, que
par le fauuement de leur couche ou autres vaiffeaux s'entendent
à la deffence pour mettre à fonds lefdites terrides & barques, &
autres petits vaiffeaux pour leur fauuement : pource que l'autre
grand vaiffeau, & les marchandifes qui font dedans ayent à payer
le dommage donné aufdits terrides & autres petits vaiffeaux contant par fol la liure, auffi bien comme les autres Nauires & tarrides
petits ayent à payer leur valeur pour la quantité du dommage qui
luy aura efté donné auffi, mefme par fol la liure, en mefme forme
qu'eft ordonné en jet.

Item, que tout patron eft tenu à nauiguer fa Nef, Nauire, ou autre vaiffeau en lieu nets, & auec mariniers, ou autres appareils qui
fera conuenu entr'eux, & les marchands nolifent fondit vaiffeau.
Et fi le patron charge la Nef ou autre vaiffeau fien, outre le pacte
qu'aura conuenu entre le patron & les marchands : le marchand

faut, si bon luy semble, qu'il aye à denoncer à l'ordinaire, pour &
afin que tel patron soit puny en la peine qu'auront conuenu les
marchands & luy quand ils firent ledit noilisement, & semblable-
ment le patron aux marchands.

Item, qu'aucune personne estrangere qui ne sera de la jurisdi-
ction du Roy, n'aye à tailler ny jetter, ny faire transporter roure ou
aulnes des terres dudit Seigneur Roy, & qui fera le contraire, la
fuste sera confisquée audit Seigneur Roy, ou payer d'amande mille sols, & aussi mesmes le patron de la Nef ou d'autre vaisseau qui
l'aura chargée ou essayera de jetter, payera aussi d'amande mille
sols, declarant que l'Escrinain, Nauchier, Gardiens, leurs Lieute-
nants, & chacun d'eux, quand le patron ne sera present, & aussi
mesmes celuy qui par patron sera mis pour vray patron, & maistre
de telle Nef.

Encores plus, le Roy nostre Sire, ny ses Officiers, ny autres, ne
puissent informer, ny rien demander dessus lesdictes peines des
mariniers, ballestiers, ou d'aucuns autres qui seront cogneus en
tels bans: sinon ainsi qu'il sera denoncé par le patron ou son Lieutenant, & l'Escriuain de telle Nef ou autre vaisseau : desquels bans,
peines, ou quelqu'autres quantitez gagnées, de partie à partie, aye
la Cour ou Iuge, ou seront conuenus les deux parts, celuy qui ac-
cusera la tierce partie, & de telles causes ou commandements,
tous officiers dudit Seigneur Roy de les tenir, garder & obseruer
tant qu'audit Seigneur Roy plaira.

*Quocirca vobis & vnicuique vestrum dicimus, & districtè præcipendo
mandamus : quatenus prædicta capitale, & eorum tale quodlibet quæ pro
crudenti vtilitate & publicata sunt, vt prædicitur, ordinata iuxta eorum se-
ries seruetis attentiùs, & seruari faciatis ab omnibus inconcusse datis Barcilo-
ne decimo kalendas Decembris, anno Domini 1340.*

---

*ORDONNANCES DES CONSEILLERS DE BARCELONE
par le Consul de Cicille.*

PREMIEREMENT, ordonnarent les Conseillers preud'hommes
de la Cité de Barcelonne par tous marchands & patrons de
Nefs, & autres vaisseaux de la Cité de Barcelonne, en ce requis &
appellez à mesme, que le Consul qui sera enuoyé & mené à Sara-
gosse, Perma, ou Trapana, soit tenu de jurer, de faire tenir & obseruer, garder, & maintenir de son pouuoir tous les Priuileges de
Barcelonne & Majorque en l'Vniuersité d'icelle, ou en ce nollit,
& de maintenir tous les marchands, patrons de Nefs, & de tous
autres vaisseaux, & tous autres hommes, soit de la Seigneurie du
Roy d'Aragon, ou du Roy de Majorque, de quelque condition

qu'il foit, en toutes leurs caufes, en Cour, & en tout autre lieu, qu'il leur foit, fait affçauoir qu'il leur fuft fait aucun tort.

Encore plus, ordonnerent que tous marchands & patrons de Nef & d'autres vaiffeaux, & mariniers, doiuent iurer en pouuoir du Conful, de manifefter la monnoye qu'auront mife audit Confulat de la marchandife qu'ils auront venduë, que foit payé le droiĉt de Conful, ainfi qu'au bas eft contenu, & chacun foit creu auec fon ferment.

Encores ordonnerent que tout marchand qui viendra en Meffine, ou en Saragoffe, ou en Palerme, ou en Trapana, qui foit de la Seigneurie du Roy defdits Royaumes, doit payer au Conful de toute la marchandife qu'il portera, vn grain & demy par once, & que le marchand ne foit creu par ferment : & fi par fortune aucun marchand ne peut vendre fa march. *fur lae* en aucun defdits lieux de Cicile, & la voudroit porter en *autres* lieu, le peut faire en payant vn grain moins, & quart par once, & non plus.

Item difent, que fi aucun marchand ou autres perfonnes portent monnoye ou change en Cicille, & la marquera, doit payer au Conful vn grain & demy par once, ainfi comme deffus eft diĉt.

Item, ordonnerent que tout patron de Nef ou d'autre vaiffeau, doit payer au Conful pour chacune couuerte que la Nef a, cinq terues, aux vaiffeaux autant, c'eft affçauoir par chacun voyage que le vaiffeau chargera ou defchargera.

Item, que chacun marinier payera par chacun voyage que la Nef fera vn carli au Conful, c'eft affçauoir que vienne dehors Cicile, & pource difent que fi aucun marinier a marchandife qui monte plus de fept onces, il doit payer pour la marchandife, & ne rien payer pour fa perfonne.

Item, difent qu'aucun patron de Nef ou d'autre vaiffeau ne payent rien au Conful pour fa perfonne : mais tous les autres doiuent payer, mais fi le maiftre de la Nef ou autre vaiffeau a aucune marchandife, ou monnoye, ou change, il doit payer ainfi comme les marchands payeront.

Item, ordonnerent que tout patron de Nef ou autre vaiffeau, & tous marchands & mariniers, doiuent payer au Conful tout ce que luy fera deub par fon Confulat, trois iours deuant que partir dudit lieu où il aura faiĉt port.

Item, ordonnerent que tout patron de Nef ou d'autre vaiffeau, payent ce qu'ils doiuent payer, ou les marchands payent au Conful de là où le vaiffeau part. Et fi en aucun autre lieu de Cicile defchargeoit aucune marchandife, qu'il paye pour ladiĉte marchandife là où il defchargera, s'il la vend, c'eft au Confulat autant que ladicte marchandife fera venduë. Et quand il aura payé ledit Confulat, ledit Conful luy doit faire alparat, ou breuet de ce qu'il aura payé pour ladite marchandife, & puis n'eft tenu de payer aucun Confulat en autre lieu, pourueu qu'il monftre & faffe apparoir qu'il aura payé en l'vn des lieux de Cicile, là où il aura vendu.

Item, ordonnerent que fi par la volonté de Dieu, aucũ marchãd ou autre perfõne mouroit en Cicile, & il n'euft aucun cõpagnon, & voulut que preud'hommes ou marchands prinffent fes biens, & les chofes qui feront de tel defunct, lefquels en doiuent faire inuentaire, & qu'il foit mis en lieu qu'ils fe puiffent garder aux amis du mort, ou aux Confeillers.

Item, ordonnerent que fi le cas eftoit qu'ils euffent aucuns compagnons qui euffe[n]t ..... ez aucunes marchandifes de Barcelone, de Majorque, ou d'autre lieu, & qu'ils fuffent en difcord entr'eux, & que l'vn ne vouluft faire la volonté de l'autre, & que l'vn d'eux vouluft porter la moitié des commandements en autre part qu'en la Cité de Barcelonne, en Majorque, ou en autre lieu là où il fuft tenu, & l'autre compagnon le vouluft, & qu'il requiere le Conful pour luy ayder, le Conful ne les doit retenir, ains les doit bailler à celuy qui les commande, vueille porter au lieu là où il les aura traitées, en receuant affeurance qu'il ne les porte en autre lieu.

Item, ordonnerent que fi eftoit cas que Conful ou preud'hommes marchands voyent & cognoiffent qu'aucun marchand qui tient d'autres par aucunes commandes, par jeu, ou par d'autres foccies, & gaftoit ce qui luy auroit efté baillé en commande, dient que le Conful auec les autres preud'hommes marchands qui illec feront, doiuent leuer & prendre tout l'argent & monnoye qu'ils luy trouueront, & les autres marchands auec confeil dudit Conful le mettent & efmorcent en ce que verront eftre neceffaire d'efmorcer, & puis qu'ils la mettent en la Nef qui aille en Catalongne ou en Majorque, & luy mefmes vn auec la Nef là où lã marchandife ira, & que fuft efcrite au cartulaire de la Nef par l'Efcriuain, qu'il ne la puiffe vendre ny aliener, ains doit eftre liurée à ceux qui apparriennent tels commandemens, & fi tel homme ne s'en vouloit venir auec la Nef, difent que le Conful auec les preud'hommes marchands, la mette[n]t en vn lieu pour eftre gardée iufques à ce que ceux defquels eftoient les marchandifes y euffent enuoyé, & qu'ils en fiffent ce que leur manderont.

Item, ordonnerent que fi aucun marchand ou patron de Nef ou d'autre vaiffeau auoient meftier du Conful, & il n'auoit d'alle

hors, ou il fuſt pour deffendre ou pour le maintenir, celuy qui
menera tel Conſul eſt tenu de luy faire les defpens, tant dudiḋt
Conſul que de ſa monture, ainſi comme appartiendra audit Conſul, ayant eſgard à ſa perſonne, mais auſſi tel Conſul ne doit prendre aucun ſalaire.

Item, ordonnerent que ſi le cas aduenoit qu'encores autres Officiers du Païs de Cicile, eſtoit fait à tous les Catalans en general,
& qu'il falluſt aller au deuant le Roy, diſant qu'ils ont faits beaucoup de frais & miſes au Conſul qui yra, ainſi comme au Conſul
appartiendra, telles miſes, frais & defpens ſe doiuent faire par
le commun des marchands, & patrons des vaiſſeaux qui ſeront
en tels lieux.

CHAP. CCCXXXII.

Maintenant oyrez par mandement des honorables Moſſen
Guillaume de S. Clement, Cheualier, Viguier de Barcelonne, &
d'honorable Mathieu de Vals, Baillif de ladiḋte Cité, c'eſt chacun
d'eux, ainſi comme luy appartient en ſa juriſdiḋtion, ordonnerent
les Conſeillers preud hommes de la Cité pour fauoriſer les Nauires & autres fuſtes portant marchandiſe, que doreſenauant tout
enſemble patrons de Nauires & d'autres fuſtes qui ſoient en part
d'epauls en haut, ayent & ſoient tenus auoir & mener auec tels
Nauires & fuſtes Eſcriuain juré, lequel ayent à faire iurer ainſi
qu'eſt contenu au Chapitre du Conſulat, & qui obſeruent les Ordonnances qui ſont icy apres ſuiuantes, pour & afin que tels Nauires ne puiſſent nauiguer ſans Eſcriuain juré, ny patrogenées, ny
Eſcriuain aucun puiſſe vſer s'il n'eſt juré, & s'ils ſont contre, ne
doiuent gaigner aucun profit ny ſalaire de leurs offices.

Item, ordonnerent leſdits Conſeillers & preud'hommes, que
doreſenauant que tous & chaſcuns changes & preſts, & baillés à
richs de Nef ou Nauire, ayent à faire aparoir auec inſtruments ou
autres aḋtes publiques : car autrement ne ſera faiḋte execution
ny payement, ny par preſt aucuns, donnez de richs de Nauires
ainſi que dit eſt, s'ils n'en font apparoir par leſdits aḋtes, leſquelles
ayent à former leſdits patrons, enſemble l'Eſcriuain, s'ils y conſen-
tent, en confeſſant tous moyennant ferment, que les quantitez
qu'ils baillent au change ou autres contraḋts eſdits Nauires ou
fuſtes ſont bons, & n'y a aucune fraude ny deception, en expreſ-

fant aufdits actes la neceffité de l'argent qu'ils auront emprunté
& prins en charge , & qu'il en tiendront & feront compte
exprés au liure à part de chacun lieu qu'ils auront en
ladicte neceffité pour faire le voyage qu'ils auront conuenu,
afin que les crediteurs ou banquiers puiffent monftrer quand
befoin fera,en quel befoin & neceffité ils aurõt presté leur argent
ou marchandifes qu'ils auront prinfes,& en ce qu'ils les voudront
appliquer & conuertir:toutesfois ceffant tous frais, fraude, & deception par les Patrons & Efcriuain , lefquels font tenus de garder & obferuer les Ordonnances de Barcelonne, & Chapitres de
Confulat:& s'ils font le contraire, leur eft prohibé & deffendu de
n'vfer de leurs offices de patron,ny d'Efcriuain , ains foit pour foy
ce qu'ils auront gaigné faut qu'il foit & appartienne aux autres
perfonniers:Et dauantage l'Efcriuain des Nefs & patrons,encou-
rét les peines contenuës aux Chapitres de Confulat,& encore les
patrons demeurent obligez , tant de leurs biens que perfonnes
pour les debtes des changes qu'ils auront empruntez , encores
auffi que pour tels cas les Nauires fe perdent, s'ils ne monftrent
legitimement deüant les Confuls de la Mer , qui en demeurent à
leur dire & cognoiffance,reftant comme deffus fans fraude & deception,ayant feruy ou à feruy,referuant toutefois legitimes empefchements en cas de neceffité de tels Nauires ou fuftes.

Item,ordonnerent lefdits Confuls des preud'hommes que dorefenauant tous & chacun changes ou contraintes donnez , ou
faits de richs , ou quelque Nauire,de Nauire ou fuftes que ce foit
en la forme & maniere que deffus , autant mefme comme fera
donné & prins par vn mefme departement, & vne neceffité d'vn
mefme lieu,encore qu'il y aye difference en tel changes ou contracts. C'eft affçauoir que les vns ferõt faits premiers , & les autres derniers,foit deuant ou apres , plus loing ou plus prés , faut
qu'ils foient executez & payez defdictes Nauires eu fuftes,ou du
nollis,au profit d'iceux:& en defaut de ce,des biens du patron,&
de ceux qui feront obligez efgalement comptant, & compartent
ledit change, ou contractét à fol la liure,fans priorité de temps ny
meilleur droict.

Item,ordonnerent lefdits Confuls & preud'hommes , que dorefenauant aucuns patrons ny homme pour eux,ne puiffent bailler ny diftribuer des nollis, gaignez ou à gaigner en vn mefme
voyage,auec aucuns Nauires ou fuftes de tel voyage,aucune quãtité pour raifon des changes,ny crediteurs des Nauires ou fuftes
qui patronegent , en prendre de fon deuoir , ou appartient à la

compagnie,& font tenus à tels Nauires ou fuftes de tout le voyage,& s'il le fait les patrons font tenus des biens de leurs maifons
faire le compliment de ce qui fera deub à la compagnie , & eft
tenu aufdictes Nauires de tout le voyage.

Item, ordonnerent lefdits Confeillers & preud'hommes , que
tous & chacuns mariniers & feruiteurs font tenus qu'apres qu'ils
auront prins payement d'aucuns voyages des patrons d'y aller, finon qu'ils euffent legitime excufe, fuiuant qu'eft dit au Chapitre
du Confulat, lequel veut qu ils ayent perdu, non tant feulement le
prix, mais qu'ils ayent à rendre autant le double aux patrons
defquels auront receu pour faire le voyage , fi les feruiteurs ne
payent le double qu'ils payent,& font tenus efcouber la barque.

Item, ordonnerent lefdits Confuls & preud'hommes, que tous
& chacuns mariniers, feruiteurs en Nauires & fuftes , pendant
qu'ils font en voyage, de feruir lefdites Nauires qu'ils auront accordé,& de ne partir d'iceux fans licence expreffe des Patrons,du
Nauchier, ou de l'Efcriuain, fur peine de perdre le falaire qu'il leur
fera deub,& ce qu'ils auront receu le reftituer , enfemble le double,& que les patrons foient en liberté de leur rendre ce que bon
leur femblera,& font tenus pour fugitifs de Nef & priuez de leurs
falaires,& punis comme defcombats.

Item, ordonnerent lefdits Confeillers & preud'hommes , que
tous & chacuns les mariniers, feruiteurs , demeurent aux Nauires
& autres fuftes, ayét à fe retirer aufdites Nauires & fuftes là où ils
feront accordez auec leurs armes , puis qu'ils auront prins payement du patron , il faut qu'ils foient preft quand tel patron voudra partir, finon qu'ils foient contraints par mauuais temps de demeurer , & nonobftant tous font tenus fe retirer dans ladicte Nef
ou Nauire, toutes & quantes fois qu'ils en feront requis par le patron ou l'Efcriuain , quand auffi feront fonner la trompette que
tout homme aye à fe retirer au Nauire fur peine d'efcoubar le
Nauire, quant aux feruiteurs,& quant aux mariniers & autres de-
meurants aux Nauires fur peine de cent fols tournois pour chacune fois, lefquels font tenus le mettre fur leur compte.

Item, ordonnerent lefdits Confeillers & preud'hommes , que
tous & chacuns les mariniers, feruiteurs , demeurent dedans les
Nauires venant de voyage en quelques Nauires ou fuftes qui
foient en plage de Barcelonne, ou en la cofte , foient tenus &
ayent à demeurer & feruir en leurs Nauires iufques à ce que les
patrons leur donneront congé & licence, fur peine de cent fols.

Item, ordonnerent lefdits Confuls & preud'hommes, que tous

& chacuns les Patrons & Eſcriuain de Nauires & autres fuſtes
qui ſeront faits & accouſtrez de neuf, ou qui ſeront achetez auãt
que faire voyage, ſont tenus de ſeruir & fermer les comptes du
couſtage & fourniture de ladicte Nef, & en faire le departement,
& que tels comptes & Liures laiſſent à Barcelone entre les mains
des perſonniers, ou de quelques autres perſonnes en volonté,
& tous ceux qu'il appartient, auſquels comptes & Liures leſdits
Patrons & Eſcriuain ſont tenus y eſcrire, & continuer les fournitures des parts que chacun des perſonniers aura formées, s'ils font
le contraire, ne peuuent gaigner le ſalaire à aucuns des officiers,
Patrons & Eſcriuain, ny mettre en compte aucuns de tels perſonniers, de tel Nauire ou fuſtes.

Item, ordonnerent leſdits Conſeillers & preud'hommes, que
tous & chacuns Patrons, Eſcriuains de Nauire ou d'autres fuſtes,
ayent chacun voyage à compter auec les perſonniers de tous les
nollis, profits & emoluments de tels Nauires & fuſtes, ainſi qu'eſt
dict en vn Chapitre cy-deſſus eſcript de Conſulat, & bailler &
deliurer billet à chacun perſonnier de tous leſdits emoluments
qui appartiennent à ladicte Nef ou Nauire, en monſtrant à chaque
perſonnier les Liures & comptes de la Nef, ou vne tierce perſonne homme de bien, duquel s'accorderont, & au cas qu'ils ne ſe
puiſſent accorder, leſdits Liures & comptes à la requeſte de quel
perſonnier que bon luy ſemblera, doiuent venir entre les mains
des Conſuls, de celuy qui par eux ſera eſleu, leſquels auront puiſſance de compter & calculer, terminer & decider ſuiuant le Liure
des comptes, & pource qu'auparauant qu'aucun patron ny Eſcriuain puiſſe faire aucun voyage auec ledit Nauire, ne puiſſe gaigner ſinon ce que ſera baillé fins les concluſions auſdits comptes,
ce qui eſt deub aux perſonniers pour leur part de tel Nauire, du
voyage qu'il aura fait.

Item, ordonnerent leſdits Conſuls & preud'hommes, que tous
& chacuns Patrons, Eſcriuains de Nauires & d'autres fuſtes, partiront pour faire leur voyage, ſoient tenus & ayent à bailler & mõſtrer aux Conſuls de Mer, ou ceux qui par eux ſont eſleus, qu'ils
ſoient nauigateurs experts, ainſi comme ils doiuent eſtre, & s'ils
ne peuuent rien gaigner, n'eſt compte aucun, ſoit pour leur office
ny ſalaire pour raiſon du patronage ny eſcriuage en tout le voyage, & pource que ladicte monſtre ſera faicte, & par les Conſuls
ſera veu & connu aucune faute en tels Nauires ou fuſtes, peut
par eux eſtre pourueu, moyennant conſeil de preud'hommes, aux
deſpens qu'il appartiendra, pour la conſeruation de la cauſe publique.
                                                              Deſ-

Defquels bans pecuniaires foient faits trois parts, tant grande l'vne comme l'autre, l'vne defquelles foit de l'officier qui fera l'execution, & l'autre foit de l'executeur, & l'autre part de l'accufateur, & la tierce partie reftante foit d'ouuriers, de muirs de la Cité, & des foffez.

Retenant ce, lefdits Confuls preud'hommes, que fi és prefentes Ordonnances y auoit aucunes chofes efmores & douteufes, que eux ou leurs fucceffeurs les puiffent amander, & declarer & interpreter autant de fois comme ils voudront à leur cognoiffance.

S'enfuiuent aucunes Loix & Ordonnances extraictes de recognouerunt *proceres, & d'autres touchans aux chofes maritimes & marchandifes.*

In recognouerunt proceres. CHAP. CCCXXXIV.

Item, que les Mariniers marchands qui ont promis aller en Mer, & font de departements tels par nouuelles chofes, n'y peuuent eftre detenuës, puis qu'ils auront affeurez au retour du voyage pour fuiure ladicte caufe, & ce puifque la Nef, Barque ou Nauire eft appareillée pour aller en Mer.

In recognouerunt proceres.

Item, fi aucuns portent commandes, & que la femme de celuy qui a telles cómandes, ny autres crediteurs ne le puiffent demander, ny deffendre à telles marchandifes qui feront portées de tel voyage en lefquelles caufes commandées pour raifon du tout, ou par quelque autre raifon que ce foit, iufques à ce que pour autant que ceux qui auront faictes les commandes ayent recouuert icelles marchandifes acheptées, ou l'argent.

Autre du Roy Iean, de cela mefmes.

CHAP. CCCXXXV.

Nous en Iaume par la grace de Dieu, &c. Aux feaux & nos amez noftre Viguier, Baile de Barcelone, &c. Auons entendu que aucuns marchands font voyages en aucunes parts, prennent commandes d'aucuns Citoyens à Barcelonne, & fi tels patrons ou marchands meurent au voyage, les femmes de ceux qui font lefdictes commandes peuuent les prendre pour leurs doüaires, pource que cela eft contre toute raifon, difant & mandant à vous autres, que fi à l'aduanture ladicte caufe aduient, nonobftant la demande par les femmes des marchands deffunts qui l'auront faite, qu'ils faffent reftituer les commandes à ceux qui les leur auront baillées, comme de ce feroit apparoir par inftrument public, ou par tefmoins fuffifants, ne pouuant nier ladicte femme en chargeant. Donné à Carenyena le 13. Aouſt 1271.

Ordonnances des Conſeillers de Barcelonne, pour le faiĉt des changes.

CHAP. CCCXXXVI.

Maintenant faiſons aſſçauoir par mandement du Viguier, qui ordonnarent les Conſeillers & preud'hommes de la Cité de Barcelonne, pour euiter grãds frais miſes, & dommages qu'ilsont fait, tant à compter les changes cy-deſſus contenus, & ſuiuant à beaucoup : que toutes perſonnes de quelques qualitez & conditions qu'elles ſoient, que du iour en auant ſera preſentée en ladite Cité par aucun aucune lettre de change, ayent à reſpondre à icelle à celuy qui la preſentera dans 24. heures apres qu'il la luy aura preſentée, s'il veut compter le change ou non, & la reſponce qu'il fera, aye à reſpondre au dos de la lettre, &c. le iour & l'heure que luy ſera preſentée, & faut qu'il rende ladicte lettre à celuy qui luy aura baillée, & ſi celuy auquel ladicte lettre ſera preſentée ne fait ladicte reſponce dans le temps de 24. heures, ladicte change luy eſt tenuë pour accordée, & neantmoins eſt tenu & obligé à faire l'accompliſſement dans le temps contenu en ladicte lettre de change.

Priuilege du Roy Alfonſe, donné à Barcelonne le 15. de May 1432.

CHAP. CCCXXXVII.

Item, accorderent ce Chapitre pour quelqu'vn qui vueille tenir office ou meſtier, qui acheptera aucune marchandiſe pour exercer ſon office, ſoit marchands ou autres, que l'abbate ou autres, & qu'il ſoit prins en perſonne, & ainſi comme ſera prins, s'il ne peut monſtrer que par cas fortuit il aye perdu ladicte marchandiſe : & pource a eſté ſtatué pour tenir, garder, & obſeruer perpetuellement en la Cité de Barcelonne, qu'aucune perſonne de quelque eſtat & condition qu'il ſoit, qui aye prins aucune choſe ſeruant à ſon office, & s'il eſt mis deuant les Iuges iurez du fait de la marine & ne ſatisfait à ſon creancier ce qui luy eſt deub, incontinent leſdits Iuges le doiuent prendre au corps, iuſques à ce qu'il aye ſatisfait de tenir ſuiuant la conſtitution de la Mer.

Chapitre de la Cour de Barcelonne, le 8. d'Octobre 1481. que choſe ne ſoit tirée du Conſulat par donnation faiĉte au pupil, vefue, ou miſerable.

CHAP. CCCXXXVIII.

Item, qu'aucunes choſes deſpendantes des actes maritimes & faiĉt de marchandiſe, deſcendant des actes maritimes, ne pourrõt eſtre tirées ny jettées de la Cour des Conſuls, ou les cauſes ſommairement & de plain, doiuent eſtre traiĉtées, terminées & decidées auec conſeil des preud'hommes : car aucunefois pour fouler

leur jurifdiction , font faire donnations & autres contracts à aucũs preud'hommes, comme font à femmes vefues, pupils ou mife-
rables perfonnes, & à caufe dequoy fouuentesfois tirent de ladite
jurifdiction defdits Confuls les caufes appartenantes à leur Cour,
en les voulant faire terminer & euoquer pardeuant Iuges incom-
petants, par ainfi fupplie ladicte Cour à voftre Majefté Royalle y
vouloir pouruoir à telles indeüs, tranfports & vexations que dores
en auant ne fe faffe tels contracts ny donations, faits & diffimulez
à caufe de ce, ne puiffent jetter hors de leur jurifdiction , ny les
euoquer pardeuant aucun autre Iuge , que premierement lefdits
Confuls n'ayent cogneu fi telles donnations auroient efté faictes
au moins vn an auparauant l'euocation , & que telles donnations
contractées fuffent de nulle efficace & valeur, quãd elles feroient
faites pour occuper leur jurifdiction: car il faut que tels cas foient
& fe terminent en ladicte Cour defdits Cõfuls, fans auoir efgard
aux autres contracts de donnation & tranfport , & ce doit eftre
obferué en tous les Confulats de la Mer , au principal de la Catalongne, & ainfi plaift au Roy d'eftre fait.

Gage de ceux qui voudront aller de là la Mer, & de là venir par deça.

CHAP. CCCXXXIX.

Item , veut le Roy tant pour foy que pour fes heritiers &
fucceffeurs, & par la teneur du prefent Chapitre eftant en bonne
foy Royal gage, & affeure tous & chacuns les marchands de quelque pays qu'ils foient, & autres quelques perfonnes de quelque
eftat & condition qu'ils foient qui voudront aller auec Nef, vaiffeau, en la part d'Alexandrie, terre de Soldan de Babilone , fouf-
mis à nauiguer, tant aller que retourner, en portant & traficquant
marchandifes, en les voulant achepter referuent caufes de droict,
commun prohibées, ainfi que lefdites perfonnes, & chacuue d'elles puiffent faire fans aucune contradiction du Roy, ny de fes officiers, ainfi qu'ils verront mieux à leur profit fans aucune crainfte
dudit Seigneur, & des inhibitions par luy faictes ou à faire, & des
peines mife, contre les nauiguants aux parties deffufdictes, encores de marques ou de reprefenteurs dudit Seigneur & de fes fub-
jets, faictes ou à faire, puiffent par foy-mefmes auparauant le departement des Nefs ou vaiffeaux , faifant les voyages par quatre
mois apres que lefdictes Nefs feront retournez en Barcelonne,
pourront demeurer à retourner par toute la terre de Barcelonne,
fur la protection & fauuegarde du Roy , & foient faits quittes &
immunes fans aucune contradiction ny empefchement, ny marque de reprefaille, redention, queftiõ, ny exaction dudit Seigneur,

ny de fes Officiers, & veut & accorde ledit Seigneur que quand
aux marchands de fa Seigneurie qui vont és parties d'Alexandrie,
terres du Soldan, ou feront ou voudront partir de telles parts pour
venir és parts Occidentalles deça la Mer, jaçoit qu'ils ne foient allez par delà auec lefdictes Nef ou vaiffeaux, & quand à leurs marchandifes, autres chofes, & leurs perfonnes, és terres dudict Seigneur, & autres marchandifes, voudront mettre & charger, telle
chofe eft affurée, tout ainfi comme s'il eftoient és terres dudit Seigneur, côme l'vn de fes fujets, & promet ledit Seigneur que pour
les caufes deffufdictes, & pour raifon & occafion d'icelles fannes,
ne foit à aucuns perfonniers d'icelle, ny à leurs biens, fait aucune
demande en jugement, ny hors jugement, ains ledit Seigneur ga-
geant icelles perfonnes, leurs biens & marchandifes, & toutes autres chofes, abfout, effaet, quitte & relaxe aufdictes perfonnes &
aux fiens à iamais, ny pour en faire demande, encores toute peine
ciuile & criminelle, ordinaire & extraordinaire, ftatuees & à ftatuer
aucunes telles perfonnes puiffent eftre mené pour les raifons des
caufes deffufdictes, & auffi par les inhibitions par le Roy ou fon
Lieutenant, faicte ou à faire, & par quelques autres raifons que ce
foit, tout ainfi que iamais aucune defdictes perfonnes par lefdites
chofes ne puiffent eftre prins, detenus ny empefchez par juftice,
ny autrement condamnez, ny ledit Seigneur foy-mefmes, ny aucunes marques, ny reprefailles n'y obtinffent, ny fes officiers n'en
puiffent rien demander ny exiger. Et promet encores ledict Seigneur aufdictes perfonnes, qu'aucun empefchement ou autres
chofes contraires, ne donnera ny fera donner, ny confentir par
aucune neceffité, porter ny faire lefdits empefchements, ny aufdits vaiffeaux marchands, ny mariniers d'iceux, de qui le voyage
fe puiffe retarder en aucune maniere, ains que nonobftant que
toutes inhibitions mifes, & faictes par ledit Seigneur ou fes Lieu-
tenants & officiers, ne puiffent contreuenir aufdictes Nefs, vaiffeaux, marchandifes, mariniers, ny autres perfonnes, fans ce qu'ils
ne puiffent accomplir leur voyage.

Le Sereniffime Roy Ferrandon en la Sepude Cour celebre de
Barcelonne, en l'an 493. au Chapitre vingt, accordants à quelles
alcades de la fera, foient tenus de faire & prefter affurement de
Iuge aux plaidoyans en leur Cour pour actes de marchandifes,
ainfi que ne difpence la conftitution de la Reyne Marie.

*Ordonnances des Confeillers de Barcelonne, faictes fur les
affeurances maritimes.* CHAP. CCCXL.

Maintenant oyez en general : Par mandement d'honorable

homme Meſſire Anthoine Pierre de Roque, Cheualier regent en
la Viguerie, & de Meſſire Guillaume Pougen Baile de la preſente
Cité de Barcelonne, c'eſt chacun d'eux tant que leur touche en
leur juriſdiction.

Ordonnerent leſdits Conſeillers & preud'hommes de ladicte
Cité, que comme le temps paſſé ſoient eſté faictes diuerſes Ordonnances ſur les aſſurez, deuoir qui ſe font ſur perils de Nauires
robbes, marchãdiſes, changes & autres choſes, leſquels par le laps
du temps ont beſoin de correction & mutation, & eſtre corrigées
que telles Ordonnances ſoient communiquées és Chapitres ſui-
uants, & que leſdictes Ordonnances de ceiourd'huy en auant, &
ſur tous les aſſeurez en la forme & maniere que s'enſuit.

Chapitre que toutes fuſtes, change, robbes, marchandiſes, auſſi bien vaiſſeaux
du Roy peuuent eſtre aſſeurées de huit parts les ſept, & les
eſtrangers des quatre parts les trois.

CHAP. CCCXLI.

Premierement, ordonnerent leſdits Conſeillers preud'hommes
que tous & chacuns Nauires, fuſtes & vaiſſeaux ſujets audict Seigneur Roy, comme aux eſtrangers de quelque nation qu'ils ſoiét,
& tous changes baillez à riſc, & de toutes robbes & marchandiſes
& autres choſes qui ſe chargeront ſur leſdictes Nauires ou fuſtes,
auec leſquelles nauigueront en quelques parties du monde que
ce ſoit, autant des vaiſſeaux dudit Seigneur, comme des eſtrãgers,
puiſſent eſtre aſſeurez en Barcelonne, ſi ſont des vaiſſeaux du Roy
des huit parts iuſques à ſept parts , & des eſtrangers des quatre
parts iuſques à trois, tant ſeulement du vray couſt d'icelles , auquel couſt puiſſent eſtre comprins tous les empeſchements & autres deſpens & couſts des aſſeurez, & celuy qui ſe fera aſſeurer, &
de qui ſeront les Nauires, changes, robbes & marchandiſes, ayent
à courir à riſcs: c'eſt aux vaiſſeaux de la Majeſté Royalle qui eſt la
huictiéme part, & les eſtrangers de la quatriéme part : & s'il eſtoit
fait le contraire directement ou indirectement, qu'autant comme iroit auant de ſept parts des vaiſſeaux du Roy, & des trois parts
des eſtrangers ſoit nulle, & qu'elle ne porte profit aux aſſeurez, &
les aſſeurez auront gaigné tous les prix des aſſeurez, ne partant
comme ſeroit mis de ſept party, & de troiſparts les aſſeurants peuuent eſtre contenus, & puiſſe eſtre fait aucun juge pour ſçauoir le
vray couſt des marchandiſes qui chargeront en Barcelonne, il faut
mettre le couſt ſuiuant le departement du general : & ſi dedans
Nauires ou fuſtes y a aucunes marchandiſes ou autres choſes, & y
auront prins changes, il faut que tels changes ſe deduiſent de l'e-

ſtime & valeur, des Nauires ou du couſt de la marchandiſe , mais outre telschanges, il faut que tels aſſeurez les puiſſent auoir à leur ayſe, ſi ſont les vaiſſeaux du Roy la huictiéme partie, & les eſtrangers le quart, en la forme cy-deſſus expreſſe.

Chapitre que Nauires de marchandiſes des Genois, ou des ennemis du Roy de Damis qui ſoient participants auec luy ne puiſſent eſtre aſſeurez.

CHAP. CCCXLII.

Faut entendre & declarer, que robbes ny Nauires qui ſoit de perſonnes qui ſoient ennemis du Roy , ny amis qui ayent partie auec eux eſdictes robbes & Nauires, ne peuuent eſtre aſſeurez en Barcelonne directement ou indirectement, preſuppoſant contrechange, ou à changes , & s'il eſt fait le contraire tels aſſurements ſeront nuls, & ne s'en peut faire juger aucun.

Chapitre pour eſtimer les Fuſtes & autres Nauires.

CHAP. CCCXLIII.

Faut entendre qu'auparauant qu'aucunes aſſeurances puiſſent eſtre faictes ſur leſdictes Fuſtes & Nauires, & changes donnez à la riſc, il faut que telles Nefs ſoient eſtimez par les honorables Conſuls preud'hommes , & ſuiuant ladicte eſtime, laquelle faut que ſoit miſe és actes des aſſurez : il faut que ſe deduiſe de la huictiéme part pour le riſc des fuſtes que ſoit vaiſſeaux du Roy , & le quart pour les fuſtes qui ſeront des eſtrangers, lequel riſc ſont tenus de couurir les aſſurez, ainſi que deſſus eſt dit : par ainſi tel qui a riſc de tels Nauires & fuſtes , puiſſe eſtre reduit & aſſuré ſur le blod ou butin d'icelles, que le blod de telle Nauire, le riſc qui ſera aſſuré ſur le butin ſe perdra , & les membres & arres d'iceux ſe trouuent ou ſe ſauuent , que la valeur d'iceux arriuant , ayent à contribuer pour porter leur part de la perte, c'eſt par la valeur de ce qu'il ſauuera , & en tel cas de blod & arres ſoient tenus pour agerminées, & ſoit compté ainſi que s'ils eſtoient agerminez.

Pour les marchandiſes & robbes qui ſe chargeront du deſtroict de Gilbatar pour porter en Flandres, en Angleterre, & en Barbarie, les mariniers ne ſe peuuent aſſeurer, s'ils ne ſont Citoyens de Barcelonne.

CHAP. CCCXLIV.

Item, ordonnerent leſdits Conſeillers & preud'hommes, qu'aucunes marchandiſes qui ſe chargeront au deſtroit de Gilbatar, ou en autre lieu que ce ſoit, pour apporter aux parties de Flandres, en Angleterre, ou en autre lieu dudict deſtroit, ou autre lieu de Barbarie, ny les fuſtes qui y nauigueront, pour ce qu'eſt ignoré quelles fuſtes ſont, ne ſe peut ſçauoir la verité des marchandiſes qui ſe chargent dans lefdictes fuftes, ne peuuent eftre affurez en Barcelonne ne pour la huitiéme partie, ainfi que deffus eft dit : & fi les marchandifes font chargées dudit deftroict, & les fuftes venãt de ce deftroict, puifque ne vont en Barbarie, puiffent eftre affeurez en Barcelonne couurant le rifc de la huictiéme partie des eftrangers, ainfi qu'eft dit cy-deffus.

Que toutes marchandifes & Nauires qui viendront en Barcelonne, & ceux qui en fortiront encores qu'ils foient d'ennemis de Genois, puiffent eftre affeurez. CHAP. CCCXLV.

Item, ordonnerent les Confeillers & preud'hommes de ladicte Cité, que toutes robbes & marchandifes qui fe chargeront en aucunes parts du monde, pour apporter en la prefente Cité de Barcelonne, femblablement Nauires & fuftes qui chargeront de robbes ou marchandifes, ou chãges, baillées à la rifc defdites Nauires ou de robbes, & les robbes & marchandifes qui fe chargeront en Barcelonne, encores qu'ils foient des ennemis du Roy, puiffent eftre affurez iufques aux trois quarts, & non plus au vray couft de laffure.

Que les marchandifes qui chargeront en Alexandrie puiffent eftre affeurez de ce que couftent en Alexandrie, & que s'en puiffent accorder les affeurez & affeurans. CHAP. CCCXLVI.

Item, ordonnerent lefdits Confuls & preud'hommes que quand ils chargeront grande quantité de marchandife, & robbe en Alexandrie, & icelles n'acheptent auec argent contant, ains la changeront auec d'autre marchandife : tellement que bonnement on ne pourroit mettre le vray couft defdictes marchandifes, & aux actes des affurez, par ainfi ordonnerent lefdits Confeillers & preud'hommes que dorefenauant aux inftruments des affurez ayent à mettre ce que vaudront pour content icelles marchandifes, qui fe chargeront au prix qu'elles couftent en Alexandrie, & fe puiffent accorder les affurez auec les affurans en eftimãt lefdties marchandifes ce qu'elles valent au content, bien, & le plus iuftement que faire fe pourra.

Que les affurez n'ayent à gaigner finon pource qu'ils auront conuenu de rifc. CHAP. CCCXLVII.

Item, ordonnerent lefdits confuls & preud'hommes, que fi le cas eftoit que lefdictes robbes & marchandifes, ou autres chofes eftoient chargées, que ne fiffent le compliment des quantitez affeurées, & la huictiéme part de la rifc : fi font des vaiffeaux du Roy ou du quart, fi eftoient du quart des eftrangers ou du change n'eftoient baillez, ou la Nef ou autres fuftes n'eftoient forties ny

entrées , & qu'en tel cas les aſſurans n'euſſent gaigné le prix des
aſſurez, ou tout ou en partie, ſinon auparauant qu'il auroient couru le riſc, ſi il n'y auoit rien chargé , & leſdits changes n'eſtoient
baillez, & auſſi ſi les Nefs & fuſtes ne fuſſent entrées ou ſorties, en
tel cas les aſſurans ſeront tenus de reſtituer le prix qu'ils auront
receus de tels aſſurez.

Que aucun ne puiſſe aſſurer en autres parts plus auant que les vaiſſeaux du
Roy , courant la riſc de la huictiéme part, & les eſtrangers de trois quarts.

CHAP. CCCXLVIII.

Item , ordonnerent leſdits conſeillers & preud'hommes , que
nul qui ſe ſera faict aſſurer en autre part ne puiſſe eſtre aſſurez en
Barcelonne, ſinon en tant qu'il aura faute iuſques à la ſomme de
ſept parts, ſi ſont des vaiſſeaux du Roy courant touſiours la riſc de
la huictiéme partie, ſi ſont eſtrangers, iuſques au compliment de
trois quarts, courant la riſc du quart, ny celuy qui ſe ſera fait aſſurer en Barcelonne ne ſe puiſſe faire aſſurer en autrepart , ſinon
iuſques au compliment des ſept, ſi ſont des vaiſſeaux du Roy, & ſi
eſtoient eſtrangers iuſques au compliment de trois parts, & s'il eſt
faict le contraire ne puiſſe valoir, & l'aſſurer ne nuire aux aſſurans
ainſi que dit eſt, ne puiſſent eſtre conuenus ny faire aucun jugement à aucun, gaignant touſiours les aſſureurs les couſts aſſurez,
& que dauantage ſeront faits & aſſurez apres tels aſſurez , ſoit au
profit & vtilité des aſſurans, ſoit qu'ils y ayent eſté comprins en
compte des quantitez par eux aſſurées.

Que tous les aſſurez ſoient faits auec inſtruments prins & enregiſtrez
par Notaires publics.   CHAP. CCCXLIX.

Encores plus, ordonnerent leſdits conſeillers & preud'hommes
que tous les aſſurans ayent à faire auec inſtrument publics, & receuoir par Notaires de Barcelonne, & non pas par lettres priuées
directement ou indirectement, que telle aſſurance faicte auec al-
barats ou police priuée ſoient meilleurez & ſans efficace, & quils
ne ſoient tenus de payer le droict aux aſſeurans, & à ce ne peuuét
eſtre contraints ny condamnez par aucuns Iuges, outre les nullitez des ſurtez, le tiers viendra à celuy qui declarera le fait , & l'aſſuré encourira telle peine comme il s'eſt fait aſſurer , & le correcteur aura la tierce partie dudit ban, afin que perſonne ne ſoit ſi
hardy de s'y faire aſſurer ſans la forme deuë, ſous peine de priuation d'office, à quoy appartient l'article ſequant.

Item, ordonnerent leſdits conſeillers & preudommes, qu'aucun
correcteur ne doit venir ny faire contre les preſentes Ordonnances ſur peine d'eſtre priué de ſon office, outre la peine deſſuſdite,
que

que ceux qui se font assurer ayent à iurer que leurs surtez sont vrayes, & qu'ils designent les marchandises, & leur prix & valeur.

Item, ordonnerent lesdits conseillers & preud'hommes, que tous & chacun qui se feront assurer en nom propre ou autre, ayant plain pouuoir ou promettent & non propre, *derato habendo*, ayent premierement à iurer que tels surtez soient vrayes, & que lesdictes choses qu'ils font assurer soit à eux propres, ou de ceux pour lesquels ils font lesdits assuráces, ou d'autres y ayás interests, qui le puissent dire ausdits assurez franchement, en assurant le nombre & valeur des choses qui sont assurées, & si sont Nauires, l'estimateur ainsi qu'est dit cy-dessus, & que lesdictes choses ne sont assurées en aucuns autres lieux, & s'ils ne le font autrement, incontinent que se sçache ny aduisent les assurez, que n'en sera fait mention au pied de l'assurement, narrát comme sont aduisez & sur icelles choses auant ou apres ne se sont faict assurer au lieu que se sont faictes, & le nombre des quantitez qui y seront faites, & si estoit qu'il denonce, & est declaré par les Consuls qui sçauront qu'ils se feront fait mettre en assurement, & l'ont denoncé, en tel cas tels assurements sont tenus & reputez pour frauduleux feints & faux, qui ne soient de nulle efficace, ains tousiours les assurements qu'en tel cas auront encores le ban de cent liures Barcelonneses, duquel ban soit baillé la tierce partie à l'accusateur, & l'autre tierce à l'officier & executeur, & le demeurant à l'œuure de la loge.

Que les assureurs iureront, que l'assurance qu'ils font est vraye.
CHAP. CCCL.

Item, ordonnerent lesdits conseillers & preud'hommes, que tous & chacuns assureurs iureroient, que tout ce qui est en leur assurance contient verité, qu'elle n'est point fainte ny frauduleuse, qu'elle n'est point faicte par dol ou autre sous couleur.

Que les assurances ayent à causer par pactes suiuant les presentes Ordonnances.   ## CHAP. CCCLI.

Item, ordonnerent lesdits conseillers & preud'hommes, que les assurez & assurants en l'acte & forme des assureurs, ayent à deduire toutes les presentes Ordonnances entr'eux & le pacte, & faire causer icelles suiuant la forme des presentes Ordonnances, & promettre, iurer, qu'en tous actes d'assurements qui se feront : & pour raison des assurez feront vn Iuge en la cour du consulat, & non en autre part, en renonçant à leur propre, & foy appropriant le priuilege, ainsi qu'au bas des presents sera dict en vn chapitre, & par les Notaires mieux apparoistra estre adapté & substancié.

Comment ne peuuent decliner dehors des Consuls.
CHAP. CCCLII.

Item, ordonnerent lesdits conseillers & preud'hommes, que
pour autant que lesdictes seurtez sont contractez pour addresser
la marchandise, & est impertinent pour les questions qui consentent à l'execution qui se fait pour cause d'icelles, n'ayent à faire
Iuge deuant autres consistoires ny personnes, sinon deuant lesdits
consuls de Mer, & en cas d'appel le Iuge d'appeaux, que telles
questions atterminées qui s'appartenoit, aye à determiner suiuãt
les presentes Ordonnances & coustumes de consulat, auec conseil de preud'hommes, que doresenauant aucun qui sera asseuré
ne peut demander declinatoire pardeuant autre Iuge que le Iuge
de consulat, ny par quelque maniere euoquer lesdictes choses
d'icelle cour, & autre. Et s'il estoit fait le contraire, que celuy
qui sera asseuré voulust laisser ledit Iuge pour aller à vn autre, il encourira le ban & amande. Si celuy qui a de receuoir pour telles
obligations y consent, il perdra son action & ce qui luy appartiét
pour causes desobligatoires à luy faictes: ains soient coulpables, &
les asseurez absents, quites de tels actes, leur imposant silence. Et si
apres qu'ils seront payez, les asseurez font euoquer les choses par
aucune maniere, ou sortir du Iuge desdits consuls recouure le ban
qu'est contenu aux cartes de bon gré, & de restituer les quantitez
qu'ils aurõt receuaux asseurez, toute exceptiõ mise & les asseureurs
qui bailleront tel declinement par aucune maniere que ce soit,
encourent l'amande & ban qu'est contenu aux actes & instru-
ments de l'asseurement *ipso facto*, les quantitez qui seront demandées soient tenuës pour cõfessees à toutes exceptions à eux per-
tinentes, par lesquelles se pourroient excuser de tel payement,
soient *ipso facto*, nulles & tels asseurez reuest à treuuer maintenãt
pour l'aduenir à payer eux-mesmes par amandes au lieu dudit ban
que de bon gré mettant telle quantité par tels asseurez leur sera
demandé, ensemble les mises, que pour demander icelles seroient
mis & exposée, renonçant toutes lesdictes choses auec serments,
renonciations & iurements, demande declamatoire, & toutes renonciations & stipulations que seront aduisées & cogneuës estre
mises par le Notaire qui receura tels asseurements.

Comment n'oseront mettre parolles derogatoires aux presentes Ordonnances.
CHAP. CCCLIII.

Item, ordonnerent lesdits conseillers & preud'hommes, que
aucuns asseurez ne puissent estre mis par pacte ny par parolles
derogatoires, qui puissent desroger les presentes Ordonnances,

en difant, vaille ou non vaille, ny aye ou non aye, ny fi l'affuré eft fujeĉt du Roy la huiĉtiéme partie du rifc, & s'il eft eftranger le quart, ny par aucune maniere ne puiffe eftre renoncé aux prefentes Ordonnances, comme feront faiĉtes en faueur & vtilité de la chofe publique, & fi telle renonciation eft entenduë de faire, foit *ipfomet nulla mille*, & n'aye aucune valeur & effeĉt.

De la peine du Notaire. CHAP. CCCLIV.

Item, ordonnerent lefdits confeillers & preud'hommes, que tous & chacuns Notaires, qui en puiffance defquels telles affurances feront faiĉtes & receuës, ayent en premier lieu auparauant toutes chofes auoir ferment des affurants : & moyennant iceluy lefdits affureurs interrogez, que l'affermement qu'ils entendent faire eft vray, & que d'autres apres eux afferment & caufent lefdits affurements, fuiuant les prefentes Orḋonnances ne defiftent ny departent d'icelles : & qu'auparauant que receuoir aucune ferme d'aucuns affureurs, ayent fommairement le vouloir & forme d'iceluy, qui fe faiĉt affuré fans promettre faire aucun fignal par aucune des fufdiĉtes parts, pour & afin de n'auoir le rifc de huit & du quart, ainfi qu'eft dit cy-deffus, & fi le contraire eft fait, il faut qu'ils payent les dommages & interefts que l'affuré ou l'affureur aura fait, par les chofes & raifons que cy-deffus font diĉtes.

Comment les affureurs qui ne foient payez, ny voudront. CHAP. CCCLV.

Item, ordonnerent lefdits Confeillers & preud'hommes, que les affureurs qui fe feront n'auront aucune efficace ny valeur iufques à ce que le prix defdits affureurs foient payez entierement, & de fait, & les affureurs ayent fourny l'affuré en la forme que deffus eft diĉt.

Comment les formes des affurez & affureurs ayent force d'vn mefme compte. CHAP. CCCLVI.

Item, ordonnerent lefdits confeillers & preud'hommes, que les fermes des affureurs d'vn mefme contraĉt ayent force d'vn mefme compte, encores que foient faits fous mefmes & diuers Calendriers, & où prefcription de temps entr'eux & leurs fermes ne puiffent eftre alleguée, & par aucun juge admife.

Que s'il eftoit nouuelle de la marchandife perduë qui ne vaille. CHAP. CCCLVII.

Item, ordonnerent lefdits confeillers & preud'hommes, que s'il conuient faire aucune affurance fur aucuns Nauires ou Nef, fuftes, changes, robbes & marchandifes qui chargeront & partiront d'autrepart que de la prefente Cité de Barcelonne, & telles

fuſtes & marchandiſes & autres choſes eſtoient ja perduës , que
au cas fuſt ſuiui en telle maniere, que le iour de la ferme des aſſureurs,ou aucun d'eux pouuoit eſtre ſeure nouuelles en Barcelonne de la perte au cas ſuiuy que tel aſſurement ſoit nul, & que ſoit
tenu pour non fait , & les aſſureurs n'auront gaigné aucun prix,
ains ayent à reſtituer toute exception,ny les aſſureurs ne peuuent
eſtre contraints pardeuant aucun Iuge en aucune maniere que ce
ſoit,ny aucun ne peut eſtre fait Iuge, & pour oſter tout doute du
temps dans lequel pourroient eſtre ſçeu , declareront leſdits
conſeillers & preud'hommes ordonnez, que ſi telle fuſte ſe perdoit de ſa Mer : & de telles pertes nouüelles s'en puiſſent ſçauoir
par terre ſans aller par Mer,faut attendre temps ſuffiſant, contant
pour chacune lieuë vn̄ë eure , c'eſt à ſçauoir toutes heures toutes lieuës,qui conuient̃ra prendre ou ſuiure aucunes choſes aſſurées par les aſſureurs,euſſent à payer aux aſſurez quantité aucune
en Barcelonne,& ſi ſe pert enſuiuant le cas en telle part, que les
nouuelles ayent à paſſer par aucun gouffre ne ſoit compté de lieu
ou heure,& où deça la mer,là où les nouuelles feront veuües ou
ſçeuës,premierement & de tel lieu comptant lieuë pour heure,&
ſi par fortune telles nouuelles viennent de Pouuete par Mer en
Barcelonne,& que le téps ſoit compté par certain de tel, moyennant que la fuſte aye abordé ou prins terre, en telle maniere que
en peu de temps ſuffit à la cognoiſſance & pouuoir des Conſuls,
eſtre aduenu en notice de l'aſſuré, ou par autre que telles aſſures
ſoient nulles , en la forme que cy-deſſus eſt declaré : & ſi eſtoit
cas que celuy qui feroit aſſuré ſçaura les nouuelles de la fuſte doutans , & de faire à l'aſſeuré à tel cas a encouru l'amande & peine
de cent liures Barcelonneſes , duquel ban en ſoit baillé la tierce
part à l'accuſateur,& l'autre tierce partie à l'officier qui fera execution,& le demeurant à l'œuure de la loge.

Comme vituailles peuuent eſtre aſſurées en toute maniere.

CHAP. CCCLVIII.

Item , ordonnerent leſdits conſeillers & preud'hommes, que
froment,orges, auoines , legumes , auec huile , chargés pour
porter en Barcelonne , puiſſent eſtre aſſurez nonobſtant les preſentes Ordonnances, par le prix, couſt & eſtime que ce conuien-
dront, & tant que les preſentes Ordonnances à la preſente faute
obuiarent,nonobſtant en aucune maniere: mais en toutes les autres choſes faut qu'elles ſoient obſeruées & gardées.

De la paye des aſſureurs.   CHAP. CCCLIX.

Item,ordonnerent leſdits conſeillers & preud'hommes,que les

affureurs foient tenus, & ayent à payer les quantitez qu'ils auront
affurées en la part, que par l'vn d'eux leur fera demandées dans
deux, trois, quatre & fix mois, eftant en differant fuiuant la diftan-
ce des lieux ainfi comme fera cy-apres declaré, comptable , apres
que les nouuelles certaines feront venuës en Barcelonne, & inti-
mez aux affureurs, ou à la plus grand partie d'eux, au dire & Ordonnance des confuls qui pourront ordóner fur la perte & dommage, quand le cas en fera enfuíui & aduenu aufdictes Nefs, fuftes
& autres vaiffeaux, & aux chofes affurées , par lefquelles faut que
foit faicte prompte execution, ainfi comme en matieres de changes: mais fi par la part des affurez eft mife aucune exception ap-
parante, qui foit iufte & raifonnable à la cognoiffance des confuls qui fe trouuent, que deuffent payer les chofes affurées ou autres qu'elles que foient, qu'en tout cas, puis qu'il y aura nouuelles
certaines en Barcelonne du dommage aduenu aux chofes affurées à la cognoiffance des confuls que foit paffé le temps prefix fi
requis font par les afseurez , & foient executez les afsureurs
fuiuant la forme des afsurez toutes exceptions oftées, & fi par la
partie des afsureurs eftoient mis & exprimées clairement & di-
ftinctement eftoient aucunes exceptions par lefquelles preten-
dent, ny puifsent, ny doiuent auoir ne receuoir les quantitez qui
leur feront demandées, ainfi que par ledit Iuge fera ordonné &
cogneu, qui font telles que voudront receuoir telles quantitez affurées, & eft tenu prouuer ou monftrer ce qu'il fera , demandant
ou oppofant, & s'ils font prouuez par lefdits afsureurs fe pourrót
juger des afsureurs , & ne deuoit telles quantitez qu'en tel cas
voudront receuoir afsure, & pour ce faire eft tenu de bailler cautions chacun defdits afsureurs, que telle cautions demandera , &
non point l'afsuré qu'auec accords ou cautions, à la cognoifsance
des confuls, de rendre la quantité à chacun des afsureurs, enfemble toutes mifes & defpens que les afsureurs auroient faictes pour
deux fols pour liure d'intereft par an , comptables au iour que la
quantité luy fera payée, ne la fait declarer par lefdits Iuges confuls, par fentence pafsée en force de caufe iugée, que l'afsuré aye
bien receu la quantité qu'il foit fait payer : & pource , fi aucunes
perfonnes peu ou moins fe font faits payer defdits afsureurs, fans
que les robbes & marchandifes ne foient efté chargées , ou les
Nauires entrées ou forties, ou changées baillées , pourtant lefdits
confeillers & preud'hommes ordonnerent que dorefenauant aucune perfonne ne fe fera payer aucun afsurement, que les robbes
ou marchandifes, ou les fuftes ne foient entrées ou forties, ou les

E e 3

changes baillez,en tel cas encourent vn ban de deux folspar liure
outre les deux fols de la quantité qu'il auoit fait afsurer , lequel
ban de deux fols pour liure,foit appliqué partie aux afsureurs , &
l'autre tierce partie à l'œuure de la loge,ou aux deffendeurs de la
marchandife,& pource n'eft chofe tollerable que les afsurez qui
fe font faits afsurer,& ont payé les frais des afsurants pour intention de recouurir les quantitez fans autre defpence que les afsureurs ont voulu faire & mettre exception telles qu'elles. Nonobftant eft declaré l'afsuré auoir bien receu,pour autant ordonnerent lefdits confeillers & preud'hommes,que là où lefdits afsurez
tomberoient de telles exceptions,& foient cõdamnés , & ayent à
payer aux afsureurs toutes & chacunes mifes,frais & defpens qui
a l'afsuré aura conuenu faire pour faire & declarer en la forme
que defsus eft dit.

Si les affurez pour non auoir fait declarer, auront à reftituer les quantitez.

CHAP. CCCLX.

Item,ordonnerent lefdits confeillers & preud'hommes , que
s'il conuient aux afsurez de reftituer les quantitez pour n'auoir
fait declarer ainfi qu'eft dit , & en tel cas fait reftitution chacune
des parts demeure en fon droict d'obligation & action , afin qu'a-
pres fe puifse & aye à cognoiftre fi les afsureurs feront tenus pour
les quantitez afsurez demeurant interefsez , receus aufdits afsureurs,lefquels ne font tenus reftituer ny payer, encores qu'il fuft
declaré de payer lefdictes quantitez afsurées, ou bien ce que feront demande par iceux , dequoy la cognoifsance en appartient
aufdits confuls,& s'il y a aucune appellation doit eftre trouué, &
de par leurs Iuges d'appeaux,& non par autres ny en autre.

Si les affurez laiffent poffeder aux affureurs les quantitez iufques à ce que
foit declaré. CHAP. CCCLXI.

Item, ordonnerent lefdits confeillers & preud'hommes,que fi
par cas que par lefdits confuls fera veu, les afsurez deuoir bailler
cautions ainfi que dit eft, & fans icelles bailler les afsurez laifse-
ront pofseder aux afseureurs les quantitez afseurez, ou ce que
demanderont leur fera par eux, & apres que le Iuge aura veu lefdits afsureurs eftre tenus de leur payer ce qui leur fera demandé,
nonobftant les exceptions oppofées,& en tel casles afsureurs font
tenus de payer aux afsurez tous les prix & mifes qu'ils auront faictes à la cognoifsance & taxation defdits confuls : enfemble aux
interefts à raifon de deux fols pour an par liure : pour autant de
temps comme auront dilayé le payement,& pourceque lesquan-
titez interefsées,fi par l'afsuré eft requis , foient tenus & ayent à

bailler à l'asuré en jugement,& si tel asureur ne deposite incontinent la part & quantité asurée,& que par luy sera faicte l'exception,& que ladicte caution doiue payer.

Comme court le temps de la paye des assureurs,en peuuent entrer en merites,
si mettre en voudroient.   CHAP. CCCLXII.

Item ordonnerent, que si courant le temps de la paye est de
deux,trois,quatre & six mois distincts, suiuant les distances &
lieux : les asureurs requerront & voudront que sur l'exception
de leur part,& faire par deffaut qui ne sont tenus payer soit entré
en merites,ou declarer qu'il puisse estre fait : ainsi que soit suiuy
le temps de la paye,que la cause ne fust decidée , que sans passer
plus auant,les asureurs soient tenus & ayent à payer toutes exceptions , ainsi que dessus est clairement deduit & payé, qu'ils auront poursuiuy leur cause.

Du temps de la paye qu'ont à faire les assureurs.
CHAP. CCCLXIII.

Encores plus ordonnerent , que les mois de la paye ayent lieu
en la forme suiuante. C'est dans deux mois , si les fustes doiuent
nauiguer robbes ou marchandises portées ou enuoyées dans le
principal de catalogne regne de Valence,Maillorque,Minorque,
Iuyca,& si dans trois mois sont nauiguées ou portées & enuoyées,
outre les lieux puissent ne passent les regnes de Naples, cicille,
Barbarie,& dans le destroit de Gilbatar , & dans quatre mois auront nauigué,porté,ou enuoyé outre lesdits lieux en quelque autre part, & que dans six mois apres en auront sçeu aucunes nouuelles de la fuste ou nauire.

Que les assurances faictes deuant les presentes Ordonnances ne soient
encloses dans lesdictes presentes Ordonnances.
CHAP. CCCLXIV.

Item, ordonnerent lesdits Conseillers & preud'hommes , que
quelques seuretez que soient faits en la presente Cité de Barcelonne sur quelques robes & marchandises que se soient de fustes
& nauires,robes & marchandises , iusques au iour de la publication des presentes Ordonnances,sous quelques formes ou pactes
que soient fait & coneeu, & baillera forme que les presentes Ordonnances ceux qu'estoient ja faits, ne les puissent déroger. Et
pource que doresenauant publiées les presentes Ordonnances à
voye & crie publique par les lieux accoustumez de ladicte Cité,
les assurement que seront doresenauant ne puissent estre suiuant
la forme des presentes Ordonnances.

Du iurement que les Conſuls doiuent prendre des aſſurez & aſſureurs,

CHAP. CCCLXV.

Item, ordonnerent leſdits Conſeillers & preud'hommes, que les Conſuls qui ſont de preſent & le temps aduenir ſeront, ne puiſſent faire aucun Iuge, ſans que premieremét ils ayēt prins ſerment des aſſurez & aſſureurs, & qu'ils n'ayent à faire aucun paĉte contre les preſentes Ordonnances icy eſcriptes, ny de parolles, & ſi aucuns en auoient faits, que tels paĉtes ne puiſſent faire jouyr aucun.

Retiennent à ſoy pource leſdits Conſeillers & preud'hommes pouuoir d'interpreter, corriger & eſmander tout ce que en leſdites choſes leur touche, & apparoiſtre eſtre obſcur & douteux, toutesfois que bon leur ſemblera, & ſera par eux cognu.

Furent faiĉtes les preſentes Ordonnances, criées, par Anthoine de ladiĉte Cité, au mois de Iuin l'an 1484.

Fin des dernieres Ordonnances.